MW01473400

LE CANADA
A CHEVAL

DOMINIQUE BARBE

LE CANADA A CHEVAL

Du Saint-Laurent aux Rocheuses

Avec 40 photographies de l'auteur

ALBIN MICHEL

« AVENTURE AU XXe SIÈCLE »
Collection dirigée par Patrick Edel

© Éditions Albin Michel, S.A., 1987
22, rue Huyghens, 75014 Paris

Tous droits réservés. La loi du 11 mars 1957 interdit les copies ou reproductions destinées à une utilisation collective. Toute représentation ou reproduction intégrale ou partielle faite par quelque procédé que ce soit — photographie, photocopie, microfilm, bande magnétique, disque ou autre — sans le consentement de l'auteur et de l'éditeur, est illicite et constitue une contrefaçon sanctionnée par les articles 425 et suivants du Code pénal.

ISBN 2-226-03138-3

C'est au Klondike que je me suis découvert moi-même. Là, personne ne parle. Tout le monde pense. Chacun prend sa véritable perspective. J'ai trouvé la mienne.

Jack London, 1915.

Il n'est de liberté véritable qu'acquise au bris de chaînes ; Qu'elles soient imposées par d'autres ou qu'elles viennent de nous-mêmes.

Gilles Vigneault.

A ma mère

Partir, pour découvrir

Je ne suis pas encore allée dans l'extrême Nord canadien. Mais cela fait trois ans que je parcours cet immense pays à cheval : des provinces de l'Est, Québec et Ontario où j'ai suivi la Grand-Route, l'ancienne voie des pionniers-voyageurs aux prairies, traversées sur les « terres des bisons », entre ciel immense et sol doux aux pieds des chevaux, pour terminer sur les petits chemins de montagne de l'Alberta et de la Colombie britannique. C'est aussi dans ces territoires de l'Ouest que se sont réfugiées les espèces animales qui n'ont pas péri par l'avancée de la civilisation.

Celle-ci n'a d'ailleurs pas pénétré partout, loin de là. Surtout dans ce contrefort naturel que sont les Rocheuses où l'ours grizzli, entre autres, règne en maître incontesté. Plus au nord, son cousin le kodiak le dépasse encore par la taille. C'est un plantigrade géant.

Avant de traverser leurs territoires, je vais me nourrir de leurs légendes, qu'on raconte surtout dans les plaines, mais aussi déjà dans les régions sauvages de l'Ontario où la forêt s'étend à l'infini.

« Pourquoi as-tu choisi un pays si grand et si loin du tien ? » m'a-t-on demandé souvent. Ces terres lointaines et sauvages, je les ai aimées avant même de les rencontrer : le rêve des grands espaces, celui de s'y perdre et la réalité de s'y trouver...

Tout a commencé sur des coups du sort successifs qui m'ont engagée, petit à petit, sur une nouvelle route avec une équipe de chevaux québécois, toute fraîche et guillerette. Et c'est un coup de fil qui a tout provoqué, en France, il y a trois ans de cela :

— Non, finalement. J'ai bien réfléchi, Dominique ; ce voyage, c'est ton truc, ton idée. Et je n'ai pas envie de laisser ce que je fais pour le moment.

C'est mon ami. Nous avons passé une bonne partie de notre existence commune à voyager. Nous partions avec cet extraordinaire compagnon de vagabondage qu'est le cheval, à travers des régions entières, des pays... Des mois et des mois passés en dehors du parcours normal de la vie de tout le monde.

Je reçois sa décision, à l'autre bout du fil, comme un boulet de canon qui m'éclate en pleine figure. Depuis longtemps, de façon confuse, je sentais arriver cette rupture. Et aussi je sens qu'il n'y a plus rien à faire. De mon côté, cette réponse est comme une révélation. Un détonateur. Je n'ai plus de raison de rester accrochée à ce monde qui ne me convient pas. Ce voyage que je voulais être une tentative pour nous, je vais le faire pour moi. Pour essayer de trouver ma voie personnelle.

Marcher est un exercice salutaire. Avancer à travers le deuxième plus grand continent du monde avec son cheval va être une tentative de régénérescence. Je vais avoir le temps de penser, en côtoyant mon monde mais sans en faire partie. Et devant moi, il y a la route. Plus celle-ci est longue et mieux on s'implique dans un nouvel univers où l'espace et le temps n'ont plus les mêmes données. Je sens comme un vide à l'intérieur de moi depuis longtemps, et, malgré tous mes espoirs, celui-ci ne s'est jamais comblé avec le temps. Au contraire, il s'agrandit encore et me sépare de plus en plus d'un quotidien qui ne veut plus de moi. C'est pourquoi, poussée par ce qui s'affirme comme une urgence, je vais trouver la constance de tenir à bout de bras ce qui n'est encore qu'une idée jusqu'à sa réalisation : le départ. Et me retrouver ainsi malgré moi dans une condition effrayante : la solitude recherchée.

Du Québec à la Colombie britannique, la distance la plus courte est de 7 700 kilomètres : mais cette même route que je vais prendre sera extensible selon les besoins et les envies. Je ne pars pas pour revenir mais d'abord pour découvrir. Je ne veux pas de maître, pas de loi, seule l'obligation de nourrir mes chevaux et veiller à ce qu'ils soient heureux pendant cette partie de vie différente aussi pour eux.

Ce voyage à l'écart du monde, c'est déjà le troisième que j'entreprends. Et pourtant, il y a toujours cette sensation de s'embarquer vers un infini de temps, de vie et de bonheur. De bonheur surtout. Chacun le trouve où il le peut. Moi, j'ai besoin de grands espaces qui abolissent mes limites et du défi quotidien à relever.

Si la lumière de ma lampe de chevet finit toujours par me lasser, une ampoule qui brille dans l'inconnu m'attire, m'exalte. Il y a tant à apprendre en dehors de son monde. Sédentaire, je m'étiole, je me laisse dépecer par ce qui existe autour de moi. Ma liberté et ma vérité sont sur la route, avec mes chevaux.

Je saute dans le premier avion en partance pour Montréal. Nous sommes en avril. Dans les soutes, il y a tout mon matériel de sellerie et, dans la cabine, je suis en liquette printanière ; il fait grand soleil à Paris. Des copains m'ont emmenée à l'aéroport avec un magnum de champagne. Nous sommes si nombreux à boire qu'il n'y a pas de quoi être pompette. Pourtant, quand je me dirige vers la douane, je titube un peu et, surtout, je ne vois pas trop où je mets les pieds. Pleurer, c'est idiot mais il y a des fois où on ne peut retenir ses larmes : elles ont déjà coulé avant que j'aie pu penser à faire quelque chose. Quand je quitte le groupe de mes amis, il me semble que je vais vers un nulle part déroutant.

La préparation en France a été fébrile : visites aux magazines et aux sponsors éventuels en l'affaire de sept mois. Mes dossiers se sont envolés à New York entre les mains d'hommes d'affaires très « introduits » et très prometteurs..., ont voyagé par la poste ou ont été portés par moi-même, habillée pour la circonstance en « businesswoman » avec néanmoins des détails incontrôlés qui trahissaient la vagabonde réelle. Il est évident que la plupart de mes maquettes et lettres de recommandation ont chu dans les poubelles tandis que d'autres sont restées dans les archives. Peut-être que certains dossiers sont dans un tiroir un peu privilégié pour faire rêver... de temps à autre.

Mais tout cela ne me donnant absolument aucune garantie pour le vrai départ, j'ai un peu précipité les événements en prenant malgré tout cet avion ; les fourmis que j'avais d'abord dans les pieds ont commencé à me grimper sur les jambes.

Au Québec, quelques heures plus tard, le début du mois de mai est encore enneigé.

Le Québec

Du « bizness à la nord-américaine » à la recherche de chevaux voyageurs

Un ami d'amis m'a mise en relation avec une connaissance sur place. Les seconds de la chaîne, ceux qui m'ont permis de faire la rencontre de Paul, en fait ce sont les Rameau-Ballereau, fameux couple d'aventuriers* qui a décidé de fêter sa lune de miel en parcourant toute l'Amérique du Sud à cheval.

— Salut, tu es Paul ? Je suis Dominique. Tu attends depuis longtemps ? L'avion a eu du retard depuis Paris.

— Pas de problaîme !! Cela me fait vràment plaisir d'aquéyìrr une copine d'André !

Ah ! ce charmant accent québécois. Il roule les « r » légèrement, avale certaines syllabes en les gardant présentes quelque part dans le mot, en élève une autre. Je retrouve le parler chantant des artistes québécois qui ont fait fureur à Paris.

Paul est vendeur de chips ; il se promène toute la journée dans une énorme camionnette et remplit les étalages de tous les magasins alentour qui se vident aussi vite. Nous chargeons les boîtes de carton, mon matériel, tant bien que mal dans sa petite voiture.

— C'est vraiment chouette ce que tu entreprends ; j'ai toujours la nostalgie de cette merveilleuse période passée en Tunisie avec André et ses chevaux. Mon père avait eu son job

* Depuis, ils ont publié le récit de leur aventure peu commune : *Lune de miel à cheval*, Arthaud.

transféré là-bas pour deux ans et cela reste le meilleur moment de ma vie.

Paul vit beaucoup dans ses souvenirs. Il s'est même arrangé pour qu'ils forment son monde. Il travaille, habite entouré de sa famille, en est indépendant totalement. Mais à vingt-sept ans, il ne paraît pas heureux ; sa façon de se retrancher dans une époque révolue pour vivre ses rêves fait qu'il s'accommode comme il peut du reste, avec une profonde lueur d'ennui dans le regard.

C'est peut-être ma présence à ses côtés qui avive tout cela. Mes projets de voyage sauvage semblent lui faire ressentir sa vie comme un échec. Je ne sais pas trop quoi lui dire à ce sujet pendant mon séjour chez lui. J'apprécie énormément son hospitalité naturelle et sa franche camaraderie. Mais comment aider vraiment quelqu'un qui s'ennuie dans la vie ? On ne peut pas faire les choses pour les autres. Je sens comme une demande de lui donner un peu de quoi réaliser ses propres rêves. Puisque je les réalise bien, moi, c'est que je dois connaître la façon...

La liberté sur les chemins avec des chevaux n'est pas pour tout le monde ; à chacun de trouver sa voie en fonction de soi-même. Il est difficile d'expliquer à Paul qu'il faut vouloir réellement quelque chose pour parvenir à l'obtenir. J'en suis convaincue mais encore une fois, ça n'est pas pour cela que c'est une vérité universelle.

Les voitures américaines sont bien larges et lentes comme je les imaginais. Toutes les rues d'une petite ville ressemblent à son avenue principale : c'est droit, bien dégagé et on n'y roule que très lentement. Pour un Parisien habitué aux embouteillages des heures de pointe, je dirais que c'en est même frustrant. Il n'y a que nous qui déambulions dans un petit char, la voiture en québécois, modèle européen, et appuyons sur le champignon... modérément toutefois. Les flics ne rigolent pas et alignent qui que ce soit « icitte »...

— Ah bon ? pas moyen de se faire sauter les prunes ?
Les Québécois qualifient leur français d'argot...
Simple échange de bons procédés.

— Comment qu'tu fais pour nous comprendre ?
— Je vous écoute ; j'entends ce que vous dites. Ma petite cervelle traduit les sons que produisent vos mots dans les vibrations de l'air en idées et je saisis la substantifique moelle de votre propos ! C'est simple.

Les Québécois se sentent psychologiquement isolés de la mère patrie depuis le repliement des Français face aux Anglais en 1760. Et sur les plaquettes de leurs voitures, pour en revenir à elles, il est écrit « Je me souviens » précédant le numéro d'immatriculation, pour commémorer ce moment de leur histoire.

Isolé du reste du Canada par la langue, bien que des groupes francophones soient disséminés sur toute la largeur du continent, le Québécois a une identité bien particulière, avec des idées qui mettent toujours un peu de temps à se frayer un chemin parmi les réalités de la vie quotidienne. Je reparlerai plus loin de ce phénomène franco-canadien.

Le beau-frère de Paul est un chasseur d'ours ! (Prononcer OUR, sans le « s ».) Il m'explique les différentes tactiques des chasseurs sachant chasser :

— D'abord, le cri... Quoi que ce soit que tu chasses, il faut « caller » la bête, orignal* ou ours... L'appeler, quoi ! Le cri de la femelle attirera le mâle. Pour l'orignal, par exemple, il vaut mieux se mettre près d'un point d'eau, si tu sais le mâle trop loin. Et tu « call », comme tu vas l'entendre sur la cassette sur laquelle je m'entraîne en ce moment, jusqu'à ce que la bête vienne !

* Autre nom de l'élan, au Canada.

Il branche l'autoradio de son truck et j'entends effectivement un meuglement rauque et long puis entrecoupé, comme si l'animal cherchait à racler sa gorge pour chasser un élément indésirable s'y étant introduit.

— Ça, c'est quand l'orignal appelle ses petits, dit-il en appuyant gravement sur la dernière syllabe.

Râlement d'extase, on dirait, peut-être qu'en langage orignal, la vraie signification est le rire provoqué par la vision de l'homme, accoutré bizarrement pour les besoins de la cause qu'il poursuit, dont l'orignal sait bien qu'elle est perdue pour lui...

Les différents cris caractérisent les situations variées dans lesquelles l'animal se trouve. Le bon chasseur sait dans quel émoi l'orignal est en fonction de son appel et lui donne la réponse adéquate !

— Et pourquoi près de l'eau ?

— Parce que c'est là qu'ils se nourrissent, de pousses aquatiques qui percent la surface. Et puis aussi parce que tu peux mimer la femelle non seulement dans son cri mais jusque dans le bruitage... Imagine : elle se nourrit paisiblement et pisse dans l'eau en même temps. Cela fait un bruit spécial. Donc, si tu « call » correct, dit-il en appuyant encore fortement sur la dernière syllabe, et entre-temps tu laisses des silences et tu verses de l'eau sur le lac, la mise en scène est parfaite !

— Tabernouche !

Je me suis mise de bon cœur aux jurons locaux.

— Et à tous les coups, tu en attrapes ?

— Mais c'est sûr, si tu t'y prends bien ! Viens à la maison que je te montre les photos.

Paul et moi le suivons ; la jovialité de ce type est communicative. Il est le type même du Québécois optimiste et franc tel que je me les imaginais. Il sort des photos, différents formats pour différents jours de gloire, exhibe fièrement ses prises en lançant les épreuves sur la table. Photographies de groupes de chasseurs où les gaillards, souriants et crosse à la main, posent près de la bête occise, gisant à leurs pieds ou déjà chargée sur le haut du truck.

— Quel morceau !

— Pour sûr ! Un tel animal te fournit de la viande pour tout l'hiver et pour toute une famille...

— Et les ours ?

— Ça, c'est autre chose. Pour les attirer, on prépare de longue haleine et à longue distance de chez soi le « sweel ». Dans un pot, tu mets tout ce que tu trouves qui selon toi, après macération, va produire une odeur tellement pestilentielle que ces gloutons d'ours ne manqueront pas d'avoir les narines chatouillées : têtes de poulet, abats, intestins en tous genres... Il faut laisser le tout macérer quelques mois avant utilisation. Ensuite, tu places ça dans un endroit particulier où tu as déjà relevé des traces. Et l'ours prendra l'habitude d'y séjourner, par l'odeur alléché...

Les arbres alentour ont encore leur nudité hivernale et les forêts sont de larges masses opaques, gigantesques. Pas tellement hospitaliers, les espaces canadiens tant rêvés, au sortir de leur dormition...

Trêve de réflexions, il faut que je trouve des soutiens financiers pour mon expédition équestre. Je n'ai pas, et de loin, les moyens de commencer mon voyage épique. D'abord, je dois « vendre » aussi bien que possible l'idée de la traversée d'un continent à cheval et sa couverture de presse dans les journaux avec lesquels je collabore en tant que pigiste en France. Amusant et irritant à la fois, ce côté business. Mais autant le prendre du bon côté.

A la chambre de commerce à Paris, on m'avait recommandé la technique du « merchandising à l'américaine » : le pied dans la porte... Conseil amical, il va de soi. C'était en effet la seule façon de défendre mon idée et de la rendre crédible auprès de financiers : mon assurance devait enlever le morceau. Sacré programme ! Pendant toute la traversée de l'Atlantique en avion, j'avais essayé de rentrer de force dans la peau du personnage.

Après deux jours sans domicile fixe à Montréal, de coups de fil passés de cabines téléphoniques pour prendre des rendez-vous, défricher le terrain, l'Union française me propose de m'héberger et me permet de disposer des facilités de son installation. Grâce à leur équipe, je ne me perds plus dans la faune citadine de Montréal, sans point de chute ni amitié. Un mois très court pendant lequel je m'agite comme une damnée. Il faut arriver à concrétiser l'intérêt que certaines firmes semblent porter à mon idée, trouver des chevaux, mais avant, avoir de quoi les payer, visiter des bureaux, d'autres bureaux, attendre les réponses finales... et sérieuses ! Parce qu'il y a beaucoup de rendez-vous « de curiosité » auxquels je suis pourtant bien obligée de me rendre, ne sachant pas, avant d'avoir vu l'individu, si j'ai affaire à un olibrius insouciant ou à quelqu'un qui prend vraiment la proposition en considération.

Je perds donc assez de temps avec ces visites inutiles mais imprévisibles. Malgré tout, les soutiens finissent par arriver, moraux, techniques et bien que minimes mais réels cependant : financiers.

Les résultats viennent surtout à la suite d'une solide campagne de presse, et je m'en suis servie comme d'un atout : il faut jongler avec les moyens du bord. Le tout, en trois semaines. C'est finalement assez efficace de bouger, même quand on a l'impression au début que rien ne va démarrer. Il ne me reste plus qu'à arrêter une date de départ approximative, dans ma tête, me défiant moi-même par cet ultimatum.

Par un après-midi clément, je rencontre Jean Lapointe sur le parvis de Radio-Canada. Il me reconnaît bien qu'il ne m'ait jamais vue. Lors de sa tournée à Paris, je lui avais téléphoné, sachant qu'il avait des chevaux. Maintenant, il est là et me met tout de suite en situation, peut-être à cause de mon accent parisien. C'est un merveilleux personnage, très humain et bien dans sa peau. Il m'encourage par sa propre démarche, en quelques mots :

— Au début, personne ne m'appelait moi non plus, tu sais. Persévère dans ce que tu penses être toi et tu parviendras à faire ce que tu veux vraiment.

Pas de conseils vains ni de mots déplacés comme se croient être en droit d'en prononcer bien souvent certaines des personnalités de quelque monde que ce soit. Jean Lapointe est sincèrement amical et ces quelques phrases échangées avec lui me font le plus grand bien.

Les éléments commencent à s'enchaîner. La Division du Tourisme pour le Québec assure une indemnité en échange des articles dans les publications pour lesquelles je suis pigiste en France. Purina propose la nourriture et les bus Greyhound, le transport des sacs de grain et leur dépôt tous les quarante kilomètres. Je me lance alors à la recherche de mes compagnons à quatre sabots.

Des races de chevaux capables d'assurer un travail régulier comme celui d'une marche quotidienne de quarante kilomètres, il y en a en Amérique du Nord. Et en ce qui concerne l'endurance, tout dépend de l'entraînement. Si celui-ci est fait avec attention, tout individu équidé, fort dans ses membres et bien constitué de façon générale, peut s'y adapter. Je garde donc les yeux ouverts sur toutes les races rustiques : Morgan, Appaloosa, Quarter Horse, Canadien, en visitant quelques élevages et centres de randonnées autour de Montréal.

Les arbres commencent maintenant à revêtir leur parure d'été. Des touffes vert tendre éclairent les forêts dépouillées par l'hiver. Résurrection fabuleuse de la nature qui éclate après sept mois de neige et une entre-saison humide à souhait. Le soleil apparaît désormais en astre fiable, balayant jour après jour la rosée persistante de l'atmosphère... Les écureuils s'attardent autour des passants dans les parcs de Montréal et engagent volontiers un dialogue de mimiques séduisantes avec ceux qui leur lancent des morceaux de pain.

Et puis, un jour, les prés reverdissent tous avec conviction. Les animaux s'ébrouent à nouveau dans l'espace libre de leurs pâtures. C'est le vrai printemps ! La fonte des dernières plaques de neige.

Le cheval de bât se présente sous une robe alezane. Petit, trapu, court de dos et une lueur malicieuse au fond des yeux : TACO. Il faut le rebaptiser, d'un nom qui soit à la hauteur de la noblesse de sa tâche. ROLLS semble être bien plus adapté à son rôle : grâce à lui, je vais quand même pouvoir voyager tout confort !

Le deuxième larron proposé est une jument dont le passé apparemment mouvementé a laissé des traces sur un tempérament émotif et chaud d'Appaloosa. Son nom : SAVOYANE, une fleur de la famille des boutons-d'or.

Elle est là, dans un champ, insatisfaite et alerte quand je la vois pour la première fois. Sa robe rouanne semble s'éplucher par plaques avec la perte progressive de son poil d'hiver. Elle a des côtes décharnées, la fesse creuse, la crinière et la queue presque inexistantes. Son œil est inquiet ; il cherche quelque chose : un cheval n'aurait pas cette attitude sans raison.

Elle arpente de long en large l'espace qu'on lui a attribué, mécontente. Je la regarde depuis un bon quart d'heure. Sa façon volontaire de marcher me plaît. Je m'approche. Elle marque un temps d'arrêt, sentant une présence étrangère, puis n'y prête plus attention et recommence son manège.

Surprenant, cet air de préoccupation qui ne m'est pas

destiné. Normalement, un cheval qu'on approche dans un espace clos s'inquiète un peu plus, ou au moins s'intéresse, ou va même à la rencontre de l'élément étranger.

— Viens, ma belle, viens me voir. Je t'apporte quelque chose et tu verras que je ne te veux pas de mal.

Je m'avance encore. Là, elle ne peut rien faire d'autre que de me remarquer. Et elle daigne faire quelques pas, plus par une sorte d' « obligation » à l'égard de l'humain que par réel intérêt.

Elle me plaît terriblement ; je sens de la fougue et de l'énergie à l'intérieur ainsi que l'indomination de son attitude. Je cherche un cheval vaillant qui ne se laisse pas intimider par l'inattendu et un animal chez qui existe cette volonté intérieure d'avancer. Je l'ai trouvé. Mais on vient de lui arracher son poulain, et il ne lui sera pas facile d'accorder à nouveau sa confiance à un homme. D'autant que le poulain a trois mois !

Il va falloir que je la laisse me désarmer de temps en temps, que je lui donne à croire qu'elle peut gagner parfois. Je ne veux pas lui enlever cet air de liberté qu'elle a dans les yeux, cette lueur de sauvageonne qui m'a fait avoir ce coup de foudre pour elle. C'est elle que je veux. On peut désormais me présenter un cheval rondouillard comme je les aime habituellement, câlin comme j'adore les sentir. Ce sera elle, avec sa maigreur qui m'inquiète et sa fierté indomptable.

Délicat, le choix d'un cheval de voyage. L'animal doit avoir, bien sûr, l'aptitude physique pour l'aventure : nous allons passer des nuits à la fraîche et sans abri, des journées sous la pluie, avec une nourriture différente à chaque étape, ou presque. Celui-ci a la morphologie du cheval endurant ainsi que sa volonté. Les qualités psychologiques sont aussi très importantes.

Ses démonstrations d'insubordination sont pour moi la garantie de l'individu qui ne se laisse pas aller. Sur le chemin, nous deviendrons amies, j'en suis persuadée, malgré les rapports antérieurs qu'elle a eus avec les humains. Elle va aimer la vie de voyage, le renouveau permanent du quotidien et elle va rapidement sentir sa remise en condition physique. Nous allons démarrer par de petites étapes tranquilles. Ses rations de picotin seront généreuses et appétentes.

Savoyane la rebelle entame une nouvelle tranche de vie.

Reste à décider les propriétaires. Bernard et Thérèse m'ont proposé ces animaux mais l'argent pour les payer n'est pas encore arrivé. Néanmoins, comme il s'agit de pépites gouvernementales, le chèque sera fait. C'est une certitude. Il faut un certain délai pour que la décision se concrétise sur le papier.

Les deux éleveurs me font donc confiance et acceptent de me laisser commencer le voyage au plus tôt.

— Eh! l'animal... Tout doucement!

Elle saute sur place, comme une puce. Sans essayer vraiment de me désarçonner mais presque.

— Doucement, Savoyane, doucement...

Elle s'agrippe au mors, un bon morceau de métal d'un seul tenant avec une roulette au milieu, pour amuser les poulains.

Essayons avec les jambes uniquement. Houlà!! C'est de la dynamite en barre, cette bestiole.

Nous prenons de la distance et peu à peu, elle se calme, se cadence d'elle-même, avec, de temps à autre, quelques sursauts.

A la fin de la journée, elle répondra déjà beaucoup mieux et sera très sensible à la moindre pression de mes mollets. Le message de l'arrêt, par contre, est plus difficile à obtenir.

Le cheval de bât, lui, tente des arrêts brusques et, à l'étape du premier soir, j'ai déjà les mains en sang à force de tenir sa longe.

Près du Saint-Laurent, j'établis le campement. Savoyane et Rolls sont dans un enclos restreint ; souhaitons qu'ils n'en profitent pas pour finir de régler leurs comptes hiérarchiques violemment...

Le soleil descend sur le fleuve et fait rougeoyer Trois-Rivières sur l'autre rive, tandis que les moustiques me tiennent compagnie. Je me console en me disant que leurs piqûres vont m'aguerrir pour la suite.

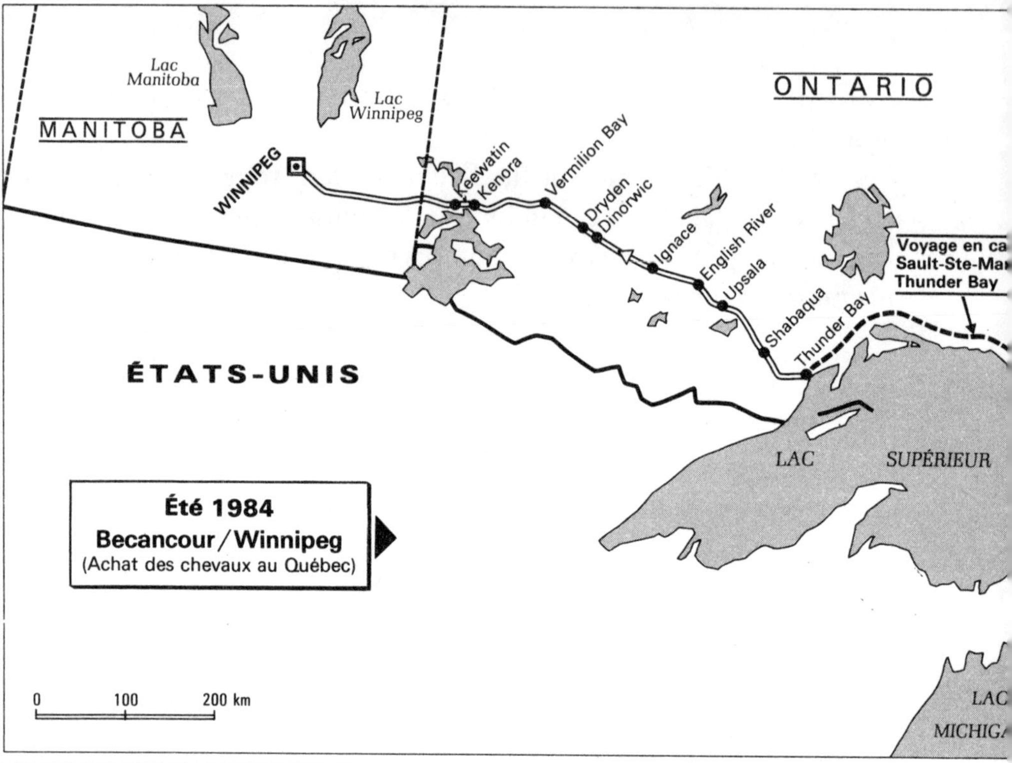

Lac Manitoba
Lac Winnipeg
MANITOBA
ONTARIO
WINNIPEG
Keewatin
Kenora
Vermilion Bay
Dryden
Dinorwic
Ignace
English River
Upsala
Shabaqua
Thunder Bay
ÉTATS-UNIS
LAC SUPÉRIEUR
Été 1984
Becancour / Winnipeg
(Achat des chevaux au Québec)
0 100 200 km

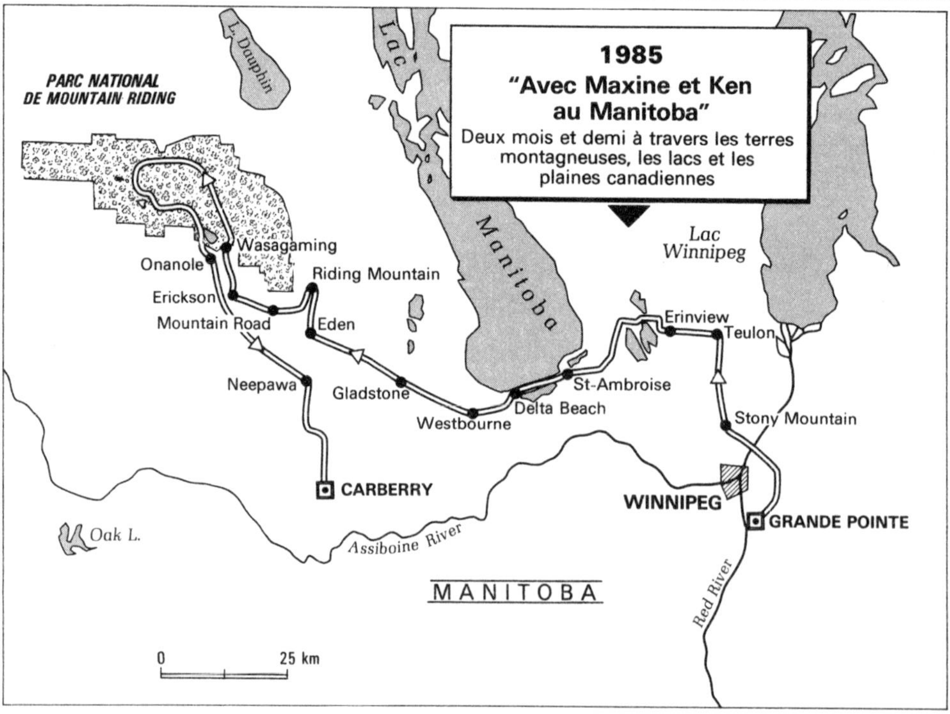

1985
"Avec Maxine et Ken au Manitoba"
Deux mois et demi à travers les terres montagneuses, les lacs et les plaines canadiennes
L. Dauphin
Lac Manitoba
Lac Winnipeg
PARC NATIONAL DE MOUNTAIN RIDING
Wasagaming
Onanole
Erickson
Mountain Road
Riding Mountain
Eden
Neepawa
Gladstone
Westbourne
Delta Beach
St-Ambroise
Erinview
Teulon
Stony Mountain
CARBERRY
WINNIPEG
GRANDE POINTE
Oak L.
Assiboine River
Red River
MANITOBA
0 25 km

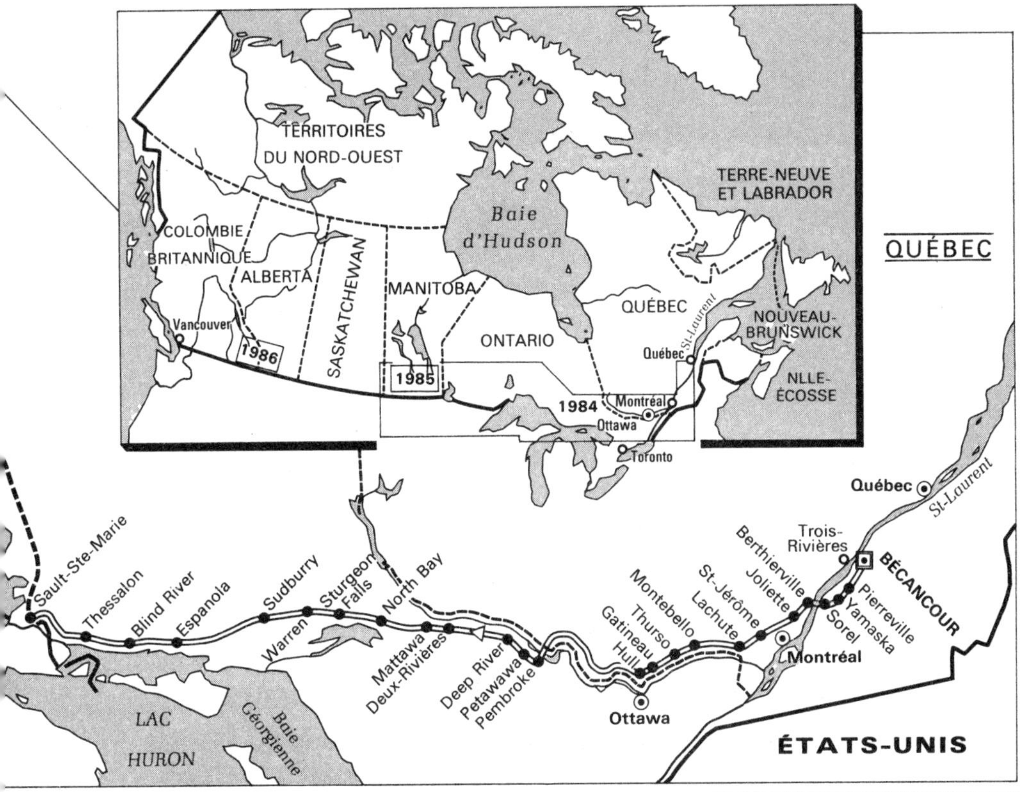
TERRITOIRES
DU NORD-OUEST
TERRE-NEUVE
ET LABRADOR
Baie
d'Hudson
COLOMBIE
BRITANNIQUE
ALBERTA
SASKATCHEWAN
MANITOBA
QUÉBEC
ONTARIO
NOUVEAU-
BRUNSWICK
NLLE-
ÉCOSSE
Vancouver
1986
1985
1984
Québec
St-Laurent
Montréal
Ottawa
Toronto
QUÉBEC
Québec
St-Laurent
Trois-
Rivières
BÉCANCOUR
Sault-Ste-Marie
Thessalon
Blind River
Espanola
Sudbury
Warren
Sturgeon
Falls
North Bay
Mattawa
Deux-Rivières
Deep River
Petawawa
Pembroke
Montebello
Thurso
Gatineau
Hull
Ottawa
St-Jérôme
Lachute
Berthierville
Joliette
Pierreville
Yamaska
Sorel
Montréal
LAC
HURON
Baie
Géorgienne
ÉTATS-UNIS

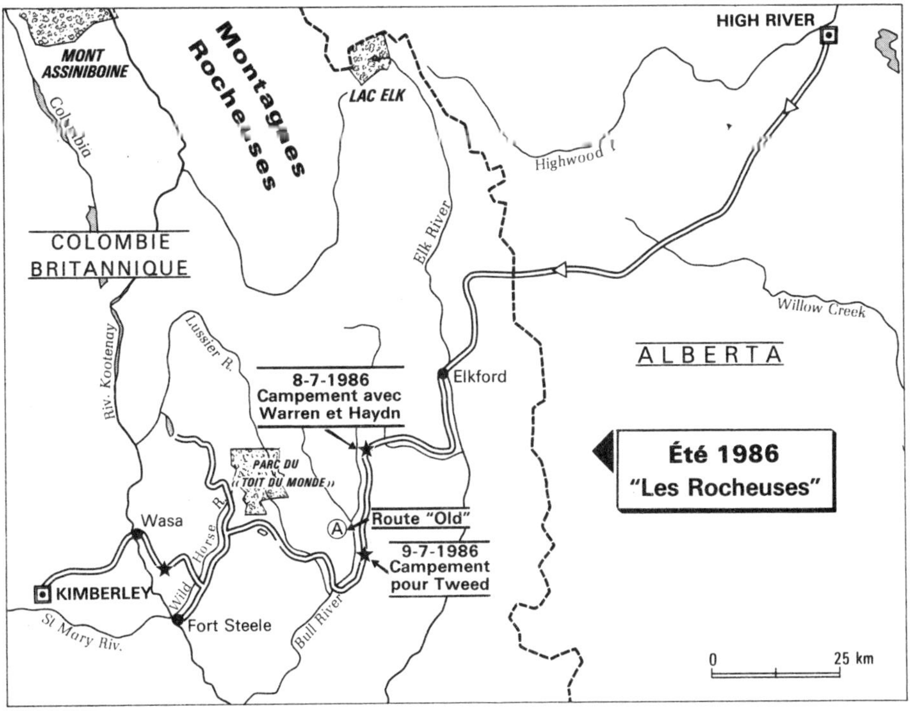
MONT
ASSINIBOINE
Montagnes
Rocheuses
LAC ELK
HIGH RIVER
Columbia
Highwood
Elk River
COLOMBIE
BRITANNIQUE
Willow Creek
ALBERTA
Lussier R.
Riv. Kootenay
8-7-1986
Campement avec
Warren et Haydn
Elkford
Été 1986
"Les Rocheuses"
PARC DU
«TOIT DU MONDE»
Wasa
Wild Horse R.
A
Route "Old"
9-7-1986
Campement
pour Tweed
KIMBERLEY
St Mary Riv.
Fort Steele
Bull River
0
25 km

Rencontre avec les Indiens abénaquis

« Odanak — réserve indienne. »

C'est mon quatrième jour à cheval. Au bout du rang*, un panneau m'avertit de notre arrivée en terre indienne.

Nos premiers Indiens me donnent l'occasion de réaliser que ce ne sont pas des emplumés, contrairement à ce que laisse croire la brochure touristique sur le pays. Je m'en doutais un peu depuis que j'avais essayé de creuser les idées-pancartes sur le Canada. Elles sont par ailleurs toutes réelles, mais prises à des moments bien particuliers de l'année, et placées malencontreusement comme une présentation générale du territoire. Le message, lu rapidement, restera superficiel et le touriste sera sans doute bien déçu si au terme d'une visite éclair, il n'a pas subi au détour d'un canyon une attaque en règle, fléchée. Serait-ce l'utilisation de l'être humain à des fins tout autres que celles de faire connaître le mode de vie réel d'une ethnie ?

Le village est calme et désert lorsque nous y pénétrons. Les façades des maisons arborent un totem imposant, sûrement chargé de signification religieuse. Je me demande un peu, déformation publicitaire, si je ne viens pas de franchir un territoire réservé aux touristes. Mais là, pas de mascarade

---

* Au Canada, terroir allongé d'une exploitation agricole, perpendiculaire à une rivière ou à une route.

abusive, l'endroit respire vraiment un autre air que celui que je laisse derrière moi, un rang de terre plus bas.

Personne dans la rue principale auprès de qui savoir s'il existe dans la réserve un endroit pour bivouaquer avec les chevaux. Ah si ! Une silhouette apparaît derrière sa fenêtre et, devinant sans doute mon hésitation, sort. Les cheveux d'un noir de jais encadrent somptueusement un visage tanné, aux lèvres minces, et aux pommettes saillantes.

Il se place sur le pas de sa porte, l'air interrogateur mais cependant hospitalier, prêt à m'écouter. La distance entre le rang et l'entrée de sa maison est trop grande pour qu'il m'entende. Je laisse les chevaux qui somnolent et viens jusqu'à lui. Naturellement, Savoyane se réveille et m'emboîte le pas. Ce faisant, elle indispose l'homme. Je retourne sur mes pas pour la maintenir sur le passage. Il vient à moi.

— Y a-t-il un endroit où je peux rester pour la nuit avec les chevaux ?

— Aucune idée. Va voir le chef, au centre du village.

Sa réponse est brève. Il n'a pas l'air d'avoir envie de discuter ; il me regarde partir.

Au centre du village, près de la poste, on m'indique la maison du chef. Et en avançant vers l'endroit, je croise l'ancien chef, une soixantaine d'années menues sur une musculature d'acier et de longs cheveux blancs qui lui descendent jusqu'à la ceinture. Il me répond avec un bon sourire :

— Je ne suis plus habilité à vous donner la permission mais je ne pense pas qu'il y ait de problème. Adressez-vous à la troisième maison sur votre droite.

— On peut... avoir été le chef et ne plus l'être ?

— Je n'ai pas été réélu cette année. L'année prochaine peut-être, ajoute-t-il avec le même sourire.

De cet homme se dégage une atmosphère de profond calme intérieur et d'intensité, assez identique à ce que j'ai éprouvé tout à l'heure face à la première personne rencontrée à l'entrée du village.

Comment peut-on paraître serein à ce point quand l'essence de sa culture est usurpée par une autre civilisation, différente à tous les niveaux et à laquelle il a fallu s'adapter, par obligation ? C'est probablement une question d'intelligence.

J'avance vers la troisième maison sur la droite et décidément, je n'y arriverai jamais : je fais encore une rencontre et celle-ci semble contrevenir à toutes les règles hiérarchiques préétablies puisque M. le Curé me propose tout de suite l'espace herbagé, près de la rivière.

L'endroit est surplombé d'un tipi authentique, la meilleure des protections contre le vent de par sa structure en barres de bois qui se chevauchent et se rassemblent sur le faîte, reliées et bloquées par une corde descendant ensuite à terre. A l'intérieur, les Indiens pouvaient faire du feu. La paroi est une peau de bête tendue qui, selon la région, est en orignal ou en bison.

Les moustiques font rage en ce lieu conseillé par le saint homme et je me tape dessus pour chasser les insectes.

Savoyane est déjà attachée par un entravon*. Je m'occupe de préparer celui de Rolls. Les deux affamés broutent et donnent en même temps de violents coups de pied pour chasser, à leur tour, les indésirables. Ceux-ci ne se découragent pas pour autant et affluent par centaines aux mêmes endroits une seconde plus tard.

Savoyane a la peau plus fine que son acolyte et s'excite sous l'insistance des petits insectes ravageurs. Sa jambe tire sur la corde où est attaché l'entravon et extirpe peu à peu du sol mou le piquet d'attache. Sentant une souplesse soudaine au niveau de la corde qui entrave aussi son mouvement d'agacement, elle insiste,

---

* Bracelet relié à une corde que l'on place sur le bas de la jambe du cheval ; la corde est attachée à un piquet.

tire encore. Le piquet se soulève du sol, mollement. Et voilà ma gazelle libre qui s'en donne à cœur joie pour chasser tous les moustiques de la terre, les cavaliers, leurs voyages et leurs coutumes de domestication par la même occasion !

Elle part comme une fusée, en route dans la direction où la Destinée l'a placée : droit devant elle !

Attraper... Taco... Rolls ! que j'enfourche à l'indienne (il n'est pas grand), talonne et en quelques instants, mi-poursuite anxieuse, mi-jeu, nous voilà tous les trois réunis après un passage éblouissant près du tipi à touristes !

Et bing ! le piquet a résonné de toute la profondeur de son métal sur la peau tendue. Misère... Et comment elle est maintenant, la peau tendue ? Toujours là et aussi tendue : miracle. N'en espérons pas d'autre.

— Savoyane... Viens, cheval.

Ladite est concentrée sur l'herbe qu'elle broute, en tremblant. J'attrape la bête et toujours à cru sur l'inénarrable Rolls, nous redescendons calmement la colline vers notre camp où le soleil couchant plonge maintenant complètement dans les ondes...

C'est intenable, insoutenable, ces bestioles ! Elles mordent partout, sans laisser aucun répit, de peau et de temps. Quand les mouches noires s'y mettent aussi il est temps d'aller chercher une solution auprès du représentant des Ordres.

Il suggère son garage où les chevaux vont pouvoir changer en une nuit l'odeur de la « gazoline » en un fumet de l'époque des pionniers. Puis demande aux enfants du village d'apporter des seaux d'eau et des bottes de paille. Mes compagnons quadrupèdes bénéficient ainsi de la plus confortable des écuries qui soit.

Pour ma part, je reste à la porte du garage, étale mon sac de couchage à terre et, face aux étoiles, ferme les yeux sur ma première nuit en terre indienne.

Au matin, boursouflée et maganée*, je frappe encore une fois à la porte de M. le Curé. Celui-ci m'invite cordialement pour le café.

— Pas de lait ni de sucre, merci.
— Tenez, servez-vous de petits gâteaux.

Sa servante me tend une assiette garnie de pâtisseries sèches qui ont tout l'air d'être de confection maison, je demande au curé :

— Comment les Indiens vous ont-ils reçu quand vous êtes arrivé ?
— Cela fait plusieurs générations que les Abénaquis se sont convertis au christianisme.

Et il raconte. C'est une tribu de la famille des Algonquins. Elle a adopté la religion venue d'Europe lors de la colonisation. Les Indiens se sont liés d'amitié avec les Français et les ont toujours aidés au mieux. Les pionniers nouveaux arrivés ont été heureux d'apprendre ainsi, de savoir de maître, comment chasser, trapper, voyager à travers le pays.

Les Indiens ont originellement un mode de vie nomade. Selon la saison, ils sont dans leurs territoires d'été ou d'hiver ; ils connaissent les problèmes du voyage à travers un pays hostile. Ils indiquent donc leur chemin aux « voyageurs », leur servent de guides éventuellement, leur apprennent à vivre dans un milieu bien différent des contrées d'où ceux-ci viennent.

Les Abénaquis ont été parmi les plus fidèles alliés des Français. Désormais, ils vivent selon le mode de vie du XXe siècle, dans des maisons solides avec le confort moderne à l'intérieur, mais jadis, leur mode de vie traditionnel était rythmé selon leurs besoins naturels, la chasse et la cueillette.

Maintenant, les facilités de la vie actuelle sont la cause de

---

* Abîmée, en québécois.

leur désœuvrement. Le gouvernement canadien les assiste totalement à partir du moment où ils sont reconnus indiens à cent pour cent, il leur achète leur maison et tout ce dont ils ont besoin, moto-neige comprise. Cela pour les dédommager, en quelque sorte, de s'être installé sur leurs terres.

« La meilleure façon de tuer un homme, c'est de le payer à ne rien faire », dit Félix Leclerc. Parmi les espèces vivantes, l'homme est peut-être celle qui s'adapte le mieux au changement, physiquement et intellectuellement. Mais celui-ci a été brutal et radical, ce qui explique la difficulté qu'ont certains à exister selon notre civilisation. Alors, l'alcool est un dérivatif aisé, l'argent n'étant pas un problème insurmontable... Et bien que le fléau n'atteigne pas tout le monde, il fait néanmoins de sérieux ravages dans la population indienne ainsi que chez les Inuits *, au nord.

La culture et l'identité indiennes sont conservées farouchement par quelques individus mais le « retour en arrière » souhaité est maintenant impossible pour la totalité du peuple. Peu, parmi eux, pêchent, chassent encore et se nourrissent selon la tradition, bien que chasse et pêche ne soient pas réglementées pour les Indiens.

Le Canada reste ce pays à vocation multiculturelle ; il essaie dans la pratique de la réaliser. Faire bénéficier les natifs de la terre canadienne du progrès est un de ses objectifs. Ce n'est pas si facile...

---

* Inuit, ou Eskimo. Eskimo est un terme reconnu péjoratif pour désigner le peuple du Nord. Il a été changé au profit de Inuit. « Eskimo », pour les Indiens de la forêt, voisins des habitants de la banquise, veut dire, en langue cree, « ceux qui mangent cru ». Les Inuits n'avaient en effet pas de quoi faire cuire la viande de phoque à cause des conditions naturelles dans lesquelles ils vivaient.

Rangs de terre, voies « humanisées » par les pionniers, mes chemins vers l'Ouest, au Québec

Sur la route de Yamaska, je veux m'arrêter pour la mi-journée. Le rang est jalonné de fermes et il semble ne pas y avoir âme qui vive. J'arrête le convoi devant une des maisons et frappe à la porte. Pas de réponse et, pourtant, il m'a bien semblé entendre du bruit à l'intérieur. Je frappe à nouveau deux fois, plus timidement, sur le battant. Silence. Un rideau bouge à la fenêtre du rez-de-chaussée ; je regarde et crois apercevoir la crosse d'un fusil, tenue par un adolescent imberbe… Bon ! Allons plus loin. La campagne n'est que pâturages clos et l'herbe des bas-côtés est inexistante ainsi que des points d'attache pour mes compagnons.

Quelques maisons plus loin, je hèle un homme qui se dirige vers sa grange. Il s'avance, regarde les chevaux, puis me convie à les régaler de l'herbe de son jardin, verte à souhait ! J'enlève les deux caisses de bât de Rolls, dessangle mes deux animaux. Ils broutent avec application quand mon hôte revient peu après et propose sa gazinière pour chauffer mon repas.

— … Bonjour, madame.
— Servez-vous, ça s'allume tout seul.

J'installe la gamelle en aluminium, grince des dents comme à chaque fois que je verse la soupe à l'intérieur. Un jour je vais me retrouver toute grise avec cette fichue matière ! Et je me retourne vers la dame.

Silence dans la pièce. Les mots hésitent, n'arrivent pas à trouver leur chemin quand la conversation usuelle sauve la mise :
— D'où venez-vous ?
— De France.
— Où allez-vous ?
— A l'Ouest.
Un autre silence, pour la considération de la distance cette fois.
— Eh bien, vous n'êtes pas arrivée...
Le tic-tac régulier de la grosse pendule de cuisine rythme le temps de la maison et semble scander aussi la vie de ses personnages. Il habite l'atmosphère, pleinement. L'homme est grand et, à en juger par la taille de sa bedaine, il aime certains plaisirs de la vie. La femme, de taille moyenne, ne laisse rien percer vraiment d'elle. Par d'envie particulière comme celle de communiquer, par exemple, à l'instant présent. Elle paraît atteinte d'une espèce de torpeur-indifférence-résignation.

Rien ne bouge ou n'est perturbé dans leur espace quotidien. Les images pieuses, en disgrâce ou en pleine grâce, ont pris sur des porte-souvenirs la place qui aurait été idéale pour des photographies d'enfants ou de petits-enfants.
— Vous allez à la messe ?
Difficile de répondre directement par la négative sans risquer d'indisposer sérieusement la brave dame.
— Ben, disons qu'à cheval, vous savez, c'est un peu difficile ; à cause de la ponctualité.
— Oh oui ! je comprends.
Malgré tout je distingue une certaine désapprobation dans ses yeux. Sans parvenir toutefois à saisir si elle vient d'elle-même ou de cette rencontre fortuite qui la met en relation avec un monde inaccoutumé. Solitudes.

Ici pas de tabernouche et encore moins de tabernacle ! Où sont-ils, mes Québécois de rêve, ceux qui ont l'âme chaleureuse et la repartie vive, ceux qui même à travers un écran de télévision communiquent une joie de vivre peu commune. Peut-être que ceux que nous connaissons en France grâce aux médias donnent une image un peu déformée par les feux de la rampe.

A travers Charlebois, Dufresne, Vigneault, le Québecois apparaît comme un individu fort, sans dilemme prédominant. Une individualité tonique et vraie.

L'arrivée du premier Québécois à Paris n'a peut-être pas été un franc succès mais avec leur popularité grandissante, les Français se sont rendu compte que les « cousins d'Amérique » apportaient beaucoup par leur esprit et ce don de communication extraordinaire qui en font des gens de spectacle particulièrement entraînants.

Ceux que je rencontre tous les jours sont souvent chaleureux et hospitaliers. Bien sûr, il faut des exceptions. Une de leurs premières questions est de savoir si je les comprends... D'après eux, le vrai français est celui que nous parlons, nous, les « Français de France ». Le leur est du « slang », de l'argot ! Parce que certaines de leurs expressions ne sont plus usitées de l'autre côté de l'Atlantique.

Sûr que le joual* est réservé à ceux qui manipulent couramment ce parler... Quant au français joualisant, il n'a rien d'un dialecte incompréhensible !

La majorité des personnes rencontrées afficheront ce complexe de la dualité de cultures d'abord et de l'abandon de la mère patrie au XVIIIe siècle quand celle-ci s'est retirée. Les colons français qui sont alors restés se sont sentis abandonnés et ont lutté depuis pour conserver leur identité culturelle et linguistique malgré le joug d'un Empire britannique en pleine expansion.

Jusqu'en 1970, Montréal était anglophone, des grands

---

* Langue française telle qu'elle a évolué au Québec.

magasins, rues principales et établissements publics au monde des affaires. Les journaux qui se vendaient le plus étaient écrits en anglais et les radios les plus en vogue étaient des stations anglophones. Ces derniers avaient également des salaires bien plus élevés que ceux des Français.

Le Premier ministre du Québec, alors Robert Bourassa, a promulgué un acte de loi proclamant le français seule langue du Québec. Cela ne fut pas apprécié des deux côtés et considéré par Trudeau comme une erreur diplomatique grave.

La pierre était lancée et les Québécois se sont affichés ainsi brutalement. Pour leur part, ils ont estimé que l'acte ne limitait de toute façon en rien la prépondérance anglophone, mais les Anglais de leur côté ont détesté cette promulgation qui restreignait malgré tout leurs libertés. Avec le temps, les Québécois ont vu leur province devenir à nouveau francophone et ont tenu à ce retour des choses plus que n'importe qui ! Si bien que l'atmosphère franco-anglaise demeure encore, à certains moments et pour certains puristes, inchangée par rapport à celle qui régnait entre les deux nations lors de la guerre de cent ans…

Néanmoins, le rêve de Trudeau à propos du bilinguisme semble avoir maintenant porté ses fruits : des écoles d'immersion française existent dans les grandes villes et les parents sont de plus en plus nombreux à y inscrire leurs enfants. Il faut reconnaître que vivre dans un pays bilingue est une opportunité extraordinaire pour élargir les possibilités intellectuelles d'une jeune génération, dès sa naissance !

Voie ferrée… Je suis les traces du cheval de fer, pionnier populaire qui a lui aussi largement contribué à l'histoire du Canada. Celles-ci ne sont d'ailleurs plus que les vestiges de la ligne ferroviaire qui longeait le Saint-Laurent, entre Montréal et Québec. Je n'ai donc pas à me soucier, pour ma caravane, de l'apparition subite du monstre noir crachant son épaisse fumée.

Savoyane me suit ou marche à mes côtés en préférant les traverses aux cailloux ronds qui forment les remblais. Rolls suit, bonhomme. Jusqu'au moment où il s'arrête, nous contemple pour ensuite faire demi-tour et repartir d'un pas aussi régulier et assuré dans la direction opposée. J'appelle, je hurle son nom :
— Rolls ! Taco...

Rien. Pas le moindre sursaut, la plus petite réaction ; il continue de s'éloigner, comme si nous n'existions pas. A ce moment, perce à travers ma fureur et mon impuissance comme une lueur de vérité... et d'évidence. Ses arrêts brusques et répétés, malgré mes injonctions, malgré Savoyane qui ne se lasse pas de le tirer en avant, en dépit de ma hanche qui commence à accuser aussi les chocs successifs.

Et maintenant, ce refus exprimé. Il va falloir trouver une solution pour lui. Apparemment, la vie de voyage ne le satisfait pas. Je vais le récupérer après avoir attaché Savoyane à un piquet de clôture : il suffit qu'on avance toutes les deux derrière lui pour qu'il prenne peut-être définitivement la poudre d'escampette ! Je l'attrape sans mot dire par sa longe. Et le ramène jusqu'à la jument qui piaffe d'impatience.

Le convoi passe. Je referme la clôture. Les animaux sont toujours derrière moi, sages, la queue dégarnie de Savoyane chassant mollement les mouches. Nous marchons maintenant parmi les hautes herbes qui bordent la rivière. Là, le sol se dérobe franchement sous nos pieds. Savoyane recule d'horreur et refuse tout mouvement en dehors de celui de retourner sur nos pas. Il va falloir beaucoup de temps, de persuasion, de paroles, de caresses. Il faut y aller, et la seule chose à laquelle je ne cède pas face à sa réticence est le moindre pas en arrière. Elle peut rester sur place le temps que lui nécessite celui de mettre un pas devant ; si elle recule, je me fâche. Rapidement, elle comprend les deux solutions les plus confortables pour elle. Je ne peux pas me battre pour la faire avancer. Elle est assez têtue pour se bloquer complètement et, malgré tout, c'est quand même elle qui fait la loi si on considère les forces en présence...

Soudain, ça passe. Et tellement vite que la longe restée accrochée à mon doigt s'enlève au dernier moment, en même temps que la jument... saute au-dessus de la rivière. J'ai les pieds dans l'eau, le doigt dans une position inhabituelle, mais un cheval qui a vaincu son premier obstacle, et comment !

Sur l'autre rive, elle broute et tremble un peu. Je la rejoins et la flatte longuement. Extraordinaire ce qu'un animal peut rendre fier de soi, parfois. Les passages difficiles renforcent la confiance que j'ai en elle, me prouvent aussi que je ne me suis pas trompée quand j'ai cru lire un message dans ses yeux à notre première rencontre. Mon cheval est évidemment le plus beau cheval du monde. Même sa queue et sa crinière sans garniture lui ajoutent un petit quelque chose... d'indéfinissable, que les autres chevaux du monde n'ont pas !

Ses yeux d'Appaloosa ne sont pas trop cerclés de blanc comme ils le sont pourtant souvent dans cette race. Je félicite Dame Nature qui a opéré une sélection si judicieuse pour cet animal hors du commun ! La pigmentation claire s'étale en revanche sur le chanfrein en une large liste blanche. Le « coup de poing » entre les yeux des chevaux de valeur est donc important chez le mien.

En marchant, nos pas s'accordent... si le mien est vif. Mon doigt en l'air, nous abordons le fameux chemin de terre qui mène tout droit vers le Sud. A droite, le soleil a entamé sa course du côté du couchant. L'air est bon et les moustiques commencent à nous escorter quand nous longeons un long bâtiment moderne jouxté d'une carrière d'entraînement.

La porte de la bâtisse est entrouverte ; j'y passe le nez. Un homme et une femme sont occupés à nourrir leurs chevaux : c'est « l'heure du train », pas celui de la Canadian National, la compagnie nationale de chemins de fer, mais bel et bien le moment de la distribution de grain, selon l'expression québécoise.

Murielle et Michel m'invitent à entrer et à installer Savoyane et Rolls dans un box généreusement paillé. Là, mes fidèles destriers se voient administrer une bonne ration de foin puis d'avoine.

Mes hôtes sont professeurs à Sorel et ont créé un Centre équestre à côté de leur activité professionnelle. Sans plus de mots, ils m'invitent chez eux aussi naturellement qu'ils l'auraient fait pour une amie de longue date. Murielle examine mon doigt devenu énorme et d'un bleu curieux. Elle m'emmène presque de force à l'hôpital de Sorel, patiente avec moi, m'accompagne chez le docteur... J'en ressors avec une attelle. La rééducation se fera d'elle-même, le long du chemin.

Aide et amitié spontanées. Murielle vit depuis deux ans avec un seul rein et attend tous les jours le coup de téléphone qui lui annoncera la greffe du deuxième enfin possible. Malgré des dialyses trois fois par semaine, l'interruption obligatoire de son activité professionnelle, les problèmes qu'elle rencontre dans la vie de tous les jours à cause de sa santé précaire, elle garde le sourire et vit sans doute plus intensément que certains « bien-portants ». Ses préoccupations vont à l'essentiel. Elle ne s'embarrasse pas des aléas de l'existence et a rangé son profond handicap parmi eux.

Au petit matin, je sors de la chambre confortable, plie la chemise de nuit que Murielle m'a prêtée, range les chaussons près du lit douillet... Le soleil est déjà haut. A la cuisine, le café est prêt.

— Tu veux des œufs, du bacon ?

Je me sens propre, rassérénée, reposée, pleine d'énergie quand je reprends la route dans la matinée. En arrivant à Sorel, je demande celle qui mène au traversier et nous range, celui-ci trouvé, nous, véhicule à huit pattes, dans la file de ceux à quatre roues. Le fleuve Saint-Laurent est large et opaque, charriant les détritus des usines. Les automobiles et les camions franchissent le pont de zinc puis c'est à notre tour. Savoyane hésite un peu puis me suit, comme si elle marchait sur des œufs. Rolls s'engage franchement et nous suivons l'espace grillagé sur les côtés du pont. En dessous, c'est l'eau.

Les petits cônes de tungstène, parfaits pour agripper le bitume et protéger les fers, ne se révèlent pas garants de stabilité sur les surfaces métalliques... En amorçant la sortie, Savoyane glisse et s'étale de tout son long. Elle se relève de suite mais reste prostrée une demi-minute.

J'entends à ce moment derrière moi des gloussements saccadés. En me retournant, j'aperçois deux gros gaillards apparemment réjouis par le spectacle. Ma frayeur trouve une expression inespérée ! Je les invective avec tant de violence et de rage qu'ils en restent cois malgré leur désir évident de me tenir la dragée haute. Ma jument avance prudemment les antérieurs puis les postérieurs et parvient à s'extirper avec adresse de cet endroit de malheur. Je la laisse brouter un long moment en la caressant. Par chance, elle n'a pas une égratignure. Mais je me sens submergée par un sentiment de culpabilité. Il aurait été bon que je prévoie des chaussons de tissu !

Mme Brault est aux anges. Elle me dépasse avec sa grosse voiture américaine, sur le rang de la rivière Bayonne, et me tend par la vitre un dollar symbolique.

— Vous êtes la Française qui traverse le Canada à cheval ? Comme c'est passionnant ! Arrêtez-vous chez moi pour jaser un peu. Cela me ferait tellement plaisir. J'ai entendu parler de vous par la radio ou la télévision, je ne sais plus quand. Je vous attends. Ma maison est sur ce rang, un peu plus loin. Vous ne pouvez pas la manquer. A tantôt *...

Tout cela proclamé avec l'irrésistible accent québécois. Comment refuser...

Le rang nord de la rivière Bayonne est jalonné de gros arbres plantés par les tout premiers habitants de Berthierville, il y a quelques générations. L'origine du nom de l'endroit vient de celui de son premier propriétaire, Alexandre de Berthier, envoyé par Louis XIV pour pacifier les terribles Indiens iroquois au XVIIe siècle. Ce fut une époque déterminante pour le peuplement de la Nouvelle-France **.

Bayonne est un affluent du Saint-Laurent. A l'époque des pionniers, L'Eglise et l'Etat, unis par des intérêts dans la conquête, l'un d'un nouveau territoire, l'autre de nouvelles âmes à évangéliser, tracent les rangs et distribuent les différents lots de terre aux futurs fermiers dont la tâche est aussi d'humaniser cette terre inhospitalière en la défrichant et en la rendant arable.

La région de Berthierville est maintenant industrialisée mais certains coins restent encore sauvages et marécageux et rassemblent une faune aquatique parmi les plus diversifiées du Québec.

Avant de me rendre chez Mme Brault — et sur ses conseils —, j'ai installé les chevaux chez Alain et Pierre qui m'ont aidée à débarrasser la vieille grange inoccupée, pour les y mettre. Ils ont même repoussé leur chasse aux grenouilles pour être disponibles.

Alain est passionné de chevaux et, tous les deux, nous sommes allés faire un tour à cru sur le chemin derrière la ferme. Savoyane est terriblement inconfortable au grand trot et quand je la lance au galop, elle bondit et m'entraîne à une vitesse folle. Je

---

* Expression québécoise qui signifie « A tout de suite ».

** Territoire immense qui s'étendait, à l'époque de l'arrivée successive des colons français, du Québec jusqu'en Ontario.

m'accroche à sa maigre crinière, tente de garder au moins les genoux au contact de son corps, le mien s'en allant progressivement sur la croupe par les à-coups de sa propulsion.

Elle s'éclate complètement, est heureuse, bridée seulement par son licol. La vitesse m'arrache des larmes ; je n'ai pas envie de la ralentir, elle aime trop la cadence, mais le bosquet face à nous se rapproche de plus en plus. Il faut prendre une décision. J'essaie tant bien que mal de me redresser malgré son élan fou et tâche de lui faire entendre le message de l'arrêt. Après les quelques foulées nécessaires pour que l'ordre arrive, elle ralentit et reprend son grand trot qui me rend à nouveau cahotante, jusqu'à l'arrêt.

— Ça va ?
— Oui, pas pire. Je me suis demandé à un moment donné ce qui m'attirait le plus : la terre ou le dos du cheval.
— Tu veux recommencer, dans l'autre sens ?
— Allons-y !

Après quelques minutes de relaxation, les chevaux sont prêts eux aussi ! Et le retour n'est pas triste. Accrochée à ce que je peux trouver à l'avant-main de ma furie joyeuse, je me mets à hoqueter pour éclater de joie. Au bout, les copains nous attendent et ont dressé, au cas où, une ligne d'arrivée avec une grande corde. Savoyane la voit presque au dernier moment et me dépose en souplesse juste dessus pour marquer les points ! On a gagné de quelques encolures... Les taons s'abattent sur nous quatre. Quelle vie !...

— Tu veux venir avec nous cette nuit ? On va chasser des grenouilles en barque.
— Mme Brault m'a invitée. La prochaine fois...

Me voilà dans un rocking-chair vibromasseur chez Raymonde Brault, qui me parle de sa vie, de sa musique. Chez elle, c'est un capharnaüm d'objets de toutes sortes. Bibelots, poupées et mille et un accessoires qui ont dû avoir un jour leur utilité meublent la maison. Plaisant désordre pour une personne solitaire qui a cependant une vie sociale des plus actives.

Elle m'a invitée à dîner, de son propre chef, chez un couple de ses amis qui tient un restaurant. Une douce soirée.

— Donne de tes nouvelles sur le chemin, nous allons souvent nous demander comment ton voyage se poursuit.

Je promets. Une sacrée correspondance à l'arrivée...

Le rang de terre m'amène jusque chez Claude, Joan et leur fils Jonathan. J'arrive trempée, à essorer. Mes boots sont remplies jusqu'au bord. Savoyane et Rolls ont la crinière comme une crête de poule.

L'orage s'est déclaré en quelques secondes. Soudain, le ciel s'est couvert, ramassant sur la surface limpide bleu immaculé d'énormes nuages gris et opaques. Je n'ai pas eu le temps de décrocher mon poncho qu'une puissante averse de grêlons gros comme le poing s'abattait déjà sur nous.

L'air désabusé, nous nous présentons devant la porte de la ferme. Claude se précipite. Il semble sorti tout droit de l'époque des hippies québécois avec sa grosse barbe, ses cheveux longs et ses grands yeux doux rêveurs. Nous installons les chevaux dans la grange. C'est l'heure du train et je visite veaux, vaches, poules et cochons de la famille. Une truie vient de mettre bas et sa cochonnée grouille autour de son énorme masse allongée et haletante.

La pluie a rafraîchi l'atmosphère et rendu au sol les millions de grains de poussière étouffants. Moment de paix et de plénitude après le long chemin.

Savoyane se remplume de jour en jour et je commence à voir les bienfaits de la marche quotidienne sur la musculation fessière de mes deux acolytes qui se dessine avec précision. La croupe de ma jument est aiguë, comme son caractère. Ça fait plaisir de voir que le temps qui passe arrondit des angles qui ne demandent qu'à prendre d'autres formes, plus harmonieuses.

Chez Claude et Joan, je me sens invitée et comme chez moi. Leur hospitalité est simple et naturelle. Leur mode de vie, agréablement décontracté. Joan se révèle un chef de cuisine hors pair. Elle prépare ses conserves à partir des produits de son jardin pour toute l'année, biologiques cela va de soi. Les betteraves en bocaux sont un délice. La crème du lait de ses vaches agrémente superbement les desserts maison. Une fête culinaire et de joie de vivre. Le soir, Claude attrape sa guitare et couvre la voix des grillons de contes qui chantent le Québec.

Une chance pour moi ; Guy Chevrette m'a vue à la télé... Une autre chance, il est à son bureau de Joliette quand je téléphone pour prendre rendez-vous, accordé, auprès du ministre de la Chasse et de la Pêche pour le Québec ; et je n'ai plus que quelques dollars en poche.

M. le ministre me reçoit par ce beau lundi. Alors j'ai revêtu ma liquette la plus présentable ; elle n'est pas repassée, mais au moins elle est propre.

Alors, comme ça, c'est vous qui vous êtes lancée sur la piste des pionniers ?

Accueil fraternel de cet homme aux occupations pourtant multiples. Je suis souvent étonnée de l'intérêt que peuvent porter certaines personnes à ce que je considère parfois comme étant une folie : ce voyage, aux buts géographiques précis... la seule chose qui soit précise d'ailleurs.

— Qu'est-ce qui vous a donné l'idée de partir comme ça et pourquoi le Canada ? Il y a des pays plus petits et plus sûrs pour les promenades à cheval !

— Il y a de multiples raisons, dont celle de me heurter à quelque chose de nouveau, de comprendre et connaître plus que ce que j'ai vécu jusqu'à maintenant. Je crois que nous avons tous des possibilités dont nous n'avons pas conscience, peut-être parce qu'elles ne sont pas de règle dans notre type de société. Je ne sais pas par quel bout prendre cette quête mais il me semble que sur un si long chemin, j'ai des chances de trouver. Disons que mon expédition doit durer en tout trois ans...

Il me semble tout à coup avoir piètre mine d'essayer de convaincre cet homme qui a autre chose à faire qu'à penser aux malaises intérieurs d'une petite Française échouée par erreur dans son bureau, heureusement pour lui. Et il va me trouver ridicule si tant est qu'il m'écoute un peu, d'essayer de lui expliquer ainsi ce qui devrait être gardé pour soi. Ce n'est pas le genre de programme qu'il retient pour la publicité de son ministère. Voyons, mais qu'est-ce que je fais ici ? Je ne suis même pas fichue de dire les choses correctement.

Quinze jours plus tard, je vais recevoir le soutien du ministère Chasse et Pêche du Québec.

Entre-temps, Bernard est venu chercher Rolls qui n'aime décidément pas le voyage. Il me faut un autre cheval.

Les recherches vont me prendre deux semaines. Et le résultat va être heureux : Chinook est un hongre de six ans, un bon petit cheval avec des membres forts, une corpulence respectable, une tête dure et un tempérament attachant malgré tout. Il a passé une bonne partie de sa vie au pré. Ses pieds se sont élargis mais ils sont bons. Après une visite au maréchal-ferrant et quelques jours de présentation à 'moiselle Savoyane, nous allons pouvoir repartir.

La frontière Québec-Ontario se rapproche.

Le paysage de cette partie du Québec, le long de la rivière des Outaouais, est à dimension humaine. Le vallonnement des collines est confortable à l'œil. L'endroit est aussi fortement peuplé. C'est à l'est du Canada, entre Ottawa et Montréal, que la plus grande partie de la population du pays s'est établie depuis l'époque des pionniers et y est restée.

La rivière des Outaouais permettait de se rendre jusqu'aux Grands Lacs ainsi que vers la baie d'Hudson, sans trop de difficulté. Mais la colonisation et la réelle installation des pionniers fut néanmoins tardive.

Au temps de la Nouvelle-France, elle faisait partie des régions affermées par le gouvernement aux compagnies pelletières, avec interdiction d'y établir des colons de manière à leur épargner la tentation de faire une traite illicite des fourrures.

Après 1760 et l'annexion du Canada à la Couronne britannique, une communauté de bûcherons s'est installée dans la région et a commencé à faire flotter du bois jusqu'à Montréal. La rivière (le fleuve serait-on tenté de dire en France) a d'ailleurs toujours ce rôle de flottage.

Ottawa, capitale fédérale du Canada, est le siège du Parlement. C'est aussi la résidence du Premier ministre canadien, Brian Mulroney, au « 24 Sussex ».

J'arrive à Gatineau, hameau-ville sur la rive gauche de la rivière des Outaouais, qui émet une curieuse vibration quand on le traverse à cheval. Je passe dans la ville avec l'idée d'être réellement entrée dans la conurbation de la capitale : des autos partout, des feux rouges et des intersections, des boutiques fourmillantes ; puis, dès le passage du chemin de fer, c'est à nouveau une atmosphère de hameau qui s'installe progressivement. Gatineau et Hull sont restés très dynamiques malgré la présence d'Ottawa, de l'autre côté de la rivière.

Un gars s'est arrêté sur la route et m'a demandé, tout excité, si j'étais bien la Française qui traversait le Canada. Un cheval dans un hameau de cette partie du pays, ça se remarque. Le garçon est gros. Il est pourtant très jeune mais déjà essoufflé par l'effort d'être sorti de sa voiture et de rejoindre la caravane en quelques foulées précipitées.

— Vous avez de la place pour vos chevaux ce soir ?

Et sans attendre la réponse, il ajoute :

— Venez chez mes parents. Mes frères et sœurs sont là ce soir aussi, et Maman a dû préparer un bon souper. Vous êtes la bienvenue.

— Et vous avez un endroit pour les chevaux ? Vraiment ?

— Oui, oui. Pas de problème. Ils resteront avec le mien. J'ai un Quarter Horse qui vient des Etats-Unis annonce-t-il tout fier, c'est un ancien champion de cutting. Je l'ai acheté cinq mille dollars ! Il est vieux mais encore bon.

Encore un qui s'est laissé prendre, pensé-je. C'est la troisième personne que je rencontre qui achète son cheval aux USA et en semble toute ravie. L'aspiration d'une des premières puissances mondiale en aérospatiale, tout de même ! Pourtant il y a aussi des champions primés au Canada et qui auraient probablement satisfait autant son désir d'un beau cheval avec des papiers impressionnants.

J'arrive audit endroit deux heures plus tard. C'est déjà le crépuscule bien avancé et j'espère que mon interlocuteur de cet après-midi n'était pas un plaisantin. Mais il paraissait tellement chaleureux et avec le désir évident de vouloir rendre service en même temps, que je m'interroge peut-être à tort. De plus, il a un cheval et connaît donc, a priori, les problèmes techniques que pose un échouage en pleine civilisation avec une traction animale...

Savoyane et Chinook avancent bien mais espèrent aussi se reposer dans un endroit confortable !

Il est là, sur le pas de la porte d'une grande maison de bois traditionnelle. Un de ces vestiges de l'époque pionnière qui ne défiera malheureusement pas le temps.

Souvent, je pense à la vie dans ce pays neuf, où les racines culturelles ont immanquablement perdu quelque chose en traversant l'Océan. Comme si l'être humain avait besoin de la présence physique d'un bâtiment pour se rappeler sa propre histoire. Dans ce vaste pays qui n'est vraiment habité que depuis deux cents ans, on sent comme un regret culturel, une difficulté à recréer le foyer d'origine dans un environnement si différent, parce qu'immense, sauvage, encore dépeuplé et surtout, qui n'a pas vécu ces événements de l'histoire humaine de la vieille Europe.

Si beaucoup de Canadiens souhaitent faire le voyage sur la terre où leurs ancêtres sont nés, ce qui m'attire, en revanche, ici, ce serait plutôt l'absence de souvenir.

— Je t'accompagne aux chevaux.

Son animal est là, superbe bai brun. Sa tête intelligente se lève vers nous et il nous toise de loin, le nez haut, les oreilles bien dressées.

— Il est encore maigre, il sort de maladie.

Une belle musculature se dessine sous sa robe lustrée. Il s'agite un peu à notre approche.

Jean-Pierre l'attrape par le licol et l'attache à un arbre de l'enclos en lui laissant une longue corde.

— Tu l'attaches si long ?

— Oh ! il a l'habitude. Il a toujours été attaché comme ça. Ça date de sa période de concours où il passait de longs moments au bout de la longe, à l'extérieur de son camion, entre deux épreuves.

— Bon... Je peux choisir des arbres ?

— Oui. Tu les mets où tu veux.

Je les abreuve puis leur donne leur ration, transportée sur le bât de Chinook. Puis nous entrons dans la maison.

Charlotte, sa mère, est accueillante. Ronde et active, elle s'occupe des différents plats qui vont composer le festin de ce soir. La sœur de Jean-Pierre, Patricia, est là aussi, pomponnée et fleurant bon le parfum. Elle sort ce soir avec son fiancé. Et il ne lui faut pas longtemps pour me chuchoter, complice :

— Il est mannequin et n'est pas souvent là.

Puis, elle m'entraîne dans sa chambre quand je lui demande si elle a une pince à épiler. Parce que les sourcils broussailleux, je n'aime pas, malgré mes désirs de vie sauvage.

Patricia pousse la porte de sa chambre et apparaît, là, devant moi, sur un poster presque grandeur nature, un superbe spécimen de sexe mâle.

— Ah ouais ? Et il habite où ton copain ?

On pouffe bien malicieusement...

— A Ottawa.

Oh bien sûr, à la capitale...

— Tu veux te marier et avoir des enfants ?

— Oui. On va se marier bientôt et avoir une famille.

Autre chose remarquée jusqu'à présent : les filles d'une vingtaine d'années sont prêtes à fonder un foyer, s'adonner aux tâches ménagères et à destiner leur vie à des enfants dès leur jeune âge. Les adolescents au Canada semblent être mûrs plus tôt que chez nous, ont un esprit différent de toute façon.

Eux trouvent que mon accent et ma façon de parler me donnent quelque chose d'incomparable. Moi, je reconnais, dans leur manière d'être, que nous avons à de nombreux égards quelque chose à apprendre d'eux, de l'autre côté de l'Atlantique.

Il y a un lit d'eau dans la chambre de Patricia et le meuble de la pièce : la coiffeuse avec tout l'attirail de beauté qu'on peut souhaiter.

Je regrette de ne pas m'arrêter chez eux pour plusieurs jours. Je redécouvrirais les joies du brushing, de la liquette et des jeans propres avec un certain plaisir.

Une des coïncidences du contact fait que je me trompe. Je vais rester trois jours, entre leur maison et celle d'autres amis, rencontrés sur la route, quand j'arrivais chez eux ce soir. Et c'est bien le fun. Et c'est bien la fête !

Le lendemain, je retrouve Loïc, Breton d'origine, maintenant cuisinier dans un grand restaurant. On ne peut renier ses origines. Et Sylvie, sa femme, un sacré numéro d'Acadienne ! Ils expliquent comment ils se sont rencontrés : voisins de palier à Québec, c'est à leurs yeux un premier signe du destin pour vivre plus longtemps encore sous le même toit, mais entre les mêmes murs cette fois. Ensuite et surtout, l'Amour ! Sylvie dit simplement, et avec la même émotion que si elle en parlait encore pour la première fois, combien la vie avec Loïc a enrichi la sienne et à quel point elle se sent satisfaite, comblée, en tant que mère, épouse, femme, créature vivante ! Loïc, lui aussi, est tellement décontracté. Il a attrapé quelques expressions québécoises sans pour autant perdre son accent de France tandis que sa femme parle avec les réelles et fameuses intonations de la province.

Nous dînons dans leur grande salle à manger-cuisine encore en semi-construction. Et c'est un sacré bon moment. Leur bonheur et leur équilibre sont communicatifs. Loïc a mis les petits plats dans les grands comme à son habitude. Sylvie parle de son métier, une toute nouvelle branche dans les occupations lucratives de la société actuelle, avec un avenir extraordinairement prometteur, qui apporte autant de bien au consommateur que de monnaie circulante à l'office général gouvernant la totalité de l'activité humaine : elle est professeur de sexe ou « instructor » dans la langue de Shakespeare. Au choix.

L'initiative est née d'une entreprise privée il y a déjà quelques années. Mais même si l'idée était excellente, comment introduire les « produits de bon goût » auprès d'un public potentiel assez facilement effarouchable ? Tout est donc entre les mains de messagères comme Sylvie. Quand elles ont son brio et son enthousiasme, elles évincent systématiquement les sous-entendus glauques en présentant honnêtement ces produits de « bon goût » et qui « goûtent bon ».

Sylvie nous fait l'article en présentant sa panoplie commerciale. Et force est à l'assemblée de reconnaître la gamme à la fois plaisante, variée et répondant aussi à plusieurs nécessités. « Ils se mangent, ils s'utilisent ; ils sont bons pour tous les usages désirés et faits avec des produits comestibles de première qualité. » Je gage que ce business va devenir florissant avec le temps.

Serge Laplanche est avec nous : rencontre fortuite sur le chemin, deux jours plus tôt. Cet autre Français « de France » va faire faire un tour inimaginable à son scooter, amené en direct de Châteauroux et bariolé d'autocollants de toutes formes et couleurs qui vont porter le nom de ses sponsors à travers le Canada, les Etats-Unis et l'Amérique latine.

On se quitte tous avec difficulté. Chaque voyageur dont la route a croisé celle d'un autre reprendra son itinéraire après avoir échangé les adresses. Je préviens néanmoins que la mienne, en France, risque d'être sans réponse pendant un bon moment.

Ottawa, Ontario, ville bilingue et capitale fédérale

L'Ontario, province de bois et d'eau
La Transcanadienne

Je viens de passer en Ontario, et suis la voie des pionniers devenue avec le temps la Transcanadienne, langue de bitume de 7 769 kilomètres, à travers tout le pays. Il n'y a pas d'autre solution pour passer à travers cette province et je peste. Les seuls chemins existants sont les routes taillées à travers le bois épais et dense, pour les bûcherons. Elles s'arrêtent au bout de vingt à trente miles, soit plus d'une journée à cheval. Le retour sur ses propres traces en une autre journée n'est en principe pas accompagné d'un profond sentiment de satisfaction.

La route, à cheval, surtout s'il s'agit d'un axe principal et malgré le respect naturel des automobilistes anglo-saxons pour les cavaliers, est assez insupportable.

J'avance un pied devant l'autre, poussée ou tirée ou encore jouxtée par ma jument qui, elle, semble accepter mieux. Sa régularité m'aide beaucoup, son rythme cadencé, ses enjambées énergiques, l'absence de perte de moral chez elle m'entraînent. Je sens sa présence en marchant à la hauteur de son encolure. J'en viens à lui parler régulièrement. Elle acquiesce à la cadence de ses battues sur le bitume. Tac, tac et tac. Ou plic ploc et ploc, selon le temps. Parce qu'en plus la pluie s'y met plus souvent que de raison comme si elle avait attendu ce moment de reprise de contact brutale avec le monde automobile pour présenter cet autre désavantage de me plaquer sa poussière partout.

Ma mauvaise humeur ne peut trouver d'expression ou plutôt d'exutoire que dans cette avancée régulière, cyclique, inutile. Avancer pour avancer parce qu'il faut passer ce bois infernal ; ce monde inhospitalier pour le pionnier d'hier et le cavalier d'aujourd'hui qui trouve son mode de transport parfaitement déplacé dans ce passage où le cheval n'a plus sa place.

Immensité au-delà de toute commensurabilité humaine. Espace naturel impénétrable. Nature voilée, cachée, derrière cet épais rideau vert. Obligée de suivre la seule voie possible pour ma caravane, tracée dans la masse opaque et qui offre la sécurité relative du passage, malgré son insignifiante proportion par rapport à l'omniprésence de la forêt. Diantre ! Je peste, coincée entre mes chevaux et l'attraction terrestre qui me colle à cette route de bitume insipide, dans cette entaille filiforme faite à cet élément naturel, dans lequel je ne peux pas survivre de toute façon.

Savoyane, elle, se fout de tout, sauf de Chinook qui l'énerve, surtout quand il fait semblant de lui envoyer son postérieur droit à l'heure de leur ration, sans même prendre la peine de lever la jambe vers la jument. La seule ébauche du mouvement suffit. Et Savy Baby entre en transe. Elle ne répond plus d'elle et lance, hors de tout contrôle, son arrière-main si haut et si violemment que les oiseaux eux-mêmes se garent.

Un jour, je me trouve stupidement dans la trajectoire et reçois un fer arrière en pleine cuisse. Marquée du sceau d'une des fameuses colères de mon animal. Après tout, si quelqu'un devait le porter, cela me revenait d'autorité.

Sur la route, jour après jour, je rêve pour m'efforcer de ne plus penser à ce bitume. De haut, nous observons tous les petits détails de la forêt, domaine inviolable : les orignaux, les mères ours bruns à la démarche en apparence débonnaire avec leurs petits autour qui jouent, les renards et les loups des bois, furtifs, un glouton qui est occupé à dévaster une cabine de chasse inhabitée, un lynx qui nous voit passer bien au-delà de la cime des arbres, grâce à sa vue perçante, et qui doit se dire qu'on aurait été aussi bien à emprunter le chemin désaffecté des bûcherons, là, à portée de ses griffes et de son élan prodigieux.

En pénétrant en Ontario, je suis entrée en pays anglophone et je perds donc le contact avec ma langue maternelle. Je pense alors à une des conséquences de la promiscuité de deux peuples, de mêmes racines, dans la période de leur histoire commune. Cohabitation naturelle qui rappelle par la présence physique et intangible le souvenir des épisodes tumultueux entre l'Angleterre et la France.

Un truck s'arrête de l'autre côté de la route.
— Que faites-vous ici à cheval ? La grand-route ne doit pas être confortable pour vous et vos animaux.

Il s'est arrêté, surpris de voir une cavalerie dans un lieu réservé à l'automobile.
— Je viens de chez des amis à Deep River ; ils seront sûrement heureux de faire votre connaissance et de vous accueillir. Nous arrivons d'un show équestre. Je rentre et leur téléphone. Vous en avez pour jusqu'à la fin de la journée avant d'arriver chez eux.

Les rencontres se passent ainsi. Et le soir, j'avance vers une écurie où il y a une place pour mes compagnons sans même que j'en connaisse les propriétaires.

Lucille vient sur la route à ma rencontre au beau milieu de l'après-midi. Et quand je la vois descendre de son truck, du même côté de la route, je suis sûre qu'elle est la femme du couple en question. Le messager venait de l'ouest...

Je lui lance, le plus naturellement du monde un :
— Bonjour !
Esquisse de sourire de connivence.
— Oui, je suis la femme de Richard. Les chevaux n'ont pas

mal aux pieds et aux jambes avec ce sol dur ? dit-elle en regardant leurs jambes. Je vais vous envoyer le trailer...

Puis elle se ravise.

— Non ?... Bon, OK ! Alors, à tantôt.

Le soleil est très haut et très chaud. Il tape même durement... J'avance avec la détermination de la femme préhistorique. Celle qui grelotte dans sa caverne humide mais qui, malgré ses tremblements, mord avec avidité dans la seule pomme qui reste au foyer. Elle a rassemblé toute son énergie, toute sa concentration, dans le geste de ses deux mains agrippées avec une sorte de désespérance sur le fruit trop petit pour apaiser sa faim. Et j'admire la force de cette ancêtre à conserver la vie tant qu'elle offre encore la moindre lueur. Mon espoir, je le vois au bout de cette route, malgré sa chaleur étouffante et mon malaise physique.

Je veux retrouver cette sensation primitive de la survie malgré un environnement inconnu, dans lequel je n'ai aucun refuge réel. Et ressentir cette force inaltérable qui découle de cette victoire, si victoire il y a. Je ne connais pas la suite de la scène. Je ne connais pas non plus la physionomie de ma route, après le virage que je vois là-bas, au loin.

Un pont sur lequel nous nous engageons. Un pont : une rivière ! Je retourne sur mes pas et attache les chevaux à l'ombre. Le temps de dessangler, de débâter, j'ai à peine celui de me déshabiller avant de ressentir le plaisir de l'eau fraîche sur tout mon corps. Le cours de la rivière est rapide et je roule sur les cailloux ronds de son lit, poussée par le courant. La route est assez loin, je ne risque pas de porter atteinte à la pudeur locale. Je roule sur moi-même, parfois assise, pour sentir la pression de l'eau sur mon dos et sur ma nuque.

C'est la soirée, et au loin, sur le bord de la route, une silhouette familière se dessine. Un homme à cheval semble posté en attente. Quand il aperçoit la caravane, il garde le regard dans sa direction. Silhouette familière parce que cavalière. Je ne suis pas surprise quand il annonce être le mari de Lucille.

— Tu es presque arrivée à la maison, m'annonce-t-il avec un accent qui n'a plus grand-chose à voir avec celui du Québec. Ce serait plutôt une intonation plus proche de la nôtre, en France... On va passer par un petit chemin dans le bois, poursuit-il, ce sera un peu plus long que par la route mais plus agréable pour vous autres.

Après quelques mètres, nous entrons dans la forêt et suivons une sente juste assez large pour le passage d'un cheval. Pourtant Chinook, très rapidement poussé par une quelconque urgence, nous passe devant pour se placer derrière le cheval de Richard.

Dans les endroits sans circulation tels que celui-ci, je le laisse vaquer à ses occupations personnelles. Il suivra de toute façon, trop attaché à son monde et trop perdu tout seul pour avoir à craindre la moindre escapade, façon Rolls. J'admire la façon dont il évite les arbres le long du sentier, de ses deux sacoches de bât. Pourtant, il y en a quelques-uns qui sont traîtres ! Malgré tout, ça passe, et sans râper. Il a pris conscience de sa largeur ajoutée... Ce qui lui confère, bien évidemment, un plus d'une certaine valeur.

L'astre de feu étouffant ne nous tombe plus dessus directement, grâce à la protection de la forêt. Le toit vert sous lequel nous avançons dispense des taches de lumière clairsemées sur le chemin.

L'atmosphère est lourde de l'écho étouffé par la terre chaude. Seul le martèlement des sabots sur le sentier résonne profondément, avec une rythmique joyeuse et vivante.

— Ils doivent sentir l'écurie.

Richard se retourne et sourit quand il voit le gros Chinook qui suit méthodiquement et acquiesce :

— On y arrive, là.

Un toit rouge se détache face à nous, la forêt s'écarte encore sur la droite, pour laisser place à un paddock où ses chevaux, voyant arriver les nôtres, se groupent tous à la barrière et hennissent d'excitation.

— Tiens, tu peux les attacher là, aux arbres, pour les desseller.

Nous sommes entre une carrière-paddock, les écuries et la maison d'où Lucille sort au même moment.

— Prends ton temps. On va rentrer nos chevaux, les nourrir, et tu peux mettre les tiens dans leur paddock. Pas trop fatiguée ?

— Ça va mieux que tout à l'heure sur la route ; les chevaux commençaient eux aussi à perdre leur allant. Ce petit tour dans les sous-bois nous a rafraîchis.

Délestés de leur chargement, mes chevaux s'ébrouent. Savoyane n'attend pas d'être lâchée pour se rouler au bout de sa longe. Je tire rapidement sur le nœud de sécurité et la corde se libère immédiatement. J'attrape l'autre bout et la regarde faire. Adorable puce ! Elle se roule avec un tel plaisir, frotte ses flancs d'un côté puis de l'autre, son cou, le dos puis la base de sa crinière, les quatre fers en l'air, s'agitant dans le vide.

Cela ne fait pas longtemps qu'elle s'allonge ainsi à proximité et donc à la merci de l'humain. Mais cela prouve que sa confiance grandit, s'installe ! Et c'est chouette ! Toute poussiéreuse sur les parties humides de sueur de son corps, elle s'ébroue encore et nous entoure d'un nuage opaque pour quelques secondes.

Chinook, mon gros, lui, somnole, la lèvre inférieure déjà pendante, la joue légèrement appuyée sur sa longe, le tout supporté par trois pattes... la quatrième étant en position de repos.

Richard et Lucille ont déjà rentré tous leurs chevaux avec l'aide de leurs filles. Ils me hèlent :

— Hé ! Tu peux lâcher les tiens maintenant !

Je détache donc mes fauves de leur arbre, pénètre dans le

corral avec un à chaque main et décroche les longes de leurs licols. Les autres, dans l'écurie, s'agitent à cause de la proximité de ces « étrangers-qui-sont-des-leurs ». Quant aux étrangers eux-mêmes, ils sont tellement habitués à émouvoir leurs confrères qu'ils y sont devenus totalement insensibles. A part hier, quand le captif présente un intérêt particulier : Savoyane, la nuit précédente, a fait une démonstration fort élégante, guidée par ses seules impulsions, au son désespéré de l'étalon enfermé de mes hôtes.

Ici, manifestement, il n'y a pas de raison de sortir de ses gonds outre mesure et les deux acolytes entre lesquels, quelquefois, les choses ne sont pas si simples, vaquent chacun de leur côté, à leurs occupations : se détrôner l'un l'autre du tas de foin respectif de chacun.

Pour Savoyane, c'est tellement valorisant d'arriver sur Chinook les oreilles en arrière et l'air déterminé, les yeux méchants, et le voir plier et s'en aller plus loin, laissant son tas de foin à ma jument peste.

Au tour de mon lésé de s'affirmer ; mine de rien il sifflerait quelque chose d'anodin pour ajouter la dernière note à son désintéret total. Elle, entre-temps, a dû avoir une mouche qui lui a sifflé à l'oreille, la sortant de sa concentration sur le tas et lui rappelant aussi l'attrait des autres. Elle s'écarte donc brusquement, mue par une inspiration inexplicable.

De toute façon, ça arrange Chinook et c'est bien là le principal. Se battre avec Savy Baby n'est jamais drôle ; malgré tout, il reste avec sa dent contre elle, n'ayant pas lavé l'injure en quelque sorte de l'expropriation précédente !

— Tu as fini ? me lance Lucille, du pas de la porte de la maison, viens boire une bière avec nous avant le dîner.

Une bière ! C'est exactement ce qu'il me faut pour avaler définitivement la poussière de la journée, restée collée le long de ma gorge.

Le soir est un moment privilégié pour regarder mes chevaux. D'abord, leurs rapports sont intéressants et c'est tous les jours un feuilleton à suivre. Ensuite, j'aime voir s'ils se détendent ou si quelque chose les gêne, avant de penser à me retirer, moi, pour la nuit. Et justement, quelque chose me dit, ce soir, qu'ils n'ont pas encore fini leur journée, malgré nos 45 kilomètres sur bitume, la chaleur étouffante, le vrombissement permanent, en bruit de fond, des véhicules à côté de nous et face à nous, de l'autre côté de l'autoroute... Dans un sens, cela me prouve que je ne leur demande pas un trop gros effort.

En poussant la porte, je pénètre dans une tout autre ambiance. J'enlève mes boots à l'entrée et suis encore seule avec moi-même à ce moment quand j'entends les éclats de voix de plusieurs conversations animées, comme si elles faisaient partie d'une scène extérieure à ce que je vis, au voyage que je fais.

Ce sentiment de passer dans la vie des gens, la plupart du temps, est un peu frustrant. Mais elle est une réalité de la vie de voyage. Par contre, ces moments brefs sont pleins. Et quand j'arrive au milieu de la famille de Lucille et de Richard, je suis automatiquement incluse dans la conversation et l'atmosphère intime de cette pièce. Richard tire une chaise à côté de lui et m'invite à m'asseoir tout en continuant à discuter avec Maggie du programme de demain, cela en mi-anglais mi-français.

— Nancy va être occupée aux chevaux ; toi, tu peux t'occuper de ton frère.

On me présente :

— Les filles, c'est Dominique.

— Bonjour, dis-je à l'assemblée.

Ça fait du monde, trois filles plus un bébé !

— C'est Jessie James, me dit Lucille en souriant à son fils. On a mis du temps à l'avoir mais je ne me serais pas arrêtée tant que je n'aurais pas eu mon p'tit gars ! ajoute-t-elle.

Nancy remue quelque chose qui sent bien bon dans un des

1 – Été 84. Les bas-côtés de la route transcanadienne en Ontario.
Pendant deux mois une alternance de forêts, de marécages et de lacs.
Pas le choix : il faut suivre la route de bitume jusqu'au Manitoba.

2 – Savoyane au printemps : son épais poil d'hiver s'enlève par plaques.

3 – Maxine, Ken et Tara, mes compagnons des grandes plaines pendant l'été 85.

4 – Nous n'aurons pas à ferrer les chevaux pour la traversée des « terres à bisons », simplement à parer les sabots de temps en temps pour conserver les aplombs.

5 – Au nord de la route transcanadienne, nous nous éloignons vers les espaces sans fin des prairies où seuls de petits villages ou des fermes isolées indiquent la civilisation.

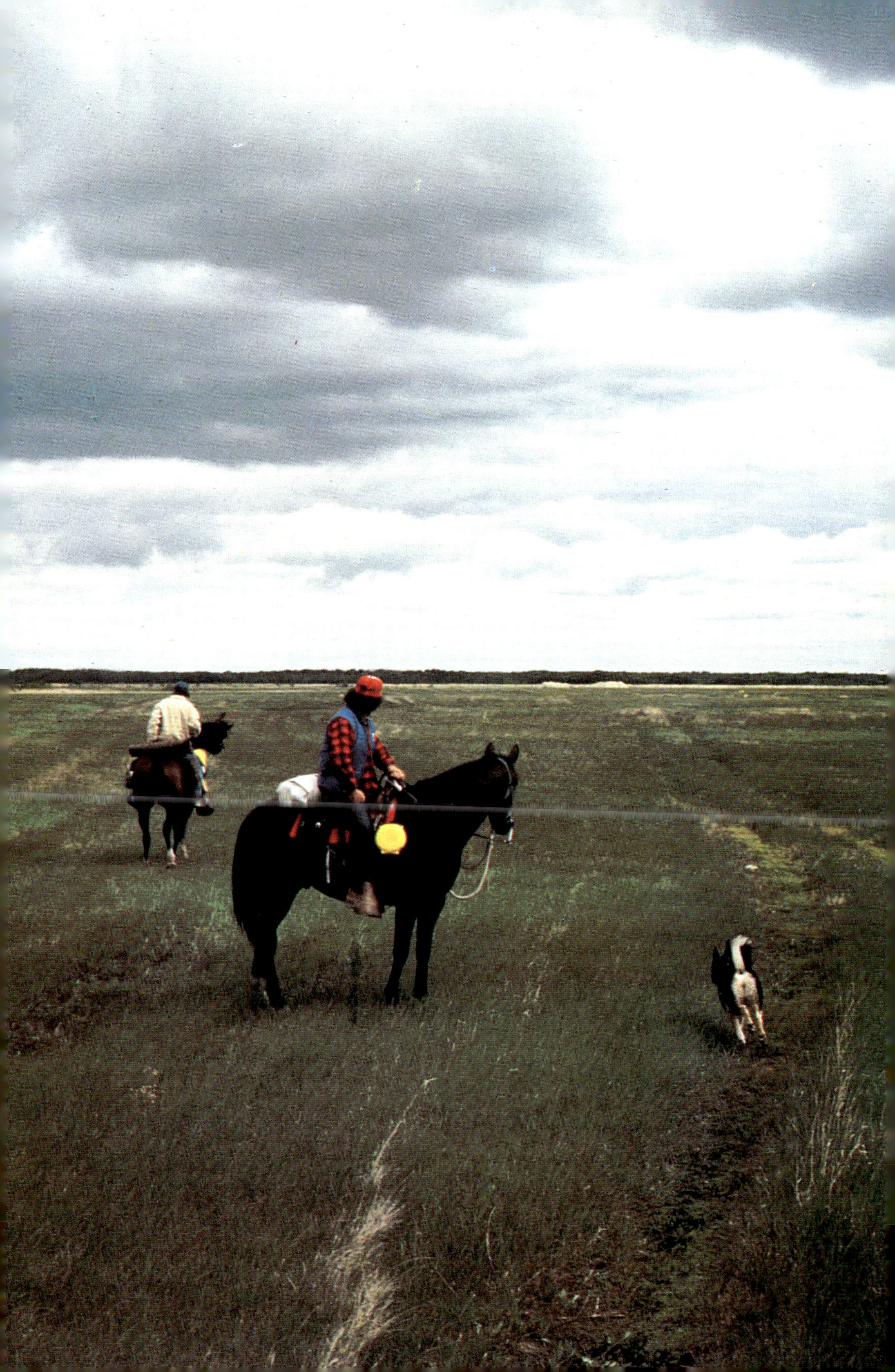

6 – Arrivée au bord du lac Winnipeg, qui s'étend à l'infini.

7 – Même si la température estivale permet les bivouacs en plein air, l'omniprésence des insectes impose la moustiquaire.

8 – Au parc national de Riding Mountain, un bison , espèce en voie de disparition, regarde nonchalamment passer les touristes.

9 – L'élevage d'Appaloosas des Wyatt s'adosse aux premiers contreforts des Rocheuses, le « pied des montagnes » (« foothills »).

10 – Syd m'a conseillé Chicks et Boots. Je vais devoir les habituer à toutes sortes de situations, le reste du dressage se fera pendant le chemin.

11 – Passage d'une rivière profonde et tourmentée. C'est ainsi que les Indiens Nez-Percés débourraient leurs Appaloosas. L'eau fatiguait vite l'animal rebelle.

12 – Les « foothills » sont un terrain d'entraînement idéal pour mes deux compagnons. Tweed, (l'Afghane « francaise de France ») apprend ainsi de nouvelles règles pour sa sécurité en pays grizzli : marcher dans les traces des chevaux.

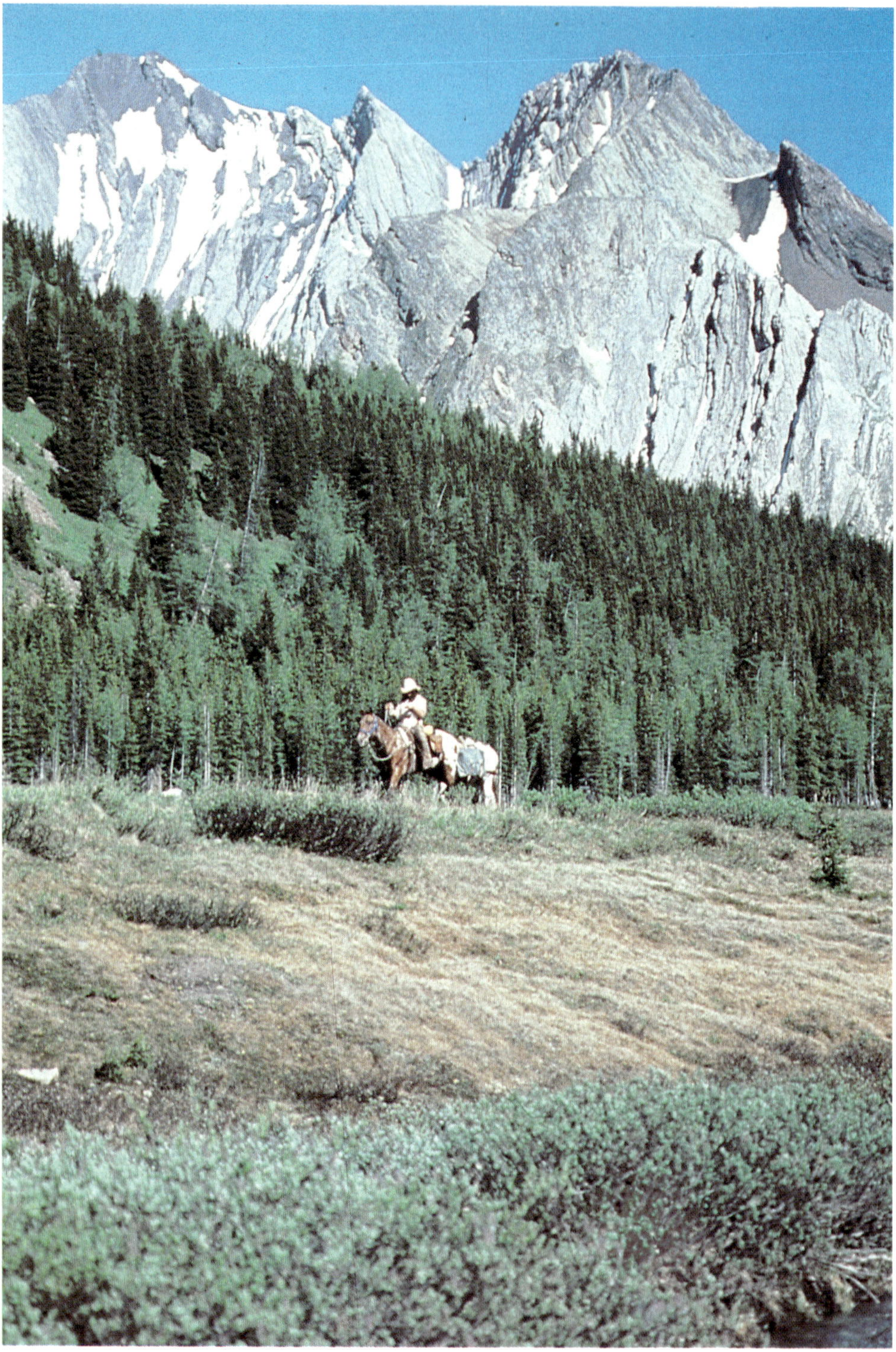

13

gros faitouts sur la gazinière. Maggie est à l'autre bout de la table, avec Jessie James devant qui on vient de placer une petite assiette de bébé. Elle le place sur ses genoux.

Nathalie me tend une bière que je lève à la santé de chacun avant d'en boire la première rasade, fraîche, merveilleusement désaltérante. Aux murs, des photos de chevaux habillés d'équipements Western. La radio chante un air de banjo.

La chaleur de l'extérieur est restée de l'autre côté de la porte et des fenêtres. Il fait bon, la pièce sent bon, je me sens bien…

Richard remarque que mon attention s'est arrêtée sur la représentation d'un beau spécimen de petit cheval, couvert de décorations. L'image semble déjà appartenir à un passé lointain bien que la scène ait été photographiée et que les gens soient habillés avec des vêtements qui ne paraissent pas être hors du temps. C'est Sun Halo, un Quarter Horse. Son propriétaire, démuni de tout sauf d'un certain goût pour le risque, inscrit un jour son cheval à l'une des courses hippiques du siècle qui réunit les plus grands cracks du monde des galopeurs : le centenaire du Derby.

Les autres chevaux, tous pur-sang, toisent un peu de haut cet animal qui a quelques bons centimètres au garrot de moins qu'eux !

Son propriétaire, sentant la chance de sa vie prête ce jour-là, réunit la somme fabuleuse que représente la seule inscription, à coups d'emprunts ici et là. Et, cela n'arrive qu'aux autres, au moins à ceux qui savent prendre la vie comme un coup de poker au bon moment, Sun Halo remporte le Derby et couvre son intrépide propriétaire de milliers de dollars. Jouer le tout pour le tout, avoir cette témérité qui bouscule parfois la chance, voilà un autre aspect sympathique du tempérament nord-américain.

On parle chevaux évidemment. Ceux de Richard et Lucille sont aussi des Quarter-Horses ; sans pour autant connaître le destin prestigieux de leur ancêtre, Richard les a choisis pour leur aptitude au dressage et leur conformation qui s'adapte bien au sport équestre dont il est un fervent : le « game » ; en équitation américaine, les jeux à cheval.

— Le cheval doit aimer ce qu'il fait ; mes « gamers » aiment tout ce que nous faisons ensemble. Cela se sent. Il y a des oreilles en arrière d'attention, d'application et des oreilles en arrière de mécontentement.

« Mon cheval Jet, quand je l'ai eu, les premières fois que j'entrais dans son enclos, ses oreilles n'étaient pas bonnes, crois-moi ! Je l'ai d'ailleurs obtenu à si bon prix parce que, personne ne venant à bout de cet entier bronco, on le croyait foutu ! Un animal de cette qualité, presque gâché par des hommes qui lui ont appris qu'ils pouvaient en avoir peur ! Tu parles, il avait compris, l'animal.

« Il aurait tué. Quand je l'ai eu, il était vraiment dangereux. Plusieurs fois, il m'a chargé et j'ai cru que c'était la fin. Il chargeait puis se levait sur ses postérieurs, battant l'air dans la ferme intention de frapper. J'avais la chambrière et je lui répondais.

« On s'est battus tous les deux mais quand j'ai gagné, je savais que ce serait pour toujours, qu'il allait désormais me respecter comme le vainqueur, comme son maître. Et tu sais ce que j'ai fait pour être sûr d'avoir gagné ? Je l'ai couché et je me suis assis sur lui. Il n'a plus jamais essayé de m'attaquer. C'est un animal en or : une franchise et une loyauté extraordinaires. Même Lucille maintenant peut le monter et pourtant, elle en est à ses tout débuts en équitation. Elle a toujours eu peur des chevaux. Crois-moi si tu veux mais je sens que lorsqu'elle est sur son dos, il fait spécialement attention à elle, prend ses tournants en douceur alors qu'avec moi, il se donne à fond. Il sait que je tiens dessus.

« Jet est aussi une excellente monture pour les filles. Nathalie l'a monté plusieurs fois à l'occasion de petits jeux. Mais c'est parce qu'elle est bonne cavalière : quand il voit les tonneaux de jeux et le public autour des barricades, il est parti ! Si tu veux rester demain, je te le ferai essayer. Tu verras, il est tranquille.

En arrivant chez Lucille et Richard, j'ai vraiment l'impression d'avoir pénétré déjà à l'ouest du pays.

— Richard, on lui demande toujours quand un cheval a des problèmes.

— Oui, je ne sais pas comment j'ai gagné cette réputation mais on vient me chercher souvent quand un cheval fait des difficultés, ou pour « breaker » un cheval*.

Richard a un diplôme de training de la Bearry School, une école de dressage de chevaux de l'Ohio aux Etats-Unis. Un programme de trois années qui inclut la connaissance du cheval, avec des cours d'hippologie, de soins vétérinaires. Ceux qui en sortent avec les honneurs sont considérés comme dresseurs professionnels. Il n'y a pas encore l'équivalent au Canada.

Un grand fracas à l'extérieur stoppe la conversation. Nous nous levons précipitamment. Le temps d'arriver à la porte, tout est redevenu calme. Chinook et Savoyane, dans le paddock, sont à quelques mètres l'un de l'autre et semblent tout essoufflés. Je m'approche. Ils ont encore dû se battre, ces zouaves, ils sont en sueur. Savoyane a même une belle égratignure sur l'épaule gauche. Un coup de botte du Gros sans doute. Il ne l'a pas manquée. Il me semble que l'entaille nécessite quelques points de suture. Les jours suivants, je me rends compte que la blessure en forme de V à l'envers aurait gagné à être cousue seulement en haut, pour que la chair ne pende pas pendant la marche. Les points qui obstruent les côtés de la plaie vont empêcher l'infection, le rejet naturel de l'organisme, de s'écouler et la

---

* *To break a horse :* littéralement « casser » un cheval, plus humainement le débourrer.

blessure va mettre trois fois plus de temps à guérir qu'elle n'aurait dû.

En tout cas, maintenant Chinook s'est vengé. Pourvu qu'ils nous fichent la paix désormais !

Le lendemain, la journée s'annonce encore chaude. Et l'atmosphère matinale est vivifiante quand je m'attelle à déferrer les antérieurs de Savoyane. Elle use beaucoup en pince et les petits cônes de tungstène posés à l'avant de ses fers sont cassés. Je coince son pied gauche entre mes genoux et dégorge les clous de la paroi du sabot de plusieurs coups secs avec le couteau de maréchalerie et le marteau. Cette puce, quelquefois, reprend son pied. Je respire et lui arrache du sol sans mot dire. Elle recommence et moi aussi. Il vaut mieux ne rien lui dire sur un ton trop haut. Elle n'est pas du genre à accepter les réprimandes, les commandements. Elle donne quand elle veut, c'est tout. Donc, je fais attention avec les clous et cela m'apprend aussi à travailler aussi vite que possible.

Richard a sellé Jet et l'a « échauffé » sur quelques tonneaux. L'animal attend, au milieu de la piste, une rêne à terre, sans bouger d'un centimètre.

— Dominique ! tu veux l'essayer ?

Aïe, aïe... Autant j'ai envie d'enfourcher cet animal, autant je ne me sens pas capable de le maîtriser si quelque chose ne tourne pas rond. Parce que je le sens fort dans sa tête et bien supérieur à mon niveau d'équitation version américaine. Il est attentif, le bougre, quand je mets le pied à l'étrier. Et une fois sur son dos, je sens son œil qui me « regarde », attendant le moindre signe de ma part pour se retourner immédiatement et démarrer de toute sa puissance. Son encolure est placée, mes rênes sont lâches ; je n'ose bouger d'un millimètre mon buste, mes jambes et mes mains.

— Bon ; tu n'as rien à craindre, il va faire attention à toi. Il va virer de bord d'un seul coup quand tu vas presser ta jambe contre son flanc. Ne touche pas à sa bouche ; avec les jambes, c'est suffisant, tu vas voir.

Je presse. Et c'est magique : il tourne, incroyablement vite, mais aussi, très souplement... On est partis, petit galop vers le baril, au bout de la carrière, je lui demande de l'aborder vers la gauche une dizaine de mètres à l'avance ; il s'exécute dans le calme, avec souplesse : au ras du sol, nous passons autour du tonneau, repartons vers un autre, à l'opposé du rectangle. Nous l'abordons à droite, même chose, souplesse, bonheur, assiette, équilibre, absence totale de difficulté. Je serre mes genoux, mes cuisses contre son corps et m'assieds sur la selle : il s'arrête, net, les postérieurs sous la masse de son corps. L'encolure se détend à nouveau en un placé naturel. Il attend que je lui demande autre chose. J'ai envie de crier de joie !!

— Tu veux le faire se cabrer ?

Richard s'approche de nous et parle à Jet :

— Jet ! Hop...

Et l'animal se dresse sur ses postérieurs, stable, fier, ses antérieurs battent tranquillement pour conserver l'équilibre, puis il se repose sur le sol, en douceur.

J'arrive dans un petit « village » de quatre maisons juxtaposées et plante ma tente sur le bord de la route, face au café fermé et à côté de la station d'essence.

Le grain est transporté par la compagnie de bus Greyhound qui traverse le Canada. Le service omnibus est, lui, utilisé par les locaux. Et d'un arrêt à l'autre, les gens connaissent ainsi l'existence de cette caravane animale que nous formons. Le sac d'aliments est posé dans un coin du garage. Je remercie les propriétaires, demande un seau d'eau et porte les vingt-cinq kilos à bras-le-corps jusqu'au campement. Savoyane et Chinook reconnaissent le paquet et émettent à sa vue un appel de contact.

J'installe les musettes pleines sur leurs têtes puis m'assieds après avoir attrapé l'arçon du bât. Une couture à faire à la sangle, à l'endroit où une lanière retient la bricole, entre les deux antérieurs. Soit Chinook se modifie, soit il y a quelque chose qui ne va pas dans son harnachement : deux fois qu'il craque la couture à cet endroit. Le bât doit reculer pendant la marche. Pourtant, à chaque fois que je vérifie le sanglage, je n'ai pas la place d'un doigt entre le thorax et la sangle. Le malin doit se gonfler quand je fais mine de lui resserrer la ceinture... Les enfants du garage viennent tailler une bavette :

— C'est des Appaloosas !
— Oui. Tu connais cette race ?
— Tu sais comment on fait des Appaloosas, me demande-t-il.

Il s'approche d'un arbre et fait mine de le secouer :
— ... Shake the trees* !
— C'est vrai que ça explique la robe tachetée, suis-je bien obligée d'admettre.

On marche. Pour rompre le rythme et l'ennui, je mets mon tandem au trot par périodes de dix minutes puis nous revenons au pas, pendant un quart d'heure. Rebelote, et ce, pendant une heure le matin, la même chose l'après-midi.

En trois jours, nous avons couvert 152 kilomètres ! Une satisfaction. Les chevaux ne semblent pas s'en fatiguer. Et les bois passent, le bitume aussi. La carte, que je ne consulte plus que pour estimer la distance à parcourir, m'annonce encore un mois et demi de macadam jusqu'à la frontière manitobaine et le début des grandes plaines. Un village puis un hameau, une ferme accueillante, le bord de l'autoroute.

— Salut ! Je me suis arrêté quand j'ai vu ton campement et les chevaux. Tu vas à l'ouest ?

* Secoue les arbres.

70

— Je suis la course du soleil. Il n'y a pas à se tromper.
— J'ai fait la même chose il y a cinq ans mais avec un wagon. Nous étions ma femme et les enfants, alors tout petits, et pas un sou ! On avait inscrit sur la bâche de la charrette « Tous les dons sont les bienvenus », et nous n'avons jamais eu autant de cash qu'à cette époque ! T'as entendu parler de Terry Fox ?
— Tout le long de la route ! Et aussi de ce drôle de type qui parcourait le Canada dans le même sens avec une grande croix sur le dos, vêtu de haillons et qui se prenait pour le Christ. Il ne lui manquait que la couronne d'épines sur la tête d'après ce que les gens ont pu m'en dire. Par contre, sa planche à roulettes, ça jurait avec l'authenticité historique...
— Si tu veux venir chez nous ; on est à quatre miles d'ici, sur la Transcanadienne.
— Je te remercie mais pour ce soir, tu vois, on est installés et demain, on sera loin, à une quarantaine de kilomètres... Je veux arriver à Winnipeg avant l'hiver et c'est pas la porte à côté.
— Okay ! Bon courage alors et aies du fun.

Le jour suivant, un autre petit hameau, le long de la route. Je tambourine à la porte du dépôt où doit se trouver le grain, pour la cinquième fois. D'après les gamins des maisons voisines, il doit y avoir quelqu'un... La porte s'ouvre enfin et apparaît une mine patibulaire :
— Qu'est-ce qui se passe ?
Manifestement, le type est ivre.
— Le gros sac à grain, déposé par le bus ?
— Le sac ? Ah oui ! Minute...
Vlam !
— Thank you !
Je charge sur ma selle et continue à pied.
Une maison. De femmes.

— Où tu vas ? Viens chez nous !
Apparemment, là aussi c'est la fête.

J'attache mes bêtes aux arbres, débarrasse le Gros de ses caisses, Savoyane de son sac et de sa selle. On m'invite à l'intérieur et à peine assise, une bière s'installe devant moi.
— On est en fête de mariage, depuis quelques jours.
Ça explique l'euphorie du hameau. Et ça papote, caquette, rit. Une grosse fille arrive avec un pull rose bonbon transparent : j'aime pas les soutiens-gorge canadiens ; je trouve qu'ils manquent de dentelles. Après une bière, le rose bonbon me gêne moins et je comprends mieux le ton de la conversation.
— Mes chevaux ont faim ; je reviens dans cinq minutes.
Je remplis les musettes et les place sur leurs têtes. Ça dévore !
Une humidité de fin juillet commence à tomber et je leur installe les couvertures Purina sur le dos.
— Pour cette nuit, tu peux t'installer dans le trailer. Tu seras plus confortable, il y a des lits.
A deux heures du matin, vrombissements de moteurs et grands phares. Je me redresse pour apercevoir Savoyane qui les envoie au diable en levant sa croupe de la façon qui « fait peur même aux oiseaux ». Ça la dérange, ma puce, quand on trouble sa nuit. Ce sont les hommes de ces dames. Dans un drôle d'état. Ils ont voulu s'amuser à effrayer les chevaux et ceux-ci leur répondent. Du coup, ils leur fichent la paix, pour préserver leur carrosserie.
Le matin, silence de mort, quand je démarre à dix heures. La fête est finie.

A la lisière de Sudbury, l'atmosphère de la « grande ville » est déjà perceptible. J'oriente donc la caravane au nord, pour contourner l'agglomération et me retrouve dans un paysage plus qu'étrange : on se croirait sur la lune. Et effectivement c'est là que les premières équipes de la NASA vinrent s'entraîner pour ne pas ressentir un choc trop brutal en arrivant sur l'autre planète.

Des rocs, gris et noirs, sont disséminés sur des collines totalement dénudées de trace de vie. Il n'y a pas d'arbres, pas d'eau, rien qui rappelle le décor terrestre. A l'infini, un vallonnement succède à un autre. Nous marchons sur une espèce de terrain cendreux qui se soulève légèrement à chaque foulée.

Ce sont des mines de nickel, parmi les plus grandes du monde. Des lignes de chemin de fer strient cet univers sans âme et emportent les chargements extraits vers l'ouest. Un moment, le train me tente : il pourrait transporter aussi, entre deux wagons de nickel, mon chargement et moi, cheval-vapeur emmenant chevaux-crottin vers des endroits plus appropriés à leur rythme de locomotion, jusqu'aux espaces solitaires et sauvages de la prochaine province. Le chemin, formé par le passage régulier des trucks, descend vers une grande bâtisse, seul signe de vie de cet espace désolé. C'est l'entrée gigantesque d'une des mines.

Puis, j'arrive au village, au bas d'une succession de collines. C'est le début de l'après-midi et une grande partie de la population doit être à la mine, ce qui explique le manque d'activité dans les rues. Je nous installe sur un carré d'herbe frais, protégés du soleil par de larges arbres bien verts, bien vivants.

Sudbury est à une dizaine de miles à l'est ; ce détour par les mines nous en a bien éloignés.

Après une pause rafraîchissement, c'est à nouveau l'ancienne voie des pionniers, l'actuelle Transcanadienne, taillée dans la masse verte, à suivre, comme des rails.

Il y a un bonhomme un peu fou qui me suit depuis quelques heures. De temps à autre, je le trouve m'attendant au coin d'une rue, l'œil allumé, l'attitude empressée. Je passe ; il suit et plus loin, de sa voiture garée innocemment sur le côté de la route, il me tend des crèmes glacées achetées au patelin précédent, des bouteilles de bière, jusqu'à des petits pois à écosser... C'est lui, Marj, qui me conduit pourtant chez les flics qui gardent le grain des chevaux. Il y a là quatre ou cinq policiers et deux se lèvent à notre entrée.

— Voici la jeune fille qui traverse le Canada à cheval, leur dit-il ; Greyhound a dû déposer un sac de grain pour les chevaux dernièrement.

— Ah oui ! répondent-ils. Il y en a trois, nous les avons mis dans le garage.

Pendant cette courte conversation, je ressens un courant électrique étrange.

Je suis lasse de cette route de bitume qu'il me faut suivre. A chaque fin de journée, je suis, contente et c'est la seule consolation que j'en tire, de pouvoir donner à mes chevaux une nourriture complète et équilibrée. Savoyane ressemble maintenant à un cheval normal. Le crin repousse bien sur son encolure et sur sa queue. Elle avance avec énergie et régularité. Les chevaux ne sont tout de même pas enthousiasmés de cette marche forcée, où les véhicules de tout format de la Transcanadienne nous dépassent et nous croisent toute la journée. Mais jusqu'à la « frontière » manitobaine, il va en être ainsi ; soit un autre mois d'autoroute... à cheval sur les bas-côtés de gravier ou de bitume.

Chaque journée ressemble à l'autre. A la seule différence que les kilomètres passent, que je progresse physiquement vers le point que je me suis fixé. Ma route est jalonnée par la civilisation ; la forêt succède à la forêt, toujours pareille, les villages et petites villes de ce nord de l'Ontario également. Tout est rendu mécanique parce qu'il faut suivre cette damnée route de bitume. Et ce soir, comme les autres, je viens chercher mon grain à un endroit prévu à l'avance et suis heureuse de le rapporter aux chevaux. Dès qu'ils vont voir le paquet, je sais qu'ils vont le reconnaître et se manifester joyeusement par des petits hennissements sourds. La seule différence, aujourd'hui, à mon train-train quotidien, est cette palpitation inattendue et inlocalisable dans l'atmosphère.

Alors que je m'avance vers les sacs, l'un des deux hommes en a déjà empoigné un d'une main et le deuxième de l'autre, avec une aisance déconcertante. Je le regarde, un peu estomaquée, les placer à l'arrière du truck de Marj : il soulève un bras puis l'autre et dépose les deux sacs de vingt-cinq kilos chacun comme s'il s'agissait d'une livre de farine. J'apporte le troisième dans la foulée.

Comme celui-ci semble intéressé, nous engageons une discussion sur le voyage, brève et informative.

— Je fais environ 45 kilomètres par jour. Mes hôtes de la nuit dernière m'avaient conseillé de m'arrêter à une ferme située à la sortie du grand chemin utilisé par les motos-neige pendant l'hiver. Mais il n'y avait personne.

— Oui, me répond-il, les gens sont en vacances. D'ailleurs ce sont des amis à nous. Pendant leur absence, nous trayons leurs chèvres... Vous aimez le lait de chèvre ? Nous en avons tellement à la maison que nous ne savons plus quoi en faire.

Je me souviens des porridges écossais dans les moors il y a trois ans et décide de renouveler l'expérience, sans les flocons d'avoine cette fois.

— J'aime beaucoup cela, lui dis-je alors que ce n'est pas tout à fait vrai.

Nous revenons à la ferme et les chevaux, comme de coutume, ont leur plaisir à la vue des sacs qui contiennent leur dîner reconstituant.

Il a fait une très chaude journée. Le soleil commence à décliner. Je me sens mal à l'aise dans ma sueur. Mon jean et ma chemise sont raides de crasse. Bof, après tout, cela éloigne les moustiques. Et rien de tel que le parfum frais de la savonnette pour les attirer.

— Vous venez dîner avec nous ensuite ?
— Merci ! Je termine avec les chevaux d'abord.

Cela fait au moins deux heures que nous sommes arrivés. Je les abreuve puis place les musettes sur leurs nez respectifs, et me tape sur les bras pour chasser les moustiques. Les chevaux mastiquent leur ration avec un plaisir évident.

Sur le chemin qui mène à la ferme, j'aperçois soudain une longue voiture noir et blanc qui vient lentement. Elle arrive à notre hauteur et je continue la conversation commencée un peu plus tôt.

— Cette route jusqu'à Thunder Bay ? Longue et difficile. Le ravitaillement pour vos chevaux va être compliqué.
— Connaissez-vous quelqu'un qui aille dans cette direction et qui puisse transporter des chevaux aussi ?

L'homme se tait et semble réfléchir.

— Je peux vous emmener, moi. J'ai un camion pour chevaux. Dans trois jours.

Tout cela est tellement inattendu que je m'attends à ce qu'il demande un prix prohibitif.

— Simplement l'essence du camion, me répond-il. Puis il s'éloigne.

La route est longue mais elle ne prend que quelques heures à bord du camion.

Que se passe-t-il dans ma tête et chez moi ? Ce type, je ne le connais pas et, c'est imbécile, mais il me semble que je l'ai toujours connu. Je ne sais plus où j'en suis. Il conduit et j'ai la tête qui chavire. Quand il s'en va, je ne suis plus rien. Anéantie.

Les jours qui suivent, en marchant sur les bas-côtés de la route de bitume, il est partout en moi. Je le vois arriver à mes côtés. Puis Savoyane m'entraîne en me tirant par la longe parce que je ne marche pas assez vite. Et je m'aperçois que je rêve. Au bout de quelques jours, je me persuade que s'il a existé, il est désormais mort. Dans mon souvenir, il faut le tuer, il n'existe pas, j'ai été victime d'une inflammation de mon imagination. J'ai cru voir quelqu'un mais c'était une erreur. Tout nous sépare et j'ai envie de m'anéantir tellement j'ai eu l'impression de renaître.

Pendant des jours et des jours, le long de la Transcanadienne ensoleillée, pluvieuse, venteuse, gaie, monotone, je vais voyager en pensée avec cet homme qui m'intrigue tant. L'amour, je ne veux pas y croire. Je ne suis pas prête pour ce genre d'aventure.

Pour me divertir, Savoyane s'est coincé une branche entre selle et cuir de peau pendant que je m'étais éloignée cinq minutes, elle n'en loupe jamais une... Je décharge ma jument de tout son matériel sur la voie publique avec fracas, enlève la branche qu'elle s'est mise dessous, réinstalle le tout et reprends la route.

Quelquefois, le rideau vert de la forêt s'ouvre sur un marécage. De ma voie de bitume, j'aperçois comme une flaque d'eau qui semble plus profonde que la normale et des arbres dépouillés de branches, fûts contorsionnés dont les pieds trempent dans cette eau qui leur a enlevé la vie. Ils sont là pour rien, morceaux de bois morts hérissés vers le ciel. Derrière eux, la forêt mixte reprend possession de son territoire, bien à elle, bien dense ; un autre rideau vert voile cette vie animale, invisible de la route.

Et cette route, j'en ai maintenant assez. Devant moi, il y a encore 1 400 kilomètres d'asphalte bordés d'arbres, de marécages assoupis, de lacs, de rocs infranchissables.

Shabaqua. Harry et Wilma ont un élevage d'Appaloosas. L'intérêt des gens de chevaux et leur hospitalité naturelle font que je décide de traquer le maréchal-ferrant de chez eux. Et c'est tout un programme : les shows équestres se succédant actuellement de l'autre côté de Thunder Bay, ils sont tous au même endroit, intouchables. Passionnés, ces hommes de chevaux de la dernière province de l'Est se défoncent aux « games ».

— Même mon maréchal est hermétique à ma demande, s'étonne Harry au bout du deuxième jour de recherche. Thunder Bay est à une soixantaine de kilomètres, par la route et en retournant sur nos pas.

Pas question de leur amener les chevaux sur le lieu des festivités : la ferrure actuelle ne tiendrait pas le choc de toute façon.

Il doit quand même y avoir un moyen de trouver un homme de l'art disponible sur toute une population d'équitants comme cela a l'air d'être le cas pour la rive nord du lac Supérieur ! Il y a un mystère dans la corporation...

Avec le temps, cependant, celui-ci s'éclaircit. Un des multiples coups de téléphone donnés par Harry lui amène en même temps un nouveau maréchal-ferrant pour l'avenir et la solution à mon problème : Doug arrive et, tout en corrigeant les aplombs de Savoyane, me dit pourquoi ses confrères sont restés sourds à mon appel :

— Ils pensent que tu ne vas pas les payer. Tu es une vagabonde pour eux.

Parce que voyager comme je le fais est sans doute synonyme de va-nu-pieds assisté ! De toute façon on ne peut aller contre la connerie humaine au risque d'en faire le but de sa vie.

Pas de cône de tungstène cette fois. On n'a pas de perceuse ; et le maréchal arrive à la dernière minute, ne peut attendre que nous en trouvions une. De plus, sa disponibilité, après autant de remerciements évincés de la part de ses confrères, avait fini par me paraître providentielle.

Alors nous revoilà sur le bitume, tâchant encore mieux qu'avant d'avancer sur les bas-côtés de gravier, quelquefois pavés eux aussi, malheureusement. Les cônes protègent, de par leur qualité anti-usure, le fer lui-même. Sans cône, le métal va être râpé bien plus vite par le frottement quotidien sur le bitume. Winnipeg est à 700 kilomètres ; un petit mois tranquille. Je verrai bien sur la route si c'est trop pour ce jeu de fers.

En tout cas, le type connaissait bien son boulot et j'aime la forme des pieds de Savoyane. Chinook, lui, pose moins de difficultés ; il a de gros pieds réguliers qui ne sont pas difficiles à parer. Pour Savoyane, il faut laisser beaucoup en talon, au risque, sinon, de la faire peiner des tendons. Il l'a regardée marcher et quand je lui ai signalé cette particularité, il a acquiescé : il avait compris, en la regardant.

— Il est là-bas, de l'autre côté du garage.
— Merci !

Je charge le sac de vingt-cinq kilos sur le dos de Savoyane et continue jusqu'à un groupement de petites maisons sur le côté droit de la route, cerné de quelques pâtures vides. Le soir tombe. Allons voir si je peux y mettre les chevaux.

Dale m'accueille :

— Si tu veux, ils peuvent rester dans la grange. Nous allons sortir les vaches dans un moment, la traite est finie.

Je débâte et fais rentrer l'un après l'autre Savoyane et Chinook. Ce dernier manque de s'étaler à cause d'une bouse non signalée sur le ciment de l'étable. Acrobate, il redresse son équilibre et s'installe dans la stalle. Je les attache, les abreuve.

— C'est quand même curieux que les voyageurs à cheval s'arrêtent tous chez nous, me dit Dale. Il y a quatre ans, une équipe menant un wagon nous a demandé l'hospitalité. Ils avaient des problèmes avec un de leurs chevaux et nous l'ont laissé ainsi que sa selle. Le pauvre avait une grosse entaille sur le dos ; on l'a mis au pré pendant quelques mois. Il est toujours là et vit une retraite agrémentée de promenades. C'est un bon compagnon pour les enfants.

La communauté religieuse d'Upsula, sur le bord de la voie de l'Ouest, est étonnamment organisée. Les familles vivent chacune dans leur maison respective mais tous les repas se prennent en commun dans une grande salle.

Quand je lui déclare vouloir dormir dans la grange, près de mes chevaux, Dale est un peu embarrassé :

— C'est que les garçons vont venir traire demain matin à cinq heures et c'est la seule porte d'entrée...

Oh bien, pensé-je, les garçons vont ainsi voir une donzelle dans un sac de couchage au pays de Morphée. En soi, c'est peut-être une expérience !

Le lendemain matin, il pleut. Les chevaux ont le dos sec et je commence à les harnacher alors qu'ils finissent leur ration. Dale apparaît :

— Tu as déjeuné ? C'est prêt au réfectoire.

Je n'ai même pas entendu les « garçons » pénétrer dans mon antre ce matin. Dale n'ayant pas fait de commentaire, il n'y a sans doute pas eu de rapport offusqué.

Des dames s'affairent autour des fourneaux, préparant déjà le déjeuner de midi.

Je suis assise à une des multiples tables de la grande salle ; Dale me demande :

— Tu as de bons vêtements contre la pluie ?

— Mon poncho. Ça protège au moins le haut du corps.

Il se lève et va parler à quelqu'un dans la cuisine puis revient à ma table où se sont accumulés entre-temps des crêpes de fécule, du sirop d'érable, un pot de café et de la crème maison pour blanchir celui-ci.

Délicieux breakfast ! Je me régale et Dale me raconte un peu la vie de la communauté :

— Nous vivons tous ici selon la loi du Christ. Fred

s'occupe de l'élevage et Mary que tu vois là-bas est responsable des cuisines. Je m'occupe du jardin et tout l'été, nous avons de délicieux produits frais qui alimentent tout le monde.

Arrive un gars avec, sur le bras, un habit de plastique orange vif.

— C'est pour toi. Ce sont des pantalons. Avec la pluie battante d'aujourd'hui, tu n'irais pas loin avant d'être trempée.

— Je te remercie. Combien te dois-je pour tout cela ?

— Rien. C'est un cadeau de notre communauté. Puisse cela t'être utile et te porter chance. Nous t'accompagnerons un peu par la pensée.

Bitume... Il fait lourd. J'ai enlevé mes vêtements de pluie. Ils me collaient à la peau.

Au loin, sur le côté opposé de la route, une silhouette apparaît. Solitaire. C'est l'après-midi. Le soleil est face à moi. La clarté m'empêche d'évaluer l'arrivant. Il s'approche. C'est un motocycliste. Ma caravane semble l'intéresser puisque à peine nous a-t-il dépassés dans l'autre sens qu'il bifurque et revient dans notre direction.

Il se gare juste derrière nous, ôte son casque. Je m'arrête.

— Salut, me dit-il en anglais avec un accent pas encore rencontré. Où vas-tu ?

— A l'Ouest. Tu vois : droit devant moi.

— Moi, j'en viens. De Vancouver.

Bon. Les chevaux s'habituant aux haltes improvisées attrapent çà et là des touffes d'herbe maigre. Il est assis sur le côté de sa bécane et me dit être parti de son Allemagne natale depuis un an et demi.

— Je me suis baladé en Asie puis suis revenu par Vancouver. Je continue vers Montréal pour vendre ma moto et rentrer à la maison. Tu fumes ?

Ce disant, il prépare une cigarette qui de l'avis de la police locale serait sûrement taxée. Pas à cause du papier importé du continent asiatique, mais par son contenant.

— ... Ça vient de Vancouver. Une nouveauté !

— Alors faut que j'essaie.

Il me passe le joint de l'Amitié fortuite, de la découverte en tout cas.

— J'ai fait un superbe voyage hors de mes racines pour cette période mais maintenant, j'ai envie de revoir mon pays, de le sentir à nouveau, de retrouver mes amis.

Pas beaucoup de mots. On fume le pétard qui se grille rapidement avec la brise qui vient de l'ouest.

— Bon, salut ! Et bonne chance.

Un coup de kik et le voilà reparti. J'empoigne mes animaux qui sont les seuls à poser les pieds sur terre normalement. Moi, je vogue sans savoir où je suis mais cela n'a pas vraiment d'importance.

English River. Un motel et un café fermés, une pompe à essence. Je prends livraison du sac de grain et établis le camp entre des arbres en retrait de la route.

Station de pêche et de chasse à l'orignal. Ce ne doit pas être une bonne période pour la pêche, et la chasse à l'orignal n'est pas encore ouverte. L'endroit paraît désert. Les propriétaires semblent pressés de fermer la station ce soir. Ils m'adressent à peine la parole quand je prends le sac. Ils ont dû choisir ce coin paumé où la civilisation ne passe que par la route, pour ne pas avoir trop à faire avec les gens.

Néanmoins, le coucher de soleil sur le lac-marécage derrière moi est superbe ; je laisse les chevaux se régaler d'herbe. Elle est belle et cela fait un moment qu'ils n'ont pas eu ce plaisir. Il paraît que les orignaux, se nourrissant des tendres pousses aquatiques, vivent en lisière de forêt. Peut-être allons-nous avoir leur visite ce soir.

Le lendemain matin, à la fraîche humide, je sers le petit déjeuner de mes animaux. La station essence est encore fermée. J'harnache ; le soleil se lève franchement et je range le matériel un peu éparpillé. Les caisses de bât sont fermées et pesées, les chevaux finissent leur ration tranquillement. Je m'installe sur une grosse pierre et me mets à écrire, attendant le bon moment pour sonner le départ des troupes. Une cigarette.

C'est une phase agréable de la journée. On se sent tout prêt alors que tout autour de soi semble encore endormi. Chinook a fini ; il agite la musette de haut en bas pour me faire savoir qu'elle est vide, d'un air de dire : « Je ne vais pas rester avec ce truc vide au bout du nez, j'ai l'air d'un orignal ! » Et coquet, avec ça.

Je choisis de lui en ajouter un peu. Ils vont avoir une grande route aujourd'hui. Cependant, pas de deuxième cigarette. La première nappe ma trachée de fumée sans trop l'attaquer il me semble. La seconde plaque toute sa nicotine sur le terrain préparé par la précédente ; elle m'enlève toujours beaucoup d'énergie. Quand je commence une journée avec deux cigarettes dans le corps, je sais que je ne vais pas tenir ma destinée de toute ma personne. Peut-être aussi parce que je l'aurai commencée sans être très contente de moi.

Tout d'un coup, lumières de l'autre côté de la grand-route ! Portes ouvertes, éclats de voix. Je jette un coup d'œil à mes énergumènes. Savoyane a presque fini. Je lui enlève la musette et la pose à terre devant elle, répandant dessus le reste de son grain. Quant au goinfre, il mâche tranquillement ; ne le distrayons pas. Bon, voyons voir : j'ai un dollar en argent liquide, mais aussi, mon « trusty » carnet de chèques sur lequel il y a au moins douze dollars ! Alors, pourquoi se priver.

— Bonjour ! fais-je à celui qui m'ouvre la porte, l'air un peu embué encore par l'heure matinale. Tiens, c'est le garagiste.

— Bonjour, me répond-il, bien dormi ?

— Oui. Un peu humide maintenant...

— Bientôt l'automne.
— Ça vous gêne un chèque pour le paiement d'un petit déjeuner ? Je n'ai pas souvent l'occasion d'aller à la banque avec mon moyen de transport...
— Pas de problème.

Extra. Parce que j'ai une faim de loup et l'aliment complet pour chevaux... il y a encore quelque chose qui me retient. Quoique si besoin était... Ça me donnerait sûrement un beau poil vu la qualité de celui de mes bêtes.

— Mmmm... Bacon and eggs... avec des toasts et un pot de café s'il vous plaît !

Fichtre ! Je suis un peu sale, je dois reconnaître. La verdeur immaculée de la moquette et les fausses boiseries vernies me renvoient soudain mon image par mon odeur. Mais ils n'ont pas l'air écœurés et je ne risque pas d'indisposer les autres clients, étant seule.

Ah ! en voilà d'autres. Mais ils sont refoulés. Motif : pas encore ouvert. Alors, j'ai sans doute eu droit à un régime de faveur. Je le réalise d'autant plus quand on m'apporte mon assiette. Ils ont dû m'entendre me parler à moi-même : trois œufs, des patates, etc., le tout se chevauchant pour tenir dans la circonférence de la vaisselle. Un beau programme !

J'ai les mains propres étant passée aux toilettes. Le visage aussi ; ça c'est important parce que je ne peux pas mettre mes petites crèmes sur une couche de poussière. Eu l'occasion de remarquer mon beau hâle aussi dans le miroir des « Washrooms-ladies » : en ce qui me concerne, la Transcanadienne à pied me réussit mieux que la Côte d'Azur allongée, question bronzage.

Les enfants jouent à une table derrière moi, occupés à ajuster des pièces genre Lego. Patatras ! Tout s'écroule... La tour devait être trop haute.

Quand je demande la note, on me la refuse.

— Non, ça va bien comme ça. On vous l'offre.

— Merci, mais... Bon. Merci !
— Bonne chance dans votre voyage !
— Au revoir.

Sûr que cela aide quelquefois à ne pas partir trop profondément dans des délires angoissés par manque d'apport régulier. Il me semble que j'ai une bonne étoile. Je commence même à en être sincèrement persuadée.

Il y a une heure, un bonhomme, genre représentant de commerce, s'est arrêté près de moi et m'a dit qu'Ignace était à dix kilomètres. Et si je souhaitais faire étape là-bas, il pourrait me fournir une chambre de motel. Apparemment, il donne l'impression de connaître l'endroit comme sa poche et de détenir le trousseau de l'hôtel. Peut-être le propriétaire. Ma foi, on verra bien ; comme je pensais pousser jusque-là de toute façon...

Deux heures de route. J'imagine une douche où je pourrais rester dix minutes sous l'eau, un lit avec des draps où, à tous les coups, je paresserais le lendemain matin ; une machine à laver... où déposer d'une main les vêtements et tapis de selle sales pour les récupérer propres et secs de l'autre.

Propres et secs ! La veille, il a plu et ma tente a fui ; je jouais le rôle du pont immergé sur la rigole, dans la comédie, et mon duvet a besoin de sécher. Je l'ai bien étendu ce matin en travers de la selle de Savoyane mais le soleil n'a pas duré et si je ne trouve pas de solution avant cette nuit, je suis dans de beaux draps, effectivement.

Tiens ? Le revoilà, celui-là. La voiture du représentant de commerce arrive de la direction d'Ignace et s'arrête à nouveau à ma hauteur.

— Vous allez pouvoir prendre une douche et dormir tranquillement si vous venez à mon hôtel. Il y a même un endroit pour vos chevaux, à côté...

Il prolonge sa phrase d'un geste un peu vague. Pourquoi

revient-il me raconter tout cela ? Ses précisions m'éclaircissent soudain. Son souci du détail est bien trop apparent pour se méprendre sur les réelles intentions, dévouées, certes, mais pas ma « cup of tea ».

Il s'éloigne et comme je continue, mon rêve de douche et de bons draps secs éclate comme l'ampoule électrique dans les bandes dessinées.

Ignace s'étend en longueur ; ses maisons semblent être faites en contre-plaqué, comme la majorité des demeures canadiennes le long de l'ancienne voie des pionniers. Pourtant, elles doivent assurer une protection efficace contre le froid : sept mois d'hiver, c'est tout de même long !

Là, sur la gauche, doit être l'hôtel du type. Sa voiture y est garée. Après tout, allons voir, je ne risque rien. Le martèlement des fers résonne sur les parois et les vitres des maisons qui bordent la rue. Si bien que tout le monde est au courant simultanément de notre arrivée. Mon « hôte » sort en trombe. Il y a à côté de l'hôtel un espace où je peux attacher les chevaux. J'en suis à enlever les caisses de bât quand un groupe d'adolescentes m'encercle. Unita se présente immédiatement et me demande presque autoritairement de venir, avec les chevaux, chez elle.

— J'aime tellement les chevaux ! supplie-t-elle quand elle me sent hésiter.

— Mais as-tu un endroit où je peux les mettre chez toi ? Tu sais, un cheval, ça bouge. Si tu as un jardin avec un beau gazon, ne compte pas les mettre dedans ; en une nuit, ils vont tout te saccager.

— Non. Mais c'est comme ici. Ils seront attachés aux arbres derrière la maison ; et puis, Papa sera tellement content aussi de parler avec toi. Il est français.

Ah, c'est un bon argument pensé-je, pas fâchée de la perspective d'utiliser ma langue maternelle.

— Bon, je vais voir, lui dis-je. Mais je ne te promets rien. Si ce n'est pas possible, ce n'est pas possible !

Elle ne me répond même pas, jugeant sans doute cela inutile, et se contente de sautiller d'une joie contenue en m'emmenant sur le chemin qui mène à sa maison.

— Daddy, Daddy ! Où es-tu ?

— Ici, Unita, ici.

Une voix modérée et à faible tonalité répond. Je la suis dans les escaliers qui mènent à la cave.

— Daddy ! regarde, c'est Dominique. Elle arrive de France avec des chevaux !

— Avec des chevaux ? de France ?

— Enfin, moi, je viens de France. Mes chevaux, eux, sont québécois. Je voyage à travers le Canada avec eux.

— Elle peut rester, hein, Dad ? Dis, elle reste avec nous ?

La conversation se fait mi en anglais avec Unita, mi en français entre son père et moi.

Il sourit en regardant sa fille et réajuste ses épaisses lunettes sur son nez pour terminer ce qu'il était en train de faire :

— Mais bien sûr qu'elle peut rester avec nous si elle le veut, Unita.

— Oh Dad ! I love you !

Il nous rejoint un peu plus tard aux chevaux. Ceux-ci sont attachés aux arbres juste derrière la maison et déjà occupés à mastiquer la ration amenée sur le bât de Chinook.

Il doit y avoir deux sacs qui m'attendent à la station-service Gulf, selon le planning Greyhound. Je demande à Claude, le père d'Unita, en français :

— Il y a une station Gulf, ici ?

— Humm... oui, c'est là où s'arrête le bus d'ailleurs.

— C'est loin ? J'ai deux sacs de nourriture pour les chevaux là-bas.

— Non pas tellement ; mais on va y aller en truck. Vos chevaux ont sans doute besoin de se reposer.

Le fameux truck est un poème ; d'abord, il faut le démarrer, ce qui n'est pas une mince affaire, ensuite le maintenir en état d'explosion parce que c'en est une totale ! Pétaradants et brinquebalés, nous voilà partis tous les trois, Claude qui appuie sur les pédales, Unita qui tient le volant et moi qui m'accroche.

Unita assiste son père à la conduite de la voiture comme à celle de toutes choses d'ailleurs, Claude étant presque aveugle. Et cela se passe dans une parfaite harmonie malgré son très jeune âge. A quatorze ans, elle remplit son rôle d'aînée en remplaçant aussi sa mère auprès de ses jeunes frères.

Nous arrivons devant la station de bus où j'attrape les deux sacs. Ensuite, je pars faire quelques courses pour ce soir ; Claude et sa famille ont déjà dîné. Ici, c'est aux alentours de dix-sept heures que l'on soupe, selon la mode britannique. Cela donne aussi plus de temps devant soi pour la soirée et un estomac plus léger pour aller se coucher.

Moi, je meurs de faim ! Il est dix heures déjà et le soleil se couche, astre de feu rougeoyant dans la masse verte de la forêt. Peu à peu, elle prend possession de l'atmosphère et enveloppe de sa présence obscure et mystérieuse, dans un même voile, le monde des animaux sauvages et celui des hommes. De retour, je m'installe, sur l'invitation de Claude, à la table et dévore comme un ogre. J'avais si faim que je commençais à en défaillir.

Unita revient à la charge. Elle a quelque chose à me demander. Elle s'installe à côté de moi, sans mot dire puis tout à coup :

— Pourquoi tu ne resterais pas aussi demain avec nous ?
— J'aimerais bien, Unita, mais il faut que j'arrive assez vite à Winnipeg : l'hiver arrive. Tu as entendu la radio : il y a déjà de la neige à Calgary.

Autant Unita est adulte à ses heures, autant il y a des choses qu'elle ne veut pas comprendre. Et elle a bien raison, finalement.

— Oui mais après, tu vas partir et on ne te reverra peut-être plus jamais. Et puis, j'aimerais tellement monter sur ton cheval !

— Mon cheval, je ne le prête à personne tu sais ? Bon... c'est d'accord. Demain je reste avec vous et je te fais faire un tour sur Savoyane.

Le lendemain, Unita est prête. Bien avant moi. Je vais nourrir les chevaux, elle m'accompagne et m'aide à placer les musettes sur leur nez.

— Quand est-ce qu'on va faire un tour ?

— Attends au moins qu'ils digèrent !

On attend toutes les deux puis, lassée, elle s'en va vers la maison. Je reste seule, enlève les couvertures de leurs dos, sors la tente, l'aère.

Et je pense à cette partie de l'Ontario, de bois et d'eau derrière moi. Que fait-il maintenant ? Je refoule sa pensée ; je ne me sens pas prête à partager la vie d'un homme et je ne suis pas venue pour ça. Aussi beau, aussi vrai, aussi lui soit-il.

Il me manque viscéralement. Je ne le connais pas mais tout en moi l'appelle. Et je vis un combat intérieur sans merci. J'ai tellement besoin d'entendre sa voix, de savoir qu'il n'est pas une hallucination. Les chevaux mangent toujours. Je pars vers une cabine téléphonique et fourre dans la boîte les derniers dollars que j'ai en poche, en en gardant un, symbolique, pour la continuation.

Des fois que le rêve n'ait été qu'un rêve.

— Allô, Bob est-il là ?

La voix qui me répond semble être la sienne. Mon cœur s'affole tellement que je n'entends plus qu'à peine ce qui se passe de l'autre côté de la ligne. Si ce n'est pas lui, il faut que je masque mon accent français.

— Non, pas aujourd'hui... Do you want to...

La voix termine la phrase mais je n'écoute déjà plus ; il n'est pas là ; qu'est-ce que j'ai à foutre du reste ?

Claude est dans la maison quand je reviens.

— Tu as été téléphoner ? J'ai fait couper le téléphone depuis quelques mois. Je ne peux plus le payer. En fait, il n'y a pas grand-chose que je puisse prendre en charge depuis cet accident qui me fait perdre progressivement la vue. Les enfants sont mon réconfort, ils sont ma vie. J'ai construit la maison de mes mains, pour la famille. Puis, ma femme est partie. Ce n'était pas bien qu'elle soit là pour les enfants de toute façon. Elle avait des problèmes d'alcoolisme qui ne s'amélioraient pas avec le temps. Elle n'était pas heureuse et ne nous rendait pas la vie heureuse. Je ne sais pas où elle est. Les enfants n'ont plus de nouvelles de leur mère non plus. Mais, tu vois, on s'est organisés. J'ai même reçu la Légion d'honneur des parents cette année ! Je suis leur père et leur maman à la fois. Ils n'ont pas l'air d'être déséquilibrés pour autant.

Cher Claude ! Si maître de la situation malgré son handicap et sa lucidité.

Unita sort de la salle de bains. Elle a mis son sac de couchage dans le sèche-linge ainsi que tout ce qui était humide dans ma besace...

— Bon, on y va si tu veux.

J'ai préparé les chevaux avant de rentrer dans la maison. Unita enfourche Savoyane, une de ses amies monte sur Chinook.

— Tu fais attention ?

Je suis des yeux cette caravane. Cela semble aller. J'ai été rassurée dès le départ par le contact d'Unita avec les chevaux. Je leur emboîte le pas néanmoins pendant un moment. Tout semble aller dans le meilleur des mondes : je suis étonnée de voir

Savoyane obéir si bien à une étrangère. Sûr que cette gamine a le contact.

Elles reviennent peu après. De sa monture, fièrement dressée, les épaules naturellement en arrière, elle me lance un retentissant :

— J'adore ta jument, elle avance !

Elle est si heureuse que je lui aie fait cette confiance que je m'en sens vraiment contente moi aussi.

Route vers Borups Corners. Bas-côtés et panoramas identiques depuis plus d'un mois. Les camions de transport semi-remorques articulées, recouvertes en général de bâches qui claquent au vent, dépassent notre convoi en respectant une distance confortable. Quand ils le peuvent, ils se déportent même complètement sur la gauche de la route. Je leur en suis reconnaissante. Leurs précautions me rendent la vie réellement plus facile. Les autobus Greyhound saluent à chacun de leurs passages. Le mot est passé aussi chez les camionneurs : lorsqu'ils aperçoivent notre caravane-à-pattes, et tout en actionnant au mieux leurs commandes pour la dépasser sans la perturber, ils saisissent aussi leur micro CB pour en informer leurs confrères. Et ils trouvent encore le moyen de faire un signe de la main !

Le bas-côté est en gravier et en sable.

L'image de Bob me trotte encore dans la tête.

Arrêt pique-nique sur la route.

Je suis heureuse : je fais exactement ce que je voulais faire depuis peut-être plus longtemps même que ma conscience n'avait senti ce besoin d'ailleurs. Je traverse le Canada à cheval, rencontre sur ma route des gens qui m'intéressent, d'autres qui me laissent plus indifférente mais desquels j'apprends quand même quelque chose, en établissant un rapport qui m'aide à me situer.

Je m'accommode des moments moins drôles de la meilleure

façon. Et je ressens une accoutumance à mon état nomade : les rythmes spécifiques de la journée deviennent, après répétition, des habitudes.

Après maintenant trois mois de vagabondage, de nombreuses situations diverses, attrayantes, éducatives, il me semble, même en progressant vers l'ouest, que je vais tourner en rond si je n'éclate pas de ma coquille. Eclater de sa coquille, ça veut dire quoi ? Je n'en sais fichtre rien ! Je sens simplement que j'ai besoin d'aller au-delà de moi. Mais comment ? Là non plus, il me semble ne pas pouvoir apporter de réponse et intérieurement, j'en hurle de désespoir parfois. Il y a des jours où je marche vers l'ouest sans but, jouxtée, dépassée par la circulation impersonnelle et omniprésente des automobiles depuis de trop nombreuses semaines. En évaluant celles qui me restent à vivre, devant nous, je me résigne, par moments, à mon quotidien désillusionné.

Une dame âgée, dans une voiture, s'arrête. Elle fait quatre-vingts miles... pour se réveiller. C'est exactement la distance qui se parcourt à cheval en trois jours ! Elle me donne vingt dollars, comme ça. J'ai l'impression qu'elle est riche et qu'elle s'ennuie.

Nous nous remettons en route. Les arbres défilent à nouveau, tous identiques, pendant plusieurs heures.

Dinorwich. Une autre dame m'invite chez elle.
J'installe le sac de grain sur le dos de Savoyane et je la suis. Elle a sept garçons, tous à la maison. Les chevaux font face à de nouveaux arbres, débâtés, dessellés ; ils mangent leur grain complet. Dans la maison, les sept garçons vaquent à de molles occupations. La télé qui doit être allumée en permanence occupe la plupart d'entre eux. Programme débile. Avachis, une bière à la main, ils regardent, oisifs.

Et je fais la même chose sans comprendre un traître mot de ce que cet engin de malheur colporte. Je m'en endors. Après avoir abreuvé les chevaux, je me hisse sur le hamac qui m'a été proposé et manque de me retourner de cent quatre-vingts degrés, sitôt dessus, de toute ma légèreté. Pas l'habitude de ces trucs-là !

Tout le monde est déjà dans le no man's land, que ce soit celui du petit écran aux messages insignifiants ou celui des songes. Des ronflements sonores en témoignent.

Le lendemain, même paysage.
Dryden. Centre forestier et petite cité industrieuse. Nous nous sommes arrêtés près de l'emblème de la ville, une gigantesque statue d'orignal. Il pleut.

Savoyane a peur de cet animal immobile aux formes stéréotypées. Je lui parle pour essayer de la rassurer :

— Viens, approche-toi, il ne va pas te faire mal, tu vas voir. Je vais le toucher, il ne va pas bouger.

Elle s'en contrefiche. Cette bestiole sans mouvement, elle ne l'aime pas, et pas question de rester à côté. Pour quoi faire d'ailleurs ?

Entre les gouttes, j'aperçois une voiture s'arrêter et son chauffeur, jeune homme svelte, en sortir ainsi qu'un passager, probablement sa femme.

— Que faites-vous là ? Avec vos Appaloosas ?
Tiens ça rime. Mais pas en anglais cependant.
— Ben, tu vois : on voyage.
— Venez chez nous il y a de la place pour les chevaux et pour toi.

Et c'est encore une fois un accueil avec une chaleur hors du commun.

— Pas question de quitter l'Ontario sans aller au moins une fois à la pêche ! déclare Randy.

Le Manitoba est en effet tout proche. Winnipeg, sa capitale, est à quatre heures en bus, trois quarts d'heure en avion ou sept petites journées à cheval...

C'est le crépuscule avancé après le souper quand il démarre son truck. Et hardis, nous débarquons face à sa cabane de bois. Celle réservée aux parties de pêche. Un petit royaume aménagé avec les moyens du bord : vieux sièges de voiture pour asseoir les copains autour du poêle à bois, réconfortant après les journées pluvieuses de l'automne ; le coin à café. La radio, sans doute un héritage familial, nasillarde, pour l'ambiance musicale des veillées. En règle générale, celles-ci sont d'ailleurs plus longues que le temps passé sur les lacs ou les bois, lors de la saison de chasse : les saisons de chasse et de pêche sont surtout une occasion, qu'on ne laisse jamais passer, de se retrouver entre amis.

Septembre, cette année, est superbe. Nous sommes au début de l'été indien, cette période à laquelle les feuilles, déjà roussies, exhalent tout leur parfum, encouragées par un soudain redoux après les premières gelées.

Randy sort sa barque ; il a pris soin d'emmener de la cabane la bonbonne de vin. Je me demande pourquoi. Je saurai plus tard qu'on chasse ou pêche rarement sans être accompagnés d'un alcool, de préférence « cheap » et fort.

Vu que je n'y connais vraiment rien, j'empoigne, sur son invitation, la bonbonne et en bois quelques rasades. Pas franchement gouleyant mais plutôt... fort en tannin, assez peu identifiable aussi... Difficile de donner à brûle-pourpoint un avis. J'essaie à nouveau.

Nous sommes arrivés, entre-temps, au milieu du lac, et les cannes à pêche sont plongées dans les eaux. La surface des ondes est immobile, pas un mouvement, un frissonnement moindre nous donnant une raison quelconque d'être ici. C'est pourtant l'heure « solunaire », celle à laquelle les poissons entrent normalement en activité alimentaire, sous l'influence conjuguée du soleil et de la lune.

Encouragée par ce manque de repartie de la gent aquatique, j'attrape encore une fois la bouteille pour me réchauffer. Le soleil a en effet plongé dans la masse huileuse depuis belle lurette sans lui faire éprouver le moindre sentiment d'ailleurs. Pas une ridule ne semble avoir affecté la ligne de séparation entre la masse liquide et silencieuse sous la coque et l'atmosphère.

Tout est immobile, figé et vibrant de présence soupçonnée en même temps. Quand nous décidons que le Taquiné est décidément plus malin que nous, la nuit est définitivement tombée et l'air cristallin est devenu frisquet.

Il est temps de rentrer. A la maison, Maman Randy nous a préparé un super dîner mexicain, fumé, relevé à souhait pour une soirée d'été à son terme telle que celle-ci. Malheureusement, je ne peux supporter la transition. Et je m'affale sans vergogne sur le canapé du salon tandis que mes hôtes festoient et ripaillent joyeusement.

Enjoy the great fishing in Ontario !

Le lendemain matin, les éléments qui m'entourent semblent être revenus à leur place ; il était plus que temps : toutes ces choses qui tournaient sans raison, c'était indécent ! Olga, la maman de Randy, va travailler au moulin à papier. C'est le centre d'emploi numéro un et l'industrie de transformation du bois de la région.

Voilà ce que deviennent les forêts, entre le papier, les clôtures, la construction — moindre — et le bois de chauffage. Le papier est fait à partir d'épinettes et de certains pins. L'usine fume dru, quel que soit le matériau de combustion, et emplit le ciel d'épaisses volutes blanches.

Chaque partie parcourue du pays a son atmosphère propre. Et bien qu'à cheval, on ait aussi le sentiment de « passer vite » parce qu'on ne s'arrête pas vraiment à chaque endroit, on ressent malgré tout comme un parfum de ce qui caractérise tel ou tel morceau de la voie des pionniers.

Ainsi, Dryden est au beau milieu d'une ligne bien spécifique qui démarre peu après Thunder Bay et se termine à la frontière des deux provinces, Ontario et Manitoba, une ligne où les hameaux sont régulièrement espacés de 20 miles environ. Ceux-ci sont constitués de quelques maisons à part les grands centres urbanisés comme Dryden ou Kenora. Cette dernière compte onze mille habitants. C'est une ville de grosse importance à cheval !

D'un foyer humain à l'autre, au milieu de cette immensité naturelle de lacs et de forêts, on ne semble pas se connaître vraiment. L'automobile a raccourci le temps pour parcourir les distances mais n'a pas rapproché les gens.

*Manitoba, première province
de l'Ouest*

L'arrêt hivernal

J'arrive à Winnipeg quinze jours avant la première neige. L'interminable forêt ontarienne s'est arrêtée brusquement juste avant la frontière provinciale.

A la vue des vastes espaces verts qui s'étendaient devant eux à l'infini, les chevaux ont été fous de joie. Les arbres les uns après les autres pendant près de deux mois, cela leur jouait sur le moral, à eux aussi.

Trouver un refuge pour ma gent équine ne va pas être un problème dans cette capitale du cheval de course qu'est Winnipeg. Le temps de faire plus ample connaissance avec la région, je vais les installer, et moi aussi dans la foulée, dans une écurie de galopeurs qui entreprend de me faire galoper aussi, de sept heures du matin à huit heures le soir dans un hangar noir et puant. Au début, je n'ai pas le choix pour garder à mes compagnons le gîte et dois obtempérer. Je charrie du fumier toute la journée à l'ombre de l'été qui s'éteint dehors et ne vois même pas l'hiver arriver de l'ouest, cette année-là.

On me prévient : « Hé la Française, regarde la neige ! »

Trop, c'est trop. Je ne peux plus les voir. A part les responsables des écuries, un jeune couple scandinave qui d'ailleurs ploie l'échine depuis deux ans, je ne peux plus supporter les patrons et leurs employés et leurs horaires débiles ! Je leur annonce un beau matin que l'odeur âcre de leurs chevaux m'est insupportable, que je ne suis pas venue au Canada en choisissant d'y passer les hivers à nettoyer le derrière de leurs chevaux pour garantir un endroit stable aux miens. Nous allons passer un accord et ils vont garder mes animaux, les nourrir avec l'aliment complet que je continue à recevoir de mon sponsor pour l'hiver tandis que je chercherai autre chose.

Une lettre m'est arrivée entre-temps, faisant suite à l'article que le quotidien manitobain a écrit sur mon expédition lorsque je suis arrivée dans la province. Elle a été envoyée de Saint-Boniface, quartier francophone de la ville de Winnipeg. Il y a une copie du message en français et une autre en anglais.

Je décide d'aller visiter son auteur, Maxine. Elle me dit avoir un cheval qui s'appelle Cash, en mémoire du chanteur Johnny Cash. Elle est persuadée que son animal prendrait un certain plaisir à ce genre de découverte quotidienne du voyage-vagabondage. Elle se sent prête elle-même à partir faire un tour ailleurs, prendre le large d'un mode de vie qui n'a plus l'air de la satisfaire.

Bref, ses motivations ressemblent aux miennes quand j'ai décidé de mon départ et le ton de sa lettre me donne envie de la connaître.

J'arrive devant une grande maison blanche qui tranche à peine sur l'épais tapis neigeux qui l'entoure. De l'autre côté de la porte, Dylan chante de sa voix sans alto. Je suis dans une certaine ambiance avant même d'être entrée. Je frappe. Une personne aux cheveux noirs et courts, avec des lunettes, m'ouvre.

— Tu es Dominique ? Entre !

Maxine, franco-manitobaine, parle le français avec un accent que je n'ai pas encore entendu. J'aime tout de suite sa façon d'être : simple et directe.

Tandis qu'elle fait du café, j'ai le loisir d'observer autour de moi. Des livres tapissent tous les murs jusqu'au tiers de la hauteur. Deux lampadaires, qui ne sont pas cousins par leur grandeur et leur forme différentes, se marient pourtant étonnamment bien dans ce petit univers aux teintes dominantes brunes et noires où tout un enchevêtrement d'éléments sans valeur marchande a été disposé avec tant de bon goût, qu'il émane de l'ensemble une harmonie dans laquelle on se sent bien, tout de suite.

Sa voix s'élève de la cuisine :
— Tu veux du sucre ou du miel dans ton café ?
Mais en plus, elle est marrante cette fille !
Je me lève et la retrouve dans la cuisine aménagée avec le même goût et les mêmes moyens : ceux du bord.
— Rien surtout ! Noir et fort...
On retourne dans la pièce où Dylan, entre-temps, s'est tu. Maxine tourne le disque et à nouveau la voix emplit l'atmosphère.

Elle et moi n'avons pas eu besoin de présentations. Nous avons tout de suite eu l'impression de nous connaître. Et les sujets de conversation n'ont pas manqué, dès le début.
— Demain soir, j'ai invité des amies qui veulent faire ta connaissance.

Et le lendemain vont arriver Lisa, amie d'école, puis un peu plus tard, Paige, autre amie de classe de Maxine. Manifestement, ce que je suis en train de vivre les intéresse, chacune à un niveau bien personnel. Le rêve de liberté et d'horizons nouveaux est un des facteurs principaux de leur intérêt.

L'une après l'autre, elles me font parler, me titillant pour des précisions, des détails techniques, des états émotionnels. Tant et si bien — et je suis surprise moi-même par ma verve — que je leur définis une de mes motivations essentielles. Et je la découvre en même temps.

A parler de « ce mur » qui me barrait la vue et de l'élan à propos de tout avant mon départ de France, je vais avoir l'impression de l'avoir gravi à jamais.

Avec Maxine, nous avons discuté de l'écurie où elle garde

son cheval. Je vais aller rencontrer la propriétaire. Par chance, celle-ci, Irène, accepte de prendre de nouveaux pensionnaires. Elle est aussi francophone. Sa mère est née à Saint-Malo et a émigré dans les prairies canadiennes où sa famille pouvait avoir de la terre.

Depuis plusieurs semaines maintenant, l'hiver est installé. Les grandes plaines sont recouvertes uniformément d'une couche blanche qui scintille, le plus souvent sous un clair soleil. Quelquefois, son épaisseur supérieure volette au rythme du vent ; et celui-ci, quand il se fâche, forme un phénomène qui est appelé blizzard.

C'est la garantie de ne plus voir ce qui se passe devant soi. L'air est chargé de cristaux sous la lumière presque lunaire du soleil. L'atmosphère est étouffée par le manque de visibilité. Et cette clarté étourdissante, celle de l'astre solaire perdu dans le déluge, fait briller le tout aveuglément.

En revenant avec Maxine de chez les chevaux, nous assistons à un spectacle étrange ce jour-là. Des volutes diaphanes et palpables s'élèvent tout autour de nous et la voiture s'enfonce de plus en plus dans un ballet cosmique général. Si j'avais été au volant, j'aurais arrêté le véhicule pris dans ces cercles démoniaques. Maxine se contente de commenter l'événement en ponctuant malgré tout le caractère irrationnel du monde dans lequel nous évoluons de « Holy shit ! Look at this one ! »

J'ai fait connaissance avec son ami, Ken, arrivé comme la foudre, lors d'une soirée que nous organisions : les cheveux en bataille avec, à la porte, les feux du taxi allumés. Face à tant de monde chez Maxine, il avait l'air d'être invité.

Dès les premières minutes, j'aime bien cet individu à la chevelure hirsute. Il me semble être vrai avec lui-même. Pourtant, il a deux vies, deux femmes et des deux il ne sait laquelle choisir.

Moi, je l'accepte parce que je suis une copine, mais je comprends Maxine qui commence à ruer dans les brancards.

Je vis avec eux tous des rêves d'adolescence merveilleux. La vie est pleine d'amitié, de retrouvailles avec un monde enseveli par le temps, qui resurgit.

Winnipeg est une cité nord-américaine.

Quand je marche le long de ses artères, j'ai l'impression, nette, d'être dans le vague. Je n'ai pas l'esprit cartésien et les rues qui se coupent à angles droits, sans le moindre espoir d'une courbe inattendue, me confondent sans cesse. La première ville canadienne dans laquelle j'ai passé un peu de temps est Montréal. Peut-être est-ce dû au français qu'on y parle dans les rues ou à l'atmosphère latine qu'on respire malgré le plan rigoureux de la ville mais je n'y avais jamais eu cette impression de perdition comme ici, dans la première ville provinciale de l'Ouest.

Il faut ajouter à cela la saison. On me l'avait dit et force est maintenant de m'en rendre compte : « Tu vas passer ton premier hiver canadien à Winnipeg ? Attends-toi au choc de culture... » Choc de culture... Justement. Je suis en train de subir les contrecoups d'un choc depuis que je me suis arrêtée.

La vie de nomade troquée subitement pour une existence sédentaire ne peut manquer de produire un bouleversement. Et il n'y a pas que cela.

Les moins quarante degrés Celsius réguliers, le vent qui vous gèle sur place à travers le tissu des jeans, les gens qui ne vivent qu'emmitouflés ou même ne sortent plus mais circulent dans des souterrains tout l'hiver. Le manque total de repère géographique aussi, dans les prairies, est saisissant. L'horizon ici s'étend à l'infini, après les arbres de la forêt ontarienne qui m'ont barré la vue pendant des semaines et des semaines sur ma route transcanadienne.

A ce moment, je ne le ressens que confusément mais il y a

autre chose en moi qui se déchire. Et de toutes mes forces, j'essaie de me raccrocher à ma vie antérieure tout en sachant bien que j'ai pris un autre tournant et que je me dirige vers une existence différente.

Bob m'a appelée au téléphone. Je ne sais pas encore où cette relation va nous mener, bien que je sache que je l'aime. Je tiens jalousement à ma liberté et je souhaite vivre seule, m'insérer dans ma nouvelle vie avec moi-même. Il me semble par ailleurs que le couple complique singulièrement une vie de nos jours : se référer à l'autre, vivre en fonction de quelqu'un, avoir des « comptes à rendre »… La vie est ouverte, libre, pleine de promesses.

Et je pense que le célibat est une école de responsabilité, de prise en charge de soi à tous les niveaux qui est valorisante.

Il me propose de nous retrouver une nouvelle fois. La première depuis notre rencontre, en fait. Bien sûr, je vais y aller. Malgré mon profond désir d'éviter toute dépendance, je n'ai qu'une envie : le revoir. Je ne comprends toujours pas ce qui a pu se passer en moi.

Nous allons rendre visite à cette occasion à son meilleur copain qui habite au bord de la baie James, au sud de celle d'Hudson, un des pays de l'hiver arctique.

Moosonee est située en pleine forêt boréale. Un établissement humain créé par la Compagnie de la Baie d'Hudson au temps des pionniers, pour le commerce de la fourrure. On y accède uniquement par chemin de fer ou par avion.

De Cockrane, nous nous installons à bord du « Polar Bear Express » qui va nous y mener en six heures. Ce qui est considéré comme un parcours tout à fait moyen au pays traversé, sur une parallèle de la Transcanadienne, par le chemin de fer en quatre nuits et cinq jours.

Les voitures sont aménagées avec des sièges qui tournent sur eux-mêmes ou s'étendent en position repos. Si on voyage avec des amis, on peut ainsi former un mini-salon.

Le wagon est plein, et la grande majorité des voyageurs sont des Indiens qui remontent dans leurs villages, dans la forêt, après avoir été faire un tour en ville, au sud. Ils sont plus organisés que nous et transportent presque tous à la main d'imposantes radios stéréo qui bercent tous les voyageurs de concerts différents.

A la cacophonie des musiques s'ajoute soudain une voix solennelle qui s'élève, très forte, d'une radio en bout de wagon. C'est un sermon religieux. Et le silence se fait par force autour du groupe des quatre grosses filles qui l'ont mise en marche. J'espère qu'elles auront le bon goût de baisser le son quand elles seront plongées dans leur extase. Mais non : il semble qu'elles veuillent, à leur tour, prêcher la bonne parole.

Au bout d'un moment, n'y tenant plus, je me lève et me dirige vers elles. Elles me regardent, un tantinet provocantes, quand je leur demande de baisser leur engin. Tous les Indiens autour de nous ont les yeux fixés sur la scène. Puis les filles font alors mine de ne plus m'entendre. Celle qui tient la radio gueularde renverse sa tête en arrière en proie à une profonde méditation.

Je renouvelle ma demande sur un ton plus haut. Et reste postée là, devant elles, jusqu'à ce qu'elles donnent au moins un signe de compréhension. Il va falloir que ma voix couvre celle du prêcheur pour être entendue. Il aura fallu que j'ordonne ! Mais il était hors de question de passer plusieurs heures dans ces conditions.

La forêt sauvage est maintenant plongée sous le blizzard. La force du vent fait ployer les branches, balaie les sous-bois de rafales blanches. Le décor dans lequel nous pénétrons se fige de plus en plus sous une pellicule immaculée.

A l'arrivée à Moosonee, les amis de Bob nous ont emmenés dans leur maison à l'autre bout du village. Sans nous en apercevoir, nous avons traversé un lac gelé sur lequel les résidents ont tracé une route avec leurs motos-neige.

Les gens d'ici semblent un peu différents. L'éloignement des centres de civilisation a créé une distance entre les hommes du Nord et ceux qui vivent le long des voies humanisées. Et comme l'isolement rend sauvage ou timide, et que l'ouverture sur l'extérieur est limitée, on se retranche sur soi.

Je commence juste à comprendre cet état en m'y adaptant. Le froid isole, l'espace aussi. Mais je n'ai jamais eu un tel sentiment de chaleur humaine en serrant la main de quelqu'un.

Cette solitude totale et brutale, pour l'apprécier, il faut passer par quelques états inconfortables quand on est habitué au brouhaha remuant de la vie européenne. L'Europe, le vieux continent. Il est très loin. Il fait rêver parce qu'il est le berceau de chaque culture émigrée au Canada. Mais c'est un autre monde.

A travers le silence, on peut aussi exprimer beaucoup. Bob me raconte l'histoire de cet Indien qui vient leur rendre visite de temps à autre : « Il arrive et enlève son lourd manteau de fourrure couvert de neige. Dehors, il a son traîneau rempli de pelleteries et ses chiens qui l'attendent dans la bourrasque. Il s'avance et s'assied près de ses hôtes. Puis il reste sans mot dire pendant plus d'une heure. Ensuite, il repart, comme il était venu. »

C'est leur façon de visiter leurs amis : ils passent du temps avec eux, ils partagent l'instant.

J'ai pris une moto-neige pour trouver des endroits tellement isolés qu'il ne reste plus rien d'humain. Pour prendre des photos. Avant de partir, j'ai mis un énorme manteau, enfilé des gants isolants faits par les Indiens. J'ai enfourché mon destrier à moteur et, hors piste, je me suis dirigée vers l'ouest.

Une folie. Moosonee s'éloigne derrière moi de toute la vitesse de ma machine lancée à fond de cylindres. Je fonce droit devant moi, il n'y a rien et la moto-neige trouve bien son chemin sur la mince pellicule de neige qui recouvre la glace.

Il ne fait pas froid grâce au soleil. Aux alentours de moins vingt-cinq. J'ai conscience de devenir folle mais cela ne me fait que rire davantage. Je m'enfonce dans cette immensité blanche et nue. L'engin hurle de toute la puissance de son moteur et avale l'espace. Je m'accroche au guidon, grisée par la vitesse et le curieux sentiment de n'être nulle part. Et je me mets à gueuler tellement je me sens bien, heureuse, inconsciente.

Rien. Pas un écho de vie quelconque ne me répond. Il n'y a que le silence et une autre force naturelle qui s'allie à l'immensité délirante : le vent qui se lève.

M. Bridge, directeur pour le Tourisme au Manitoba, a répondu favorablement à ma proposition. Je suis allée me présenter à la Division du Tourisme et ai raconté à ses services ce que je faisais au Canada. Je leur ai dit que je voulais aller dans le Grand Nord pour vivre un peu de l'atmosphère des récits de Jack London.

Me voici donc en chemin — encore de fer — vers la baie d'Hudson.

Mon ami de France, dont la réponse négative à cette expédition avait provoqué mon départ en solitaire, est venu pour discuter, avec le recul d'un an de séparation.

Dans le train qui nous emmène lentement à travers la forêt boréale endormie, nous avons le temps de parler. Et moi celui de réaliser que je ne veux plus d'un retour en France avec lui.

L'absence permet de se retrouver soi et avec les autres. Ce que j'ai vécu depuis mon arrivée ici et surtout cette rencontre avec Bob me permettent de savoir que je ne peux plus accepter notre relation telle qu'elle était avant. Les deux individualités ne s'accordent plus et je ne crois pas qu'elles puissent retrouver un jour la même longueur d'onde. Je me suis engagée sur un autre chemin et je veux qu'on m'y fiche la paix.

Avant mon départ pour le Canada, nous nous étions dit que si nous devions nous retrouver, nous le ferions immanquablement, quelles que soient les conditions. Je me rends compte à quel point je me suis lancée dans une aventure en solitaire.

Churchill, sept mois de glace et de blizzard
Le pays des Inuits et des ours polaires

Churchill est une cité-baraquements posée sur la voie de migration des ours polaires, au bord de la baie d'Hudson. Ce qui explique les troubles que connaissent ses habitants à chaque printemps et automne, lors du passage régulier des fauves de l'Arctique.

C'est le mois de février. Et le plein milieu d'une saison où il ne se passe rien, au niveau des migrations polaires. Les ours blancs sont au sud de la baie, occupés à chasser le phoque qui est descendu vers les régions où les eaux sont restées ouvertes.

La banquise se craquelle vers le mois de mai. Et Churchill assiste alors au retour des mammifères meurtriers ainsi qu'à celui de plus de deux cents types différents d'oiseaux qui se posent sur la toundra. C'est la dernière étape en territoire humain de leur mouvement migratoire, avant leur retour dans les immensités des territoires du Nord-Ouest.

La petite ville de l'Arctique vit du tourisme et du commerce international par voie d'eau. C'est le port le plus important sur la baie d'Hudson bien que la navigation ne soit possible que deux mois et demi de l'année. Le reste du temps, l'emploi des brise-glace rend les coûts moins concurrentiels. C'est d'ici que le grain du « grenier du monde » est envoyé en Europe. La route maritime qui passe par le pôle Nord est la plus courte qui existe. L'origine de sa fondation remonte au XVIIe siècle et le but était alors de contrôler le commerce des fourrures dans les régions du Nord.

La célèbre Compagnie de la Baie d'Hudson, où les trappeurs apportaient autrefois leurs fourrures, est maintenant appelée plus modestement « la Baie ». Ce sont des boutiques, de petits supermarchés disséminés à travers le Canada où l'on trouve de tout, des fourrures aux denrées alimentaires. Le ravitaillement dans ces établissements du Nord est assuré par le train une fois par semaine. Ce qui explique la pauvreté des étalages la plupart du temps : dès l'arrivée des victuailles, les gens se précipitent pour y acheter ce dont ils ont besoin et quand on arrive trop tard, il faut attendre le convoi suivant.

C'est pourquoi Bill et Linda, originaire de Churchill en ce qui la concerne, ont décidé de créer le « boreal garden », qui veut fournir les légumes dont la cité a besoin, même en forte période touristique.

Ils vivent à quelques kilomètres de Churchill et ont installé de nombreuses serres pour accomplir leur projet.

— Nous habitions le long de la Transcanadienne en Ontario, explique Bill et nous avons décidé de retourner dans le pays natal de ma femme et d'y créer ce qui y manquait.

Un sacré pari. D'abord, à cause des conditions de vie. Puis, pour ce qui est de la réussite pure de cette entreprise : Churchill a un climat semi-désertique et le problème numéro un est l'eau. Les précipitations sont rares.

Bill m'explique :

— Nous recueillons la neige qui fond en juin dans un puits de cinq mille gallons. Ce qui est suffisant pour notre autonomie ménagère et productive. Sans cela, il nous faudrait l'acheter. L'éolienne nous apporte l'électricité. A cause du phénomène du permafrost — sol gelé toute l'année à l'exception de la courte période estivale où, selon les latitudes, le dégel se produit sur un à trois mètres de profondeur — nous ne pouvons pas avoir le confort d'une fosse septique.

« Pour les serres, nous utilisons un engrais chimique et de la tourbe. Nous faisons un lit de briques à nos plants, protégés par de la laine de verre pour l'isolation plus la tourbe et de la boue de la rivière de Churchill. Chaque année, nous produisons des choux, des pommes de terre, des poivrons, courgettes, radis, salades, et à l'intérieur des fraises, des brocolis et des tomates.

Linda me raconte que lorsqu'elle était enfant, sa mère avait un jardin d'été. Elle savait donc que cela était possible. Leur défi est maintenant de répondre aux besoins de la ville en agrumes.

— Comme Churchill, nous sommes situés en plein sur la voie de migration des ours polaires, continue le couple. Il y a deux ans, une harde d'ours affamés revenait au printemps vers le Nord. Dans le groupe, ils étaient tous maigres à faire peur. C'était une terrible année de famine pour leur population. Il y en avait un parmi eux qui ne semblait pas avoir souffert de cette situation !

« Tu l'aurais vu..., poursuit Linda, encore terriblement impressionnée, il était comme... il était comme un roi ! Tous les autres crevaient de faim et lui, il semblait avoir toujours trouvé ce qu'il lui fallait ! On les regardait tous passer de nos fenêtres, avec Bill, et on ne comprenait pas comment il avait pu s'en sortir. Et puis, bien sûr, ils se sont tous dirigés vers la ferme. Ils ont saccagé bon nombre de serres mais on n'y pouvait rien. Tu ne peux tirer sur un ours polaire qu'en cas de légitime défense parce qu'il y a eu trop d'abus. La peau est cotée trois mille dollars de nos jours. Une petite fortune pour les trappeurs. Et puis, Bill et moi avons choisi de vivre ici et nous en connaissions les risques. Alors que la harde furetait sans succès dans nos serres, le grand ours s'est dirigé vers la maison d'un pas très assuré. Il savait qu'il y avait là des hommes, donc de la nourriture. Il a démoli la porte d'entrée sans plus d'effort que nous en mettrions à passer à travers une vitrine de plastique et il était en train de pénétrer dans le sas qui mène à l'ouverture principale de la maison. Bill a alors saisi son gros fusil au cas où le pire se présenterait. Le monstre polaire était si décidé ! Il était en train d'essayer d'ouvrir la porte de la maison et nous étions impuissants ! Bill voulait attendre le dernier moment avant de tirer. Nous avions appelé la police qui tardait à venir à cause du mauvais temps. Bill était face à l'ours, aussi près de lui que je le suis aujourd'hui à te raconter cette histoire. Ils étaient seulement séparés par cette porte renforcée qui n'allait pas résister longtemps aux assauts du fauve. Dans les yeux de la bête, je pouvais lire qu'elle voyait en Bill son déjeuner. Cet ours gigantesque avait le calme de celui à qui rien ne résiste. C'était épouvantable : il voyait en mon mari son repas et il savait qu'il allait l'avoir. Il opérait calmement, sans aucune crainte. C'est alors que nous avons vu la voiture de police s'engager sur notre chemin enneigé. De là où ils étaient, ils en avaient au moins encore pour deux minutes à arriver jusqu'à nous.

« Bill avait engagé la détente de son arme en position de fonctionnement. S'il ne le touchait pas du premier coup au bon endroit, il était perdu. L'ours était immense, dressé sur ses pattes arrière. Il mesurait près de trois mètres et demi.

« Puis la police s'est garée à proximité et un officier est sorti avec un fusil tranquillisant. L'ours s'est affaissé et ils l'ont emmené par hélicoptère au nord, comme ils le font toujours avec les animaux qui posent des problèmes à la population. Le reste de la harde avait fui.

« Nous sommes en train de nous équiper de matériaux spéciaux pour les ouvertures de la maison. Cela ressemble à du plastique dur, comme une protection pare-balles très efficace contre les griffes des plantigrades.

L'histoire qui est arrivée à Bill et Linda est monnaie courante dans les environs de Churchill. Les Inuits le savent bien : il ne faut jamais sortir par temps de blizzard, même dans l'enceinte de la ville. Il y a bon nombre de systèmes inventés pour prévenir ce genre d'accidents. Le dernier est celui d'une ceinture magnétique qui entourerait la ville. Mais alors, les habitants qui partent en dehors de ses limites ne pourraient le faire sans une autorisation particulière. Cela devenait trop compliqué et l'idée a été abandonnée. Depuis, il n'y a rien qui garantisse la sécurité quand on sort par temps maussade, au moment de la migration polaire.

Soirée au bar. A l'intérieur, l'atmosphère est épaisse de fumée. Le bar est petit et tout en longueur. Il y fait une chaleur étouffante. Sur les tables, des bouteilles de bière. Autour, des hommes, des femmes, surtout des Inuits. Le juke-box égrène les tubes de l'hiver.

Ce matin, j'ai annulé le rendez-vous aux silos à grains : ceux qui recueillent la récolte des grandes plaines avant de l'envoyer en Europe. Il y avait du blizzard. Non seulement gelant mais aveuglant. On ne pouvait avancer d'un mètre sans suffoquer.

Ce n'est pas le meilleur endroit pour entamer une conversation.

— Tu es touriste ici, toi ?

Comme chez les Indiens, il y a d'abord une méfiance instinctive, une timidité à l'égard du Blanc.

Mais par rapport aux tribus indiennes, qui vivent maintenant en réserves, les Inuits ne sont pas arrachés à leur milieu. Ils ont aussi conservé certains droits de chasse et de pêche qui sont plus étendus que ceux des Blancs.

On ne territorise pas la banquise. Ici, à Churchill, « les natifs canadiens » vivent également des allocations du gouvernement, mais ils confectionnent aussi les manteaux traditionnels ainsi que les grosses mitaines et autres accessoires en peau de caribou et en fourrure qui sont revendus ensuite aux touristes.

Ce soir, c'est la fête et nous allons boire ensemble. Sur la table, arrive une pinte de bière puis une autre. Je me souviens du rapport simple et cordial. Où les mots n'avaient pas beaucoup d'importance. Les gens du Nord ne s'expriment pas tant avec des paroles. La communication passe par d'autres signes, le silence inclus.

Mrs. Totoo est inuit. C'est la mère d'une de mes copines de Winnipeg. Je vais la voir parce qu'on ne peut pas aller à Churchill sans aller visiter Mrs. Totoo quand on connaît un de ses enfants.

Elle habite dans un pavillon d'un quartier assez éloigné du centre de Churchill. Une de ses filles m'ouvre la porte et m'introduit dans la cuisine, où la machine à café fonctionne presque non-stop comme dans toutes les maisons canadiennes.

Elle me parle dans un excellent anglais de sa vie de jeune fille passée sur la banquise, de son mariage et de ses sept enfants ainsi que du changement de vie total qu'elle a eu alors.

Née sur la banquise, Mrs. Totoo, qui a maintenant une soixantaine d'années, était nomade, comme tous les Inuits avant leur sédentarisation. Pendant des années, elle a vécu sous des tentes de peaux l'été et dans des igloos l'hiver, en suivant les migrations animales dont ils vivaient tous : le phoque et le caribou. Pour donner une idée de la précarité de leur survie, les Inuits risquaient la famine tout l'hiver s'ils manquaient le passage annuel des grands rennes. Et maintenant, elle termine ses jours dans une maison bien isolée des vents glaciaux, avec tout le confort moderne à l'intérieur.

Quand je lui demande lequel des deux modes d'existence elle préfère, elle a une moue d'esquive souriante. On ne revient pas à un passé révolu et il y a bien des attraits à cette vie moderne. Elle sait exactement lesquels puisqu'elle fait partie de la génération qui a vécu cette transition. De cette existence qu'il mène maintenant, l'Eskimo d'antan reconnaît la sécurité certaine des jours à venir par rapport à la survie aléatoire de son mode de vie passé. Mais le bouleversement entraîné par ce changement brutal de conditions a aussi provoqué celui des mœurs, bien plus long et difficile à opérer.

Avant de repartir de Churchill, je tiens à rencontrer le frère Volant, missionnaire oblat originaire de France qui vit à Churchill depuis quarante ans.

La religion catholique qui s'attaque à une civilisation qui vénère d'autres valeurs, j'ai mon opinion là-dessus. Pour être honnête, cette violation d'une culture me fait même bondir. Mais la curiosité est la plus forte et je laisse de côté mes revendications estudiantines, parce qu'en fait mon jugement n'a aucune autre base que ce que l'on m'a appris à l'université, concernant un bon nombre d'institutions, d'ailleurs.

Le frère Volant a peut-être quatre-vingts ans. Il est conservateur du musée d'art inuit de Churchill. C'est l'un des endroits au monde les plus fameux dans le domaine de l'art des Esquimaux. Et par conséquent, on y trouve les vestiges d'un mode de vie révolu. Ce qui m'intéresse, à travers le témoignage du frère Volant, est la façon dont on peut pénétrer dans le monde des valeurs d'une ethnie pour y substituer les siennes.

Il va falloir plusieurs visites pour arriver à entrer dans l'univers intérieur du frère Volant. Je saisis qu'il a passé sa vie en missions, d'un pays à l'autre. Tout a commencé en Italie : une année et une journée de noviciat, puis il a fait son service militaire en Syrie où il était engagé volontaire. Il est ensuite envoyé au nord du Canada, sur sa demande, dans le Mackenzie, pour évangéliser les Inuits. Ainsi, il a partagé leur vie et celle de leurs campements. Les frères oblats ont une petite maison dans chaque localité et les Esquimaux s'habituent peu à peu à leur présence fixe.

Le frère Volant m'explique que l'Inuit a des valeurs spirituelles à la mesure de ses conditions de vie. L'alternative de son existence est la survie ou la mort, sans plus de complication, avant l'arrivée de l'homme blanc.

Il me raconte l'anecdote de ce pêcheur :

Il était parti du village pour ramener un phoque. C'était comme un défi parce que le temps n'était pas clair. Le blizzard faisait même rage mais il a tenu à s'aventurer malgré tout. Avant de partir, il avait dit que si il lui arrivait le moindre incident et qu'il en revenait il se mettrait alors à croire à cette religion des Blancs. Parce qu'un « incident », dans ces conditions, a toutes les chances d'avoir une issue fatale. Pour eux, il ne s'agit de rien de dramatique. On cherche à rester en vie si on le peut mais si les esprits en ont décidé autrement, il serait enfantin de chercher à y faire opposition. La volonté et le pouvoir des humains a ses limites.

Il était parti à une dizaine de kilomètres du camp, en pleine tempête de blizzard, et il tardait à revenir. Puis, au bout de quelques heures on a aperçu sa silhouette dans le lointain. A la main, il tenait un phoque. L'homme était trempé et gelé par endroits. Il a expliqué qu'il était tombé dans un trou de la banquise, qu'il s'était débattu dans l'eau et avait enfin réussi à se reposer sur la glace. Ensuite, il s'était mis en marche immédiatement vers le camp avec sa prise à la main. Tout en marchant, il ne savait pas s'il pourrait arriver jusqu'au bout. Le vent le gelait petit à petit et engourdissait ses membres.

Après quelques journées entre la vie et la mort, il avait adopté la nouvelle religion. Parce que, pour lui, rien ne pouvait le faire revenir de là où il était.

Le frère Volant m'entraîne ensuite pour une visite du Musée. Il m'explique chaque action de la vie quotidienne au fur et à mesure que nous passons devant les statuettes figuratives. Ici, chasse au phoque au harpon, selon l'ancienne méthode. Là, une famille regarde dans le ciel le retour des oies sauvages qui annonce le printemps. Chiens de traîneaux attelés, phoques, chasse à la baleine, au morse. Scènes de la vie de tous les jours, vestiges du passé vivant par le mouvement de chacune des sculptures.

C'est ici, au milieu de la récolte d'une vie, que le frère Volant termine ses jours. Parmi les vestiges d'une culture appartenant à des hommes avec lesquels il a passé la moitié de son existence. Aussi, elle fait un peu partie de lui.

En outre, il était content de parler français avec quelqu'un de son pays. C'est pourquoi il a dû donner le meilleur de lui-même lors de nos discussions. Mais la plupart du temps, il était malgré tout perdu dans un monde où lui seul n'avait accès.

A Churchill, Brian Ladoon est trappeur et peintre animalier. J'avais vu son travail à la Trading Post et avais voulu le rencontrer. Il me parle de l'évolution de son style pictural, de la précision de plus en plus grande avec laquelle il réussit à traduire ce qu'il voit.

Brian a une trentaine d'années et depuis l'âge de douze ans, il crayonne, dessine et en est venu à la peinture à l'huile comme à une expression recherchée, celle à travers laquelle il commence à exceller.

— Les toiles qui ont de la valeur pour moi, je les donne à des amis. Je sais que, chez eux, je les retrouverai toujours et cela m'évite de les avoir toutes ici : je ne saurais plus où donner de la tête...

Très prolifique, Brian Ladoon l'est. Il n'a même pas le temps d'avoir une vie privée. Sa passion et son art ne lui en laissent pas le loisir.

— Je n'aurais pas de temps à accorder à quelqu'un alors je vis tout seul. Ma vie est déjà trop remplie, l'autre personne se sentirait frustrée.

Il fourmille de sujets, de nouvelles tactiques pour améliorer les précédentes. Il commence aussi à collectionner les prix des salles d'art. A côté de cela, il a une autre passion qu'il ne veut pas laisser, à aucun prix : ses chiens de traîneau.

— Viens, si tu veux. C'est l'heure de les nourrir.

Nous descendons en bas de l'immeuble. Là, une moto-neige est attelée à un long chariot. Brian démarre l'engin à moteur et nous traversons Churchill sur les skis de l'attelage. Au bord de la banquise, je vois plusieurs formes noires sur la neige. Et dès que celles-ci entendent le ronflement familier de la machine, elles se dressent sur leurs pattes, étirent une queue très touffue et se mettent à aboyer dans notre direction. Ce sont les chiens husky de l'élevage de Brian.

— Je les mets en condition pour la course du Yukon à l'Alaska, de 4 000 kilomètres. Dans deux ans, ils seront prêts. Pour l'instant, je les entraîne et j'en ai qui sont encore tout petits. Comme celui-là, tiens : il a huit mois.

Il me montre un animal au physique tout à fait épanoui, tout en leur distribuant des poissons entiers et gelés.

— Je change leur régime alimentaire tous les jours. Aujourd'hui, poisson et demain viande. Tu vois comme ils sont amicaux ! Mon plus vieux c'est celui-là, Moulouk. Mon chien de tête. Il a cinq ans. Je ne le prendrai pas pour la course. Il sera trop vieux.

Dommage, dommage, que je ne puisse m'attarder plus longtemps dans ce pays des glaces que l'on ne peut atteindre que par les airs ou le chemin de fer ! L'ouverture sur un autre monde y est totale.

Brian Ladoon m'a expliqué qu'il a déménagé à Churchill pour être sur les lieux de ses sujets d'inspiration. Tout comme Mike qui vient du sud de Winnipeg et qui continue ici son activité de trappeur. L'hiver, ici, dure huit mois, et c'est l'hiver arctique.

— On ne devrait pas toucher à un animal avant les premières très sérieuses gelées, avait dit Brian. Sinon on le tue pour rien. Sa fourrure est la plus fournie après le début janvier, pas avant.

Qui trappe encore à Churchill, à part les Blancs, les Indiens et les Inuits, comme autrefois ? Le propriétaire de la Trading Post va chercher ses fourrures tout l'hiver dans des campements inuits, plus au nord, comme à Eskimo Point. Il y a ici un atelier où les fourrures sont coupées et rassemblées, et ils y font des manteaux, chaussons, tout ce qui est vendu en saison à la boutique.

Avec regret, je laisse cet endroit, le bout du monde de notre civilisation. Là où les gens qui y vivent, même s'ils n'y sont pas nés, respirent un autre air. Plus calme, plus serein, plus profond. La nature y a un pouvoir surnaturel contre lequel il est vain d'essayer de poser l'empreinte d'un quelconque mouvement humain. L'homme y apprend à être humble et à vivre l'instant.

L'été des grandes plaines

L'été est revenu par périodes bien distinctes sur les prairies canadiennes. L'herbe brûlée par la neige réapparaît, puis la lumière aveuglante d'avril et de mai se réverbère sur les immensités qui reverdissent.

Maxine est prête à partir depuis le jour où l'on en a parlé. Elle souhaitait que Ken se joigne à nous, mais celui-ci tarde à donner sa position. Elle a décidé de partir malgré tout.

— De ce voyage ressortira une décision. J'ai besoin de changement dans ma vie. Dans un sens ou dans un autre. Cette prise de recul, hors du temps et du monde, à cheval, va me l'apporter.

Ainsi parle-t-elle. Ainsi sommes-nous, deux jours avant le départ, chez Irène qui a gardé nos chevaux tout l'hiver, les a préparés et a donné une dernière main au matériel, quand on voit une voiture arriver. A l'intérieur, la chevelure hirsute de Ken. Il bondit hors du siège et s'avance vers nous.

— Voilà, j'ai tout, là-dedans ! J'ai décidé de partir avec vous.

Tout, là, à l'intérieur : ce sont ses meubles, tout son attirail. Il a décidé de faire chemin avec Maxine en fin de compte et vient de quitter son autre copine.

— Mon pote, si tu veux venir avec nous, il te faut un cheval. A moins que tu ne suives à vélo.

En moins de vingt-quatre heures, il va dégoter un supercheval, une selle, tout ce qui est nécessaire...

Le parcours cette année va se faire à travers les grandes plaines. Sur les immenses terres des bisons. Un tout autre rythme de voyage par rapport à celui de l'été dernier, où la longue route de bitume ne sera plus qu'un souvenir. Savoyane devrait apprécier grandement. La direction générale : le parc national de Riding Mountain, à la lisière de la forêt boréale. Le but : la découverte de la faune et la vie d'équipe dans cette immense contrée sauvage.

Au nord des prairies, il existe encore des bisons, des bobcats, grands félins réfugiés dans la forêt, des coyotes, loups des bois, ours, castors, gloutons... Tous ces animaux sauvages que je pensais partis vers l'ouest, poussés par la civilisation ! Par contre, on ne parle plus de couguars*. Le dernier qui a été vu est celui sur lequel on a tiré aux environs de 1940. Il rôdait du côté de Winnipeg. On ne prend pas de risques avec un tel prédateur !

Le service du tourisme du Manitoba avait aussi attiré notre attention sur la topographie du Nord :

— Prenez garde où vos chevaux marchent : par endroits, la terre se perce d'eau et les marécages, inattendus, sont infranchissables.

Le vent plaque la veste de Ken contre l'encolure de son cheval. L'animal esquive d'un pas de côté pour éviter une nouvelle claque du vêtement. Et Ken pique une colère d'un quart de seconde. A cause de la réaction instinctive de son cheval qu'il ne connaît pas encore bien, qui l'effraie peut-être même un peu. Il descend de sa monture et, furieux, commence à jeter au vent les deux ou trois chemises en trop qu'il a amenées par acquit de conscience. Chouette ! des équipiers qui, dès les premiers

---

* Couguar, ou puma, ou lion d'Amérique.

instants, se mettent en devoir de se débarrasser de l'inutile. Ça augure bien de la suite.

L'écumeur fou a fini. Le vent des prairies de Buffalo Bill aide les liquettes à prendre le large : une manche se soulève, puis une autre et soudain, un souffle plus fort gonfle le tissu en entier et l'emmène, tout debout, au loin, prêt à vêtir un épouvantail.

Maxine a déjà perdu son chapeau.

— Un beau, un vrai, que j'avais mis des années à adapter à mon crâne !

Savoyane, mon fidèle destrier, habituée aux grands départs, attend tranquillement, sur trois jambes, la quatrième repliée sous elle, que le convoi dont elle tient la tête se calme et raccroche de lui-même les wagons d'une certaine harmonie.

L'habitude du no man's land, ma petite puce ! Elle est si « fine », comme disent nos amis québécois, qu'elle a compris que ce départ traînard et longuet n'était pas celui d'une petite balade dans les plaines. Savoir ce qu'elle a eu dans la tête tout son hiver sédentaire.

Le vent se calme et reprend. Les nuages mènent un ballet fou dans le ciel, le spectacle des grandes plaines : l'immensité semble s'anéantir au loin pour reprendre sur une autre dimension. Elle nous enveloppe totalement, nous, petites créatures au milieu, qui ne voyons de repère à aucun point cardinal. Seuls dans un environnement délirant de nudité et d'horizontalités.

Les chevaux courbent l'échine contre le vent. Tara, la chienne de Maxine, trottine en avant de la caravane, en arrière, sur le côté. Elle encercle sa troupe. Et elle a fort à faire avec le pas très allongé de Savoyane qui finit toujours par couper le groupe en deux au bout d'un moment.

Cette petite chienne a des yeux qui sont plus éloquents que des paroles. Ils brillent d'une lucidité, d'une énergie communicatives. Ça va surtout si l'emploi du temps est identique tous les jours : courir, chasser, veiller... Son ex-maîtresse devait s'en séparer parce qu'elle habite en ville, à Winnipeg. Et les chiens n'y sont pas les bienvenus, surtout quand leur passe-temps favori est de traîner d'un quartier à l'autre, dévalisant les poubelles, torturant les poules égarées de la cité tranquille. Il fallait prendre une décision quant à son futur. Notre prochain départ nous la fit inclure dans l'équipe le plus naturellement du monde. Elle avait déjà passé quelque temps cet hiver avec nous et les chevaux. Nous connaissions ses aptitudes de chien de garde et son intelligence rendait l'aventure tout à fait possible.

Le « Floadway » est le lit élargi pour les crues de la rivière Rouge. Il entoure Winnipeg. Nous allons le suivre pour contourner la ville et prendre notre direction nord. Malgré les plaques de neige çà et là, la chaleur estivale est étouffante pour le mois de mai.

De concert, Ken et Maxine ont nommé leur nouvelle recrue « Bill ». En souvenir de Billy le Kid, bien sûr. Le grand cheval noir n'a pas beaucoup l'expérience de l'extérieur mais ses deux acolytes vont lui donner le bon exemple. Cash, l'élancé pinto bai de Maxine, paraît effectivement apprécier tout à fait ce genre de vie. Il l'adapte à ses envies en prenant brutalement, par exemple, les rênes des mains de Maxine, pour pouvoir brouter à son aise un peu de cette belle herbe qu'on lui fait fouler.

Des trois chevaux, c'est Savoyane qui a gardé le plus de poil d'hiver. Comme l'année passée où je faisais alors sa connaissance dans un pré du Québec, sa robe rouanne semble s'éplucher par plaques. Mais aujourd'hui elle n'est plus le même animal. La nourriture équilibrée et régulière et le fait qu'elle n'ait pas eu de poulain pendant l'hiver lui ont redonné de belles formes et, surtout, sa crinière et sa queue dépourvues de crin se sont aussi refournies. Son allure est incomparable.

Cette halte de plusieurs mois lui aura permis de reconstituer des réserves d'énergie aussi. Je le sens à sa démarche. Ma jument a fait le plein de tonus. La route de l'année passée était trop dure pour elle. Pour toutes les deux d'ailleurs. C'était une course ridicule dont la seule raison acceptable était d'arriver au terme de la forêt avant les premières neiges.

Savoyane, cette année, est guillerette. Elle sautille plus qu'elle ne marche dans ces vastes espaces sauvages. Ses oreilles sont très attentives au moindre son. Son encolure, par rapport à l'année passée, a doublé de volume !

L'horizon s'étend loin devant nous. L'espace, autour, est immense. Même si je m'y sens moins perdue que cet hiver, je suis toujours fortement impressionnée par ces étendues sans fin.

Les oies sauvages sont reparties vers le nord. Depuis deux semaines nous regardions dans le ciel les curieux accents circonflexes vivants qu'elles formaient au-dessus de nos têtes. Il doit y en avoir des attroupements réguliers sur la toundra de Churchill en ce moment.

Art Butler, le maréchal-ferrant de Maxine, nous a conseillé de ne pas ferrer les chevaux.

— Pour quoi faire ? avait dit le vieux cow-boy, vous serez toujours sur des chemins de terre. Pas la peine de leur faire des trous dans les pieds avec des clous ! Emportez une râpe pour limer la corne de temps à autre et vous verrez que cela suffira bien.

J'étais malgré tout un peu sceptique. Par acquit de conscience, nous avons donc décidé de faire passer notre route par chez lui. Si les pieds souffrent sur le chemin qui mène à son ranch, nous leur poserons des fers.

Au nord de Winnipeg, juste après la ceinture limitrophe de la ville, le paysage est celui des terres à bisons.

Bob me racontait l'histoire de sa famille du côté de son père, dont une scène resta toujours gravée dans la mémoire de sa tante Reita qui la lui rapporta :

— Sur les genoux de mon arrière-grand-mère, je me

souviens de la résonance des milliers de sabots de la harde qui partait vers le nord. On les entendait arriver de très loin. La terre grondait de répercussions lourdes pendant longtemps déjà, avant qu'on les aperçoive enfin : une marée noire de corps trapus, lancée dans un galop que rien ne pouvait arrêter et auréolée par la poussière que leurs pieds ramenaient sans cesse dans leur course folle.

Les champs cultivés s'étendent à perte de vue, sans aucune barrière qui les séparent. L'habitat est très dispersé et au bout d'une semaine de chevauchée sur des chevaux qui en fin de compte n'ont pas eu à être chaussés, nous allons rencontrer deux frères célibataires et solitaires qui vivent dans une ferme.

Jusqu'à maintenant, sur le chemin nous avons trouvé des silos à grain où les chevaux ont pu agrémenter leur ration quotidienne d'herbe. C'est pour offrir encore ce supplément à nos compagnons que nous nous arrêtons face à la ferme de Bruce et Al. Tous deux se montrent très hospitaliers.

— Il n'y a pas souvent des gens à cheval qui viennent nous visiter.

En parlant, ils nous invitent à rester pour la nuit dans leur ferme. Nous allons donc planter les tentes à l'arrière de leur maison. Encore une petite journée pour les chevaux. Depuis notre départ, nous ne faisons pas plus d'une dizaine de kilomètres par jour.

L'un des deux frères travaille à mi-temps comme chauffeur d'autobus scolaire.

— Une occasion de voir du monde et d'arrondir les fins de mois. La ferme ne rapporte pas grand-chose.

Le deuxième travaille à plein temps sur la ferme.

— Il n'y a du travail que pour un homme.

Comment : il n'y a pas de femme, ici, dans cette grande maison ? Qu'est-ce qu'ils attendent, ces hommes, pour se trouver des compagnes qui égaieraient leurs jours ?

Bruce me dit qu'il a été marié mais que sa femme est repartie avec son fils à Winnipeg.

— Elle ne supportait pas la solitude de l'endroit, et puis, c'est aussi à cause de mon alcoolisme...

Deux êtres très chaleureux et sympathiques mais brrr... vivre tout seul au milieu de nulle part.

— Il faut être né ici pour s'y sentir attaché, me dit Al.

Nul doute.

Des chemins de terre battue entre les champs de céréales quand ceux-ci n'ont pas été annexés à l'herbe rase des espaces non cultivés, nous devons quelquefois emprunter des routes de graviers, spécialement si nous tenons à aller dans une direction précise.

Oline, une autre amie de Winnipeg, est actuellement dans la maison de ses parents. Mais la demeure familiale, c'est elle, aidée de sa sœur, qui l'a construite, et sans plans, parce qu'elles les avaient perdus au moment de démarrer les travaux... et la bâtisse est un véritable manoir ! Au milieu des terres vallonnées qui annoncent le nord des grandes plaines, tel qu'on ne peut se l'imaginer quand on n'en voit que les environs de sa capitale provinciale.

— On a mis deux étés en tout et pour tout. Mon père devait nous aider mais il s'est démis le dos de façon définitive.

Et ce n'est pas la frêle constitution d'Oline qui l'empêche d'avoir la tête sur les épaules...

— Une maison à construire c'est une question de techniques à avoir, poursuit-elle.

Pour arriver chez elle, nous avons dû emprunter la route de graviers et faire marcher les chevaux sur les bas-côtés en herbe. La chaleur sur la pierre plus la poussière du chemin passager nous font apprécier doublement les qualités de constructeur étonnantes de la « petite » Oline Luinenburgh. A l'intérieur du très vaste living-room, nous nous laissons aller à la fraîcheur bienfaisante. Tara est restée sous le perron de bois. Elle ne voulait pas entrer. A cause des méfaits antérieurs de la chienne sur la gent gallinacée, nous avons voulu prendre des précautions et l'attacher. Puis, nous avons eu une idée lumineuse avant d'imposer au petit chien fidèle (et si dévoué) un tel châtiment qu'il ne méritait peut-être pas : nous sommes tous allés dans le poulailler avec Tara en laisse et celle-ci n'a montré aucun intérêt pour les poules. Tandis que nous naviguions au milieu des caquetages, la chienne nous suivait, totalement indifférente aux bêtes à plumes. Nous en avons conclu qu'elle subissait une injuste réputation de tueuse de poules. Un peu plus tard, quand nous allons sortir de la confortable maison, nous allons nous rendre compte que Tara nous a dupés. Et bien : partout, dans la cour, des plumes multicolores gisent. Elle a fait un carnage monstre dans un silence absolu, et en un temps record.

Il est cinq heures du matin quand j'entends de l'autre côté de ma toile de tente un hennissement suivi d'une course précipitée.
Tara et moi faisons tente commune. Le petit husky s'est précipité près de l'ouverture et attend que je lui permette de sortir. Sitôt dehors, elle s'élance alors que je saute dans mes chaussures. Un coup d'œil en face, aux arbres où nous avons attaché les chevaux hier soir : c'est Billy qui est parti. Il n'est pas loin. Je l'entends toujours hennir et avancer au grand trot d'après les répercussions sur le sol.
Nous avons choisi cet endroit très sauvage pour camper hier soir. Les vallonnements des environs de la maison d'Oline se sont calmés et ont fait place à un paysage à nouveau plat mais agrémenté de bosquets de végétation çà et là. C'est aussi une terre marécageuse et c'est ce qui me soucie pour le jeune cheval sans expérience. Va-t-il sentir la proximité d'une tourbière ? Soudain, au détour du massif, nous nous retrouvons nez à

museau dans la semi-obscurité. Billy, la longe pendante, est plus qu'heureux que je le ramène à son arbre. Il s'est détaché pendant la nuit et à dû brouter pendant tout ce temps. Maintenant, il trouve qu'il est temps d'aller retrouver les copains.

Il les a d'ailleurs mis dans un bel état, ses compagnons : Savoyane a creusé un trou autour de son arbre à force de tourner d'excitation et Cash continue de frapper de son antérieur devant lui, de mécontentement.

La nuit est douce. Il est trop tard pour que je me rendorme. Et du côté de la tente de Maxine et Ken, le calme aussi est revenu : Hier, alors qu'un vent puissant se levait, ils se sont dressés l'un contre l'autre et aucun des deux ne pouvait se décider à abandonner la querelle. Elles se multiplient avec la progression du voyage.

Que puis-je faire sinon m'écarter peu à peu de leur chemin ? Il semble que ma présence soit neutre de toute façon. Mais leurs coups de gueule trop fréquents ont des répercussions sur mon voyage aussi. Et je ressens de plus en plus comme perdu leur couple qui a essayé de se ressouder avec cette ultime tentative.

Max cherche trop à coller l'image du Ken de ses rêves sur le personnage de la réalité qui est déchiré entre plusieurs vies. Il est paumé et elle aspire à cette vie stable et heureuse qui est bien le dernier luxe auquel il pourrait se permettre de penser.

Néanmoins, nous avons encore de bons moments tous les trois. Hier, au crépuscule, nous sommes partis dans une chevauchée folle à travers les bosquets. Les chevaux s'amusaient autant que nous à se cacher, à se débusquer... Je montais Savoyane à cru et à chaque démarrage, elle manquait de me propulser en arrière. Evidemment : elle bondissait comme une sauterelle sur ses postérieurs pour repartir à chaque fois le plus rapidement possible. Je m'accrochais alors à sa crinière en bénissant l'aliment complet de la lui avoir fait repousser !

14 – Réunion des cow-boys et de leurs différents troupeaux pour la montée aux estives le lendemain.

15 – Tom, un copain de Syd et Donna, n'est pas convaincu que Claude, en prenant ses photos, ne dérange pas la tranquillité du troupeau en provoquant un « stampede ».

16 – Retrouvailles et occasion de ripailles la veille du départ de la transhumance...

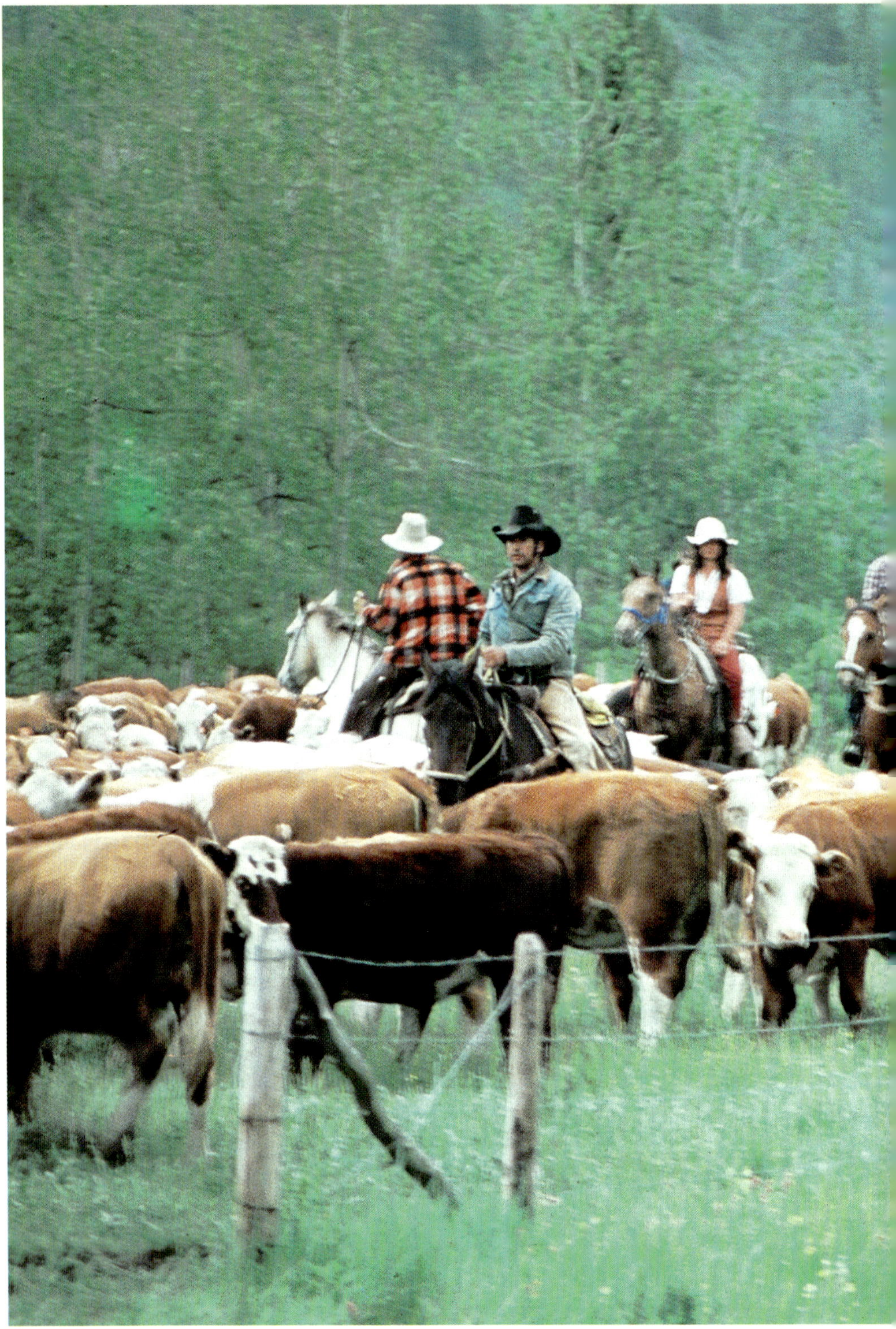

17 – ...mais au petit matin, chacun retrouve sa place pour encercler son troupeau.

18 – Syd m'a placée en « pousseur » : mon rôle est d'éviter que le troupeau s'égaille.

19 – Chemin de gravier jusqu'à l'entaille de la vallée.

20 – A mi-chemin des pâtures d'été, les veaux, qui ont alors six mois, paissent et se reposent.

21 – Quatre mois plus tard, ils redescendront d'eux-mêmes jusqu'à la vallée où les cow-boys les attendront : un marquage, « branding », permettra aux différents propriétaires de reconnaître leurs animaux qui auront presque doublé de volume.

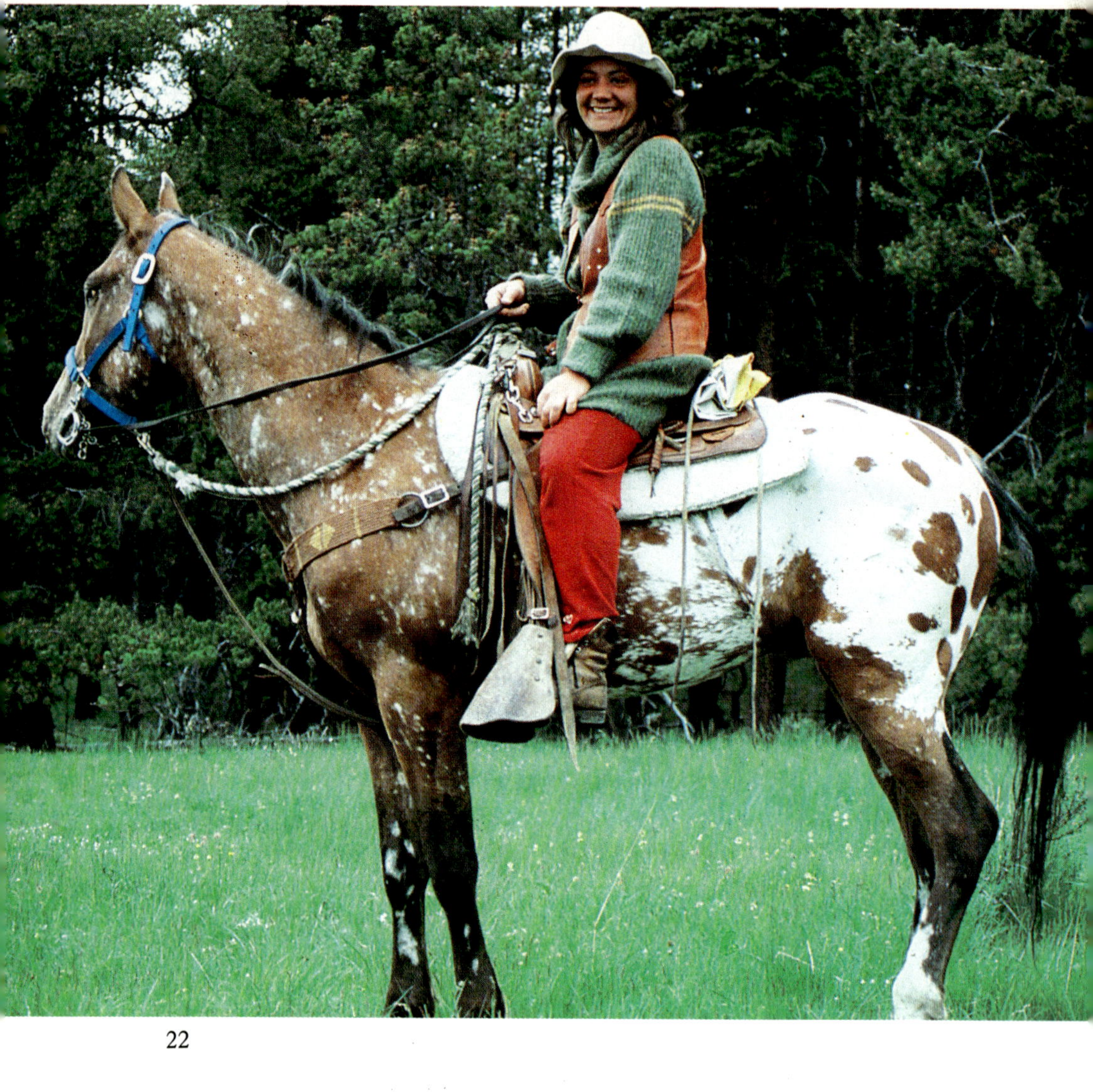

23 – Génisse orignale de 2 ans. Elle n'est pas agressive car n'a pas de petit à protéger cette année. Elle nous regarde avec une certaine curiosité, prête à prendre la fuite.

24 – Au cou de Chicks la cloche sert à avertir la faune de notre passage, notamment les femelles grizzlis qui ont des petits.

25 – Première nuit en solitaire : j'ai quitté le monde des cow-boys pour celui de la faune des montagnes.

26 – Le lendemain, l'ascension très raide du versant m'oblige à replacer le bât qui a glissé.

Allongée sur le ventre dans ma tente, je regarde les trois chevaux attachés à leurs arbres. Tara est allée se coucher près d'eux. Le jour se lève et bientôt, je vais aller allumer le feu pour faire du café.

Maxine et Ken m'ont appris à monter un camp et faire du feu dans n'importe quelles conditions. Je les ai d'ailleurs baptisés mes « maîtres de la vie sauvage ». Pour les Canadiens, la vie à l'extérieur est une pratique courante et les enfants apprennent très tôt à vivre dans des conditions naturelles.

Nous sommes tout près du village de Saint-Ambroise, habité par des métis français-indiens. Nous allons le traverser par une grosse chaleur et ce sera l'occasion de s'y arrêter pour la pause-boissons à bulles, chère aux Nord-Américains.

Le vendeur de rafraîchissements est français. C'est Maxine qui me le dit. Comme tous les habitants d'ici. Je lui adresse donc la parole dans ma langue natale et il me répond en anglais. J'insiste et il finit par me parler en français. En excellent français. Juste avec un léger accent. Quoique l'accent, ici, c'est plutôt moi qui l'ai.

En quittant le village, nous avançons vers un des buts de notre parcours : le lac Winnipeg.

Ce matin, les chevaux ont fourni un gros travail. Nous nous sommes embourbés en sortant de notre camp. De loin, l'herbe paraissait pourtant être uniforme et, tout à coup, nous nous sommes enfoncés tous en même temps. A peine les chevaux s'extirpaient-ils qu'ils retombaient dans une autre tourbière. Heureusement, elles n'étaient pas profondes. Mais les chevaux en avaient jusqu'au poitrail et cela leur a enlevé beaucoup d'énergie.

La rive du lac est devant nous, au-delà de la barrière verte formée par les arbres, nous a-t-on dit au village. Nous en sommes à une centaine de mètres et avançons toujours à travers cette herbe verte et haute quand des milliards d'insectes noirs sortent de la fraîcheur et tout autour de nous, ce n'est plus qu'un nuage épais dont la densité ne faiblit pas avec l'avancée.

Billy est terrorisé et rebrousse chemin si brusquement qu'il manque de laisser son cavalier derrière lui.

Cash est pris entre deux feux : il aimerait que Savoyane, dans la croupe de laquelle il a enfoui son nez, prenne la même direction que Billy et qu'elle leur évite à eux aussi ce supplice. Mais Savoyane est vaillante. Je vois à quelques mètres devant moi la haie d'arbres et je sais qu'au-delà, c'est le rivage. Les curieux insectes noirs ne nous y suivront pas. Ma jument est bien maintenue dans mes jambes et, la tête repliée dans son encolure, elle brave l'assaut suffocant. Ces insectes ne piquent pas. Ils sont simplement autour de nous en un tel nombre qu'ils nous empêchent de respirer normalement. C'est peut-être ainsi qu'ils ont leurs proies.

Pour Cash, la tentation est trop forte et tant pis pour le derrière protecteur de Savoyane, il va lui préférer la fuite sensée de Billy ! Et zut ! Je ne peux donc plus imposer à mon animal de combattre tout seul pour rien : une fois le déluge passé, ce ne sera pas une récompense pour elle de réaliser qu'elle a perdu ses copains. Je la flatte et nous rebroussons donc chemin. Alors qu'on était si près du but.

Après un détour de plus de deux heures sous un soleil à faire mourir, nous accédons enfin au rivage par un chemin détourné. Sur celui-ci, nous avons rencontré des moustiques qui, eux, ne se sont pas fait prier pour nous enfoncer leurs dards dans le cuir. L'encolure des chevaux est ruisselante de sang. Nous passons nos mains sans cesse dessus pour chasser les misérables créatures déjà gorgées en un quart de seconde. Et à peine les écrasons-nous que d'autres se collent à nouveau sur les chevaux, par centaines.

Nous sommes effectivement bien arrivés dans les terres aquatiques du Manitoba !

Le long de la grève, nous cherchons un endroit où nous

pouvons poser tout, chevaux, matériel, nous… Mais il n'y a rien qu'une plage de sable fin et la bordure immédiate des arbres. Pas un coin où les chevaux vont pouvoir brouter ce soir. Il faut donc continuer. Et nous finissons par trouver un espace, petit mais avec de l'herbe et le lac tout proche comme abreuvoir géant.

Dans la nuit, une tempête de vent se lève. D'une force inhabituelle, presque irréelle. Tara est terrée à l'avant de ma tente. On dirait qu'elle n'ose même pas respirer. Le lac s'est déchaîné et les vagues claquent avec fracas sur la berge et résonnent profondément dans le sol sablonneux. J'entends des arbres qui craquent et le vent qui fait rage. Sa puissance n'a pas faibli malgré plusieurs heures de tempête !

Tout à coup, ma tente s'ouvre : Zapp ! Et Maxine et Ken s'engouffrent à l'intérieur, silencieux à faire peur. « Notre tente s'est envolée, partie ! » réussit à sortir Maxine d'une voix blanche. Les chevaux !!!

Les gens qui paniquent dans la panique, j'en ai vu quelques cas au cours de mon voyage et je ne les ai pas tous racontés. Cela me permet de juger l'autre : on ne se lance pas dans une expédition un peu en dehors des sentiers battus quand on n'a aucune réserve de sang-froid !

La tempête a pris des dimensions de bouleversement cosmique. Les nuages courent à toute vitesse dans le ciel et la lumière blafarde de la lune ne permet pas d'évaluer avec précision l'état des lieux. En sortant de ma tente, je distingue à peine l'endroit où Maxine et Ken avaient planté la leur la veille. Pourtant, cela n'était pas loin de la mienne.

A tâtons, je m'avance vers les chevaux et je m'arrête sur la croupe de l'un d'eux. Ils n'ont pas bougé. Ils sont même étonnamment calmes au milieu de cette furie des éléments. Devant celui que je suis en train de longer pour arriver à sa tête, il y a un trou noir et luisant. Béant. Comme si une météorite avait atterri là. L'animal a sa longe toute tendue pour ne pas poser les pieds dans cette espèce de fosse face à lui. Je vais visiter les autres. Ils sont tous calmes, de la même manière. Et tous en bout de longe... Je regarde : à leurs pieds, le même fossé brillant !

Plus gros que la largeur d'un cheval et de forme arrondie.

C'est ce vent fou qui me déplace les idées. Je n'arrive plus à penser. Je ne vois pas d'explication logique à ces trois trous aux circonférences plutôt égales devant les chevaux. Et leur air indifférent ainsi que leur répulsion à mettre le pied dedans. Ça y est : j'y suis ! Mais j'aurai mis du temps : ils ont creusé de leurs antérieurs pour combattre leur anxiété et le lac en folie a peu à peu comblé leurs digues !

Je les attache sur le côté et retourne à la tente. A l'intérieur le hurlement du vent doublé de la répercussion des vagues dans le sol est effrayant. Je n'arrive pas à m'endormir avec tout ce vacarme. Tara est toujours prostrée. Ken me demande des nouvelles des chevaux et je lui réponds que tout va normalement. Nous n'échangerons pas d'autres mots jusqu'au petit matin. Et le lendemain matin, le vent n'a pas diminué d'intensité. Mais l'effet n'est pas le même à la lumière du jour. Le ciel est pur, balayé. Des groupes de nuages tout petits le traversent encore à grande vitesse dans le lointain.

La rive du lac a une tout autre physionomie : des arbres déracinés gisent la tête dans l'eau et les branches exhibées dans les airs leur donnent des postures goyesques. Les oiseaux qui se chamaillaient hier dans les branches ont disparu. Toute vie semble avoir abandonné la planète.

Vers la fin de la journée, la tempête va se calmer. Nous sommes allés au village à pied à la suite des chevaux qui s'étaient sauvés. Là, on ne parlait que de l'événement. « Des dizaines d'années qu'on n'avait pas vécu cela ! Cent quatre-vingts kilomètres à l'heure, vous vous rendez compte ? Des granges envolées, des voitures renversées... »

L'entre-deux-lacs. Le jour d'après, nous pouvons penser au départ. Un Indien nous a dit qu'à la pointe de la baie, nous allions trouver un banc de sable qui va nous permettre de passer avec les chevaux par le milieu du lac pour rejoindre l'autre rive sans avoir plus d'eau qu'à mi-genoux.

— La seule chose est de passer avant le coucher du soleil. Pour les yeux de vos chevaux : vous serez plein ouest.

Avant le départ, nous avons la visite de pélicans qui volent très bas au-dessus du campement que nous venons de replier.

Avancée entre ciel et eau. Fin de journée. Nous sommes en plein territoire aquatique des grandes plaines. En mettant son pied dans les ondes, Tara voit son image qui se réverbère. Curieuse, elle poursuit sa marche sur des galets ronds tout en continuant d'inspecter cette espèce de chien qu'elle voit d'en bas.

Savoyane a la selle un peu de travers. Elle avance d'un pas très décontracté vers le rivage. Je l'ai lâchée parce que je sais qu'elle a soif et elle ne quittera plus ses copains Cash et Billy comme ça...

Eux sont tenus par Maxine et Ken qui se dirigent, à leur tour, vers l'eau.

Le soir tombe et le ciel mêle les flamboiements de son couchant aux scintillements de l'eau. L'univers, ici, n'est constitué que de deux éléments : le ciel qui s'abat comme un hémicycle sur l'étendue aquatique qui lui renvoie son image à l'infini.

Nous allons camper dans ce paradis vibrant. L'herbe, pour les chevaux, n'est pas de très belle qualité mais la quantité leur permettra de choisir. Leurs queues chassent mollement les mouches, moins agressives avec l'été qui passe. Les trois chevaux broutent, longe à terre, entre ciel et terre. Le camp est monté. Et le foyer est installé entre des pierres rondes disposées en cercle.

La nuit descend doucement et seule la flamme nous identifie au milieu de cette immensité obscure.

Danny Weedon est naturaliste. Il nous parle de la forêt avec tant de bonheur que l'on souhaiterait y rester pour prendre tous ses enseignements.

Nous sommes arrivés à la frontière du Parc national de Riding Mountain. Un des multiples parcs nationaux canadiens. Avant de se mettre à son compte, Danny a été un de leurs guides. Tout comme le fut Grey Owl, l'intellectuel britannique qui se faisait passer pour un Indien, au début de notre siècle. A vivre dans le bois et avec les Indiens du nord de l'Ontario, celui-ci était devenu naturaliste. Et il se mit à écrire des livres sur la faune, qui comptent toujours parmi les ouvrages les plus importants sur la vie sauvage, au Canada.

Danny vit avec sa femme et leurs enfants dans une vaste maison de bois, à la lisière des montagnes à chevaucher. Il nous raconte la vie de cet environnement privilégié par mille et une anecdotes.

Pour les pionniers, les montagnes des grandes plaines devaient être passées à cheval. D'où leur nom. Pas question d'utiliser dans cet endroit de la province le mode de transport habituel qu'était alors le canoë.

L'aventurier Grey Owl avait construit sa cabane de rondins au bord de Clear Lake. Il y vécut en compagnie de ses castors domestiqués, tout en continuant d'étudier leur comportement.

Danny nous explique qu'en 1980, il y a eu un grand feu. Un feu dans un bois, c'est le cataclysme total, la destruction de toute vie sans espoir de rédemption. Il en parle comme s'il s'agissait d'un individu avec une personnalité dévastatrice : « Il procédait comme un hurricane, détruisant tout sur son passage. Les animaux fuyaient en masse, petits et grands : loups, ours, orignaux, lynx, écureuils,... tous partaient ensemble dans la course pour leur survie. Les lois naturelles avaient été abolies. Beaucoup ont péri dans les flammes. Et certains ont eu la vie sauve en restant dans des endroits humides, prostrés en attente. Le feu les contournait, formant un cercle autour des lacs ou des zones marécageuses et continuait son chemin. »

Les Parcs nationaux ont replanté toute la flore et promulguent des réglementations draconiennes pour sa protection.

En dehors de la saison touristique, Danny continue de parcourir le bois pour lui-même. Il nous raconte une autre histoire, celle du loup qui l'a mené à sa harde, sans savoir que l'homme le suivait : « Peut-être le savait-il. Et m'y emmenait-il de plein gré ? Pendant trois jours, je l'ai suivi et ai vécu là une des expériences les plus belles de mon existence. La bande des loups était installée près d'un contrefort rocheux. Vous les auriez vus ! La plupart étaient exposés au soleil quand je suis arrivé sur leur établissement. Ils se léchaient les pattes ou jouaient avec leurs petits, faisaient la sieste... Les loups dans le privé. Et ce qui m'a frappé, dans cette première vision, fut la ressemblance avec une société humaine, dans leur façon d'être. »

Le soir, en rejoignant la tente, le hurlement des coyotes remplit toute l'atmosphère. Ils semblent s'être postés tout autour de nous, à des distances plus ou moins rapprochées. Tara, interdite, dresse ses oreilles. Puis, rapidement, elle semble comprendre que ces cris ne représentent aucun danger et demande l'ouverture de la tente.

Danny Weedon va nous guider dans le parc de Riding Mountain. Il va emprunter un cheval à des amis, avec qui nous aurons l'occasion de faire connaissance un peu plus tard. Jim et Jane Irwin sont ranchers à la lisière sud du Parc national. Ils y ont une superbe propriété et ont organisé un centre de randonnées équestres pour visiter les environs : Thistledown Farm, à Lake Audy, est située dans un paysage vallonné où l'on a le sentiment d'être soi, visiteur chez la faune. Dans les lacs, sur les collines et dans les bois alentours, la vie animale fourmille. Elle est partout.

Aller à cheval dans le Parc avec un guide va apporter à mon voyage un enrichissement que je ne vais réaliser vraiment que l'été suivant, quand je serai toute seule, dans les montagnes Rocheuses. Pour aujourd'hui, je vais avoir l'occasion de toucher du doigt un des instincts primordiaux à conserver loin des siens, dans un environnement qui peut être hostile : apprendre à se dominer, éviter la panique là où elle ne peut qu'être fatale. Nous sommes partis en groupe le matin. Les propriétaires de Thistledown Farm ont décidé de se joindre à notre caravane pour reconnaître un de leurs parcours équestres. Nous allons avancer à travers le bois toute la journée. Et au crépuscule, nous allons nous rendre compte que le chemin pour en sortir n'a pas été bien indiqué sur la carte.

Danny arrête la caravane. Il nous demande de rester à cet endroit précis tandis que lui va s'éloigner pour essayer de se repérer. Il a décidé d'une direction qui lui semble la plus probable. L'épaisseur du feuillage et l'obscurité qui descend nous empêchent de nous guider sur la course du soleil. Calmement, nous nous enfonçons à nouveau dans le sous-bois. A la suite les uns des autres. Dans le silence. Sur un arbre, près duquel nous passons et que Danny nous désigne de son bras, nous remarquons de profondes marques de griffes. Il nous expliquera plus tard que nous traversions le territoire d'un ours. Nous chevauchons pendant une durée indéterminée. Danny, de temps à autre et toujours en silence, est affairé à retrouver le chemin : il attire notre attention sur des endroits où se retrouve la faune pour des activités précises. Ici, un terrain de duel de cerfs : le sol est piétiné de larges sabots fendus et les environs abîmés par la lutte, féroce. Les femelles en cause et le reste de la harde ont mangé les jeunes pousses tout autour du terrain de combat. Nous arrivons sur un barrage de castors où les branchages entremêlés sont dignes d'un ingénieux constructeur.

Puis, sur une branche, haut perché et silencieux, un Great

Grey Owl nous surveille. Le grand hibou gris, en voie d'extinction, est venu chercher dans ce coin reculé des grandes plaines la retraite qui lui est nécessaire pour vivre. Des naturalistes du monde entier font le voyage jusqu'à Riding Mountain pour en voir les derniers spécimens.

Soudain, le bois s'éclaircit et nous voilà revenus à sa lisière. « Ne jamais paniquer, quand tu te sens perdue, m'expliquera plus tard Danny. C'est la panique qui tue les hommes dans un univers qui n'est plus le leur. »

Sur la route de graviers qui mène vers le sud des plaines, le pas de nos chevaux a fait sortir de leur retraite tout un groupe d'enfants habillés de la même façon insolite.

Les filles portent sur la tête une espèce de toque noire et sont vêtues uniformément de longues jupes de drap épais qui leur descendent jusqu'au bas des mollets. Les garçons ont, à l'unisson, une lourde veste de travail qui retombe sur des pantalons grossiers.

Ce sont des enfants mennonites. Ils ont tous l'air très sages. Les plus petits se sont groupés autour des deux aînées en une masse ordonnée. On dirait une image des années cinquante. Ils nous regardent passer, en silence et légèrement en retrait. Quand nous voulons sortir l'appareil photo, ils s'éparpillent tous comme une volée de moineaux désordonnée.

Les Mennonites sont une communauté religieuse venue de la Russie impériale du XIXe siècle. Ils vivent en dehors de la société, en quasi-autarcie, et ont un schéma social rigoureux. Ils refusent certains aspects du progrès technique de la société.

C'est notre dernière soirée dans les plaines montagneuses et aquatiques. Nous avons établi le camp de ce soir près d'un champ de foin juste coupé.

En contrebas, il y a un lac. Je vais aller m'y isoler ce soir. Face au clapotis de la rive, je réalise que l'odeur de ce lac est répugnante ! Et en y pénétrant pour prendre mon bain quotidien, je comprends pourquoi : le parterre est fait de vase. Mes pieds glissent sur cette substance glauque alors que je m'enfonce plus profondément dans le lac. Autour de moi, l'eau est trouble, porteuse d'espèces d'herbes aquatiques qui enlacent mes jambes comme des êtres longitudinaux et visqueux. Mes ablutions faites, je m'extirpe de ce monde de vase sans éprouver la fraîcheur bienfaisante que me procure d'habitude mon bain dans les ondes naturelles.

Alors que je me sèche et que Tara somnole à mes côtés, j'aperçois au tiers du lac une forme oblongue qui glisse à la surface et semble venir à ma rencontre. Brusquement, le mouvement s'arrête, la forme reste dans la même position pendant quelques secondes, puis repart en sens inverse en une avancée puissante et régulière. A cette distance, mes yeux n'arrivent pas à bien distinguer et peut-être suis-je en proie à mon imagination. Mais le sillage laissé dans l'eau à la suite du passage insolite me permet de penser que mon entendement vient d'enregistrer une réalité.

Une brise légère se lève et je continue à me rhabiller, les yeux toujours rivés sur le point précis où la forme a disparu.

Soudain, elle réapparaît. Et cette fois, elle navigue droit sur moi et m'approche à une vingtaine de mètres puis repart à nouveau dans l'autre sens à une vitesse de croisière accélérée. J'ai eu le temps de voir la tête d'un gros animal et d'entendre un curieux claquement alors que celui-ci se retournait. Comme s'il était furieux. Mais qu'est-ce que je lui ai fait, moi ?

A la troisième apparition, j'ai enfin compris qu'il s'agit d'un castor. Il doit avoir sa maison sur la droite du lac endormi, il n'a pas l'habitude d'être dérangé par des intrusions et me demande, en clair, de prendre mes cliques et mes claques. A vos ordres, castor ! Je remonte le versant de la colline vers le campement.

Nous voilà de retour dans les grandes plaines telles qu'elles apparaissent de la route transcanadienne. L'horizon s'étale à nouveau devant nous à l'infini et le regard cherche en vain un moutonnement où il puisse s'accrocher.

Pour la première fois, nous avons dû emprunter une route de bitume. Nous ne devions la suivre que pour une dizaine de kilomètres et, malgré tout, cela fut quand même trop long.

Maxine et Ken se sont encore engueulés après la pause du déjeuner. Peut-être le retour au bercail les travaille-t-il. Et pour m'en isoler, j'ai traversé la grand-route avec Savoyane. En arrivant sur l'autre bord, quelque chose me fait me retourner sur moi-même et il est déjà trop tard. La petite Tara qui m'avait emboîté le pas vient de se faire percuter de plein fouet par une voiture. Elle est là, sous mes yeux, étendue de tout son long, gémissante, incapable de faire le moindre mouvement.

De très loin, j'entends le hurlement de Maxine et je souhaite qu'elle se taise pour que le petit chien n'ait pas encore de sursaut pour se tirer de là.

Tara continue de gémir, inconsciente des sons qu'elle profère. Au milieu de la route, je me penche sur elle avec Savoyane en longe qui se tient derrière moi. Je m'agenouille près du petit chien et passe mes bras de l'autre côté de son corps. Je lui parle et lui dis que tout va aller bien, qu'il faut qu'elle se calme, qu'elle respire tout doucement. Elle m'entend et cesse ses gémissements. Un filet de sang lui est sorti de la bouche juste après le choc. Le chauffeur qui l'a percutée s'est arrêté. Il s'avance près de moi et me dit doucement que je suis au milieu de la route, qu'il faudrait que je bouge. Je lui tends les rênes de Savoyane et quand il est allé l'attacher quelque part, je vais alors chercher la hachette et lui demande d'achever les souffrances de Tara avec le plat de l'arme.

Le voyage ne ressemble plus à rien. Les chiens de prairie continuent de piailler sur notre passage mais personne n'est plus là pour leur faire savoir que la seule place où ils sont bien, quand notre caravane passe, c'est leur terrier.

Quelques jours plus tard, nous sommes de nouveau à la hauteur de la Transcanadienne. Nous allons passer une semaine à Carberry chez Rod, un ami de Maxine et de Ken.

L'hiver en tête-à-tête dans la forêt du Nord

J'ai arrangé un transport pour Savoyane et moi pour le retour en Ontario. Finalement, ce sera Bob qui viendra nous chercher. Il vient de démarrer une compagnie de bûcheronnage avec un copain de hockey sur glace. Et nous allons vivre en plein bois pendant la saison de coupe.

Tandis que Savoyane entame une vie de farniente, je regarde l'hiver qui s'installe en pleine forêt, au nord de la province de l'Ontario. L'automne éclaire le ciel de sa splendeur avec la période de l'été indien. Toutes les feuilles changent de couleur mais elles ne le font jamais en même temps. C'est un concert de chatoyances sur la forêt qui s'étend, elle aussi, à l'infini.

Je vais y passer des mois de complète solitude avec Bob.

Quand les feuilles sont toutes tombées, la terre des bois, mousse et rocs, commence à se figer de plus en plus chaque jour dans une sorte de dormition. Après les premières gelées, la neige arrive à son tour et recouvre toute la vie des bois d'une mince pellicule blanche. A leur tour, les lacs prennent en glace et les orignaux sont à nouveau tranquilles, tout seuls, dans leurs bois. Les ours ont tous trouvé un refuge pour leurs six mois d'immobilité, les castors ont prévu assez de brindilles près de leur maison sous-marine pour passer la saison froide à l'écart du monde de la surface. Seuls les oiseaux non migrateurs vont nous tenir compagnie.

Et le silence recouvre tout. Le souffle du vent et le

craquèlement des arbres provoqué par le gel sont les seules manifestations du monde qui nous entoure. Les journées se succèdent en bourrasques de neige ou en claires apparitions du soleil. Sur des raquettes à neige, nous allons relever nos lignes sur le lac figé.

On ne se reconnaît plus soi-même dans cet univers. Je fais des voyages vertigineux dans le futur et d'autres très douloureux dans le passé. Des éléments de ma vie me reviennent, si vivants, que j'ai l'impression de les vivre de façon encore plus réelle dans la solitude.

Quand la température descend très bas et que le vent se lève, mes nuits sont profondément agitées. Comme si cela déchargeait dans l'inconscient des forces de survie qui n'ont pas de limites. Ce sont des rêves qui font entrer une clarté dans l'esprit. Comme des rêves prémonitoires. Sans les barrières de la quotidienneté, les détails de tous les jours qui nous font vivre en milieu social, je me sens totalement perdue par moments.

Bob a eu un terrible accident dans les bois et les équipes de secours sont tellement affolées qu'elles ne savent pas s'il va s'en sortir. L'énorme machine dont ils se servent pour tracter les grumes lui est tombée dessus. A demi conscient, il est emmené par une ambulance qui est venue le chercher, à plus de 80 kilomètres de là.

Puis c'est le retour dans la forêt et celui à une certaine réalité : Bob, l'homme des bois pour qui la force physique est un des atouts principaux dans ce mode de vie qui est le nôtre, est handicapé. Il va passer trois mois en hibernation un peu spéciale. Puis il reprendra peu à peu son énergie.

— Je repars cet été pour terminer mon voyage. Si je ne le finis pas, il restera toujours dans un coin de ma tête et il me bloquera pour le restant de mes jours.

Bob me répond que je peux partir mais que je ne le retrouverai pas au retour.

C'est ça vivre avec quelqu'un ? Tout abandonner de ce qui représente soi, s'annihiler complètement pour être d'accord avec l'autre ?

Au printemps, je prends le train pour l'ouest des grandes plaines parcourues l'été dernier. Entre-temps, j'ai récupéré ma chienne de France.

La vie de couple me fiche une telle trouille... Il y a tellement de choses que je ne comprends pas.

Et justement : pourquoi repartir ? Alors que j'ai trouvé un havre. Qu'est-ce qui pousse ainsi à reprendre une espèce de flambeau jusqu'au but qu'on s'est fixé ? Comment est-ce que je sais et peux donc affirmer à Bob que je reviendrai ?

Quelquefois, il semble que la pensée et l'expérience emmènent loin dans soi : on « sait » l'importance que va prendre un événement sur son destin, avant même de le vivre.

J'ai besoin de silence et de solitude. Parce qu'il m'est arrivé, en deux années de voyage, des anecdotes qui m'ont enlevé en grande partie ma foi en l'homme. Et je ne veux pas rester là-dessus. Il faut que je sente la réaction de mon existence sur un univers juste, équitable. La vie sauvage m'apparaît être cela. Il me semble qu'elle va m'apporter une satisfaction profonde. Je vais à la découverte d'un monde dont je n'ai pas idée. Mais il va me captiver et m'entraîner à des réactions, des réflexions au-delà de mes habitudes et de mes limites actuelles.

Depuis le début de mon voyage, j'entends parler des montagnes Rocheuses. On me dit qu'il y vit un ours terrible, presque de légende : le grizzli. Il paraît que c'est un tueur. Mais toutes les histoires entendues n'ont pas été vécues.

Le train arrive en gare. Et j'apprends que Tweed ne peut pas voyager avec moi.

— Seuls les chiens d'aveugles sont admis dans les compartiments de voyageurs, me dit le chef de gare.

Elle va devoir passer plus de cinquante heures dans le compartiment bagages, dans sa cage ? Je m'effondre. Et me cache de Bob quand les larmes commencent à déferler. J'attends tellement d'elle pendant cette partie de vie et je commence par lui imposer ce traitement.

Elle est allongée dans sa grande cage, son museau noir posé entre ses pattes blondes, les yeux grands ouverts. Elle sait et paraît accepter ce qui lui arrive.

— Elle préférerait rester avec vous, hein ? lance à Bob un employé du train en voyant ma mine décomposée.

Il fait nuit noire et le train s'ébranle immédiatement dès que les voyageurs ont fini de charger leurs bagages. Je peux aller voir ma chienne aussi souvent que je le veux, m'a assuré le même gars. La porte sera toujours ouverte.

Je gagne ma « roomette ». Le garçon du wagon vient me parler. Il est québécois.

— Demain, quand tu te réveilleras, tu regarderas les plaines. Si tu as besoin de quoi que ce soit, tu m'appelles là : tu vois ?

Il me montre une sonnette. La « roomette » des trains longs-courriers est une chambre miniature avec un lit pliant, des toilettes, un lavabo, climatisation, grand miroir, placard à chaussures...

Au petit jour, je regarde le paysage. Le garçon a menti : on est toujours dans la forêt sans fin de l'Ontario. Je me lève pour aller voir Tweed. Il y a une dizaine de wagons à traverser. Les compartiments couchettes sont encore endormis. Par contre, la salle des petits déjeuners est bien éveillée : lumière crue, bonne odeur de pains chauds et percolateur en pleine activité. J'attrape un café au passage et poursuis mon avancée cahotante, au rythme du train qui avance doucement dans cet univers vert matinal. Le soleil est déjà franc. Il va faire une belle journée. Suivent les wagons-sièges où dorment pêle-mêle une foule de gens. La ruée vers l'Expo'86 de Vancouver a commencé tôt à remplir les trains cette année.

La porte du wagon des bagages, je l'ouvre, et la Tweed, derrière, est toute frétillante. Assise par terre, je bois mon café tandis que ma chienne se délecte de son repas pour chiens arrosé de l'eau potable des toilettes. Elle a passé une bonne nuit et moi aussi en fin de compte.

Peu après, l'horizon s'ouvre sur celui des grandes plaines. Manitoba. Les prés sont verts. Les champs avec leurs céréales sur pied s'étendent à perte de vue. Il y en a pour plus d'une journée de ce paysage. Demain après-midi, nous serons à Calgary en Alberta. Et ce seront toujours les plaines...

A chaque arrêt un peu prolongé, Tweed et moi sautons du train à bas de la voiture bagages. Toutes les quatre heures environ. La journée est très chaude et la locomotive, juste à l'avant de cette cellule à chiens, s'annonce d'un coup de sifflet strident à chaque intersection. Presque à chaque kilomètre.

Côté voyageurs, la vie quotidienne à l'intérieur du train est joyeuse. Je rencontre un couple du Nouveau-Brunswick, la province la plus à l'est du Canada, qui traverse le pays d'un bout à l'autre en train. Ils vont jusqu'à Victoria, capitale de l'île de Vancouver.

— Cinq jours et quatre nuits, me lance la dame sur un ton jovial. On s'amuse beaucoup! Nous avons un compartiment privé pour nous deux qui se transforme le jour en petit salon et la nuit en une chambre confortable.

Le bar fait sans doute une recette monstre. Le restaurant est comble à chaque heure des repas. Après quelques heures de ce train-train, on se fait des copains qu'on retrouve au fil d'une balade à travers les différents wagons pendant la journée.

Jacynthe et Jacques sont québécois. Ils voyagent depuis près

de trois jours et se sont rencontrés hier. Jacques travaille pour une compagnie d'aviation à Montréal, mais, de son propre aveu :
— L'avion, j' le supporte point. Ça me rend malade...

Et Jacynthe vient de tout plaquer au Québec, appartement, habitudes et petit ami pour se faire sinon une autre vie, au moins un bel été à Banff, dans les Rocheuses, à exercer son métier de coiffeuse. Elle a une tignasse rouge échevelée et des yeux pétillants d'intelligence. Avec mes deux nouveaux acolytes, je ne vais pas voir le temps passer. Du wagon panoramique qui donne sur le dessus de la ligne métallique des toits des wagons, nous guettons le moindre soulèvement du terrain, à l'ouest, qui annonce les montagnes Rocheuses.

De temps à autre, pour changer de panorama, nous allons à l'arrière du train, dans un salon particulier. De là, on voit le paysage s'éloigner. On se raconte un peu nos vies et Jacynthe nous parle alors d'une expérience étonnante qu'elle a faite récemment.

— Nous étions entre Montréal et Québec. Dans la région des plaines. C'était la noirceur. Dans la voiture, l'autoradio jouait une musique forte et soudain, tous les quatre avons ressenti comme une présence. Un élément étranger, à l'extérieur du char. Nous avons aperçu une lumière très puissante. Elle s'est approchée de nous, nous a encerclés entièrement...

Jacynthe a un regard vers nous. Est-ce que nous la suivons toujours ou sommes-nous en train de nous moquer ?

— Et puis ? continuons-nous, de concert, vivement intéressés.

— Et puis, elle est restée là, à nous éclairer un moment et tout d'un coup, elle est repartie.

— Qu'est-ce que tu crois que cela pouvait être ?
— Quoi d'autre ? nous répond-elle.
— C'était un message ou quoi ?
— Je le pense, dira Jacynthe après un silence. Il y a des

présences au-delà de notre monde. Et elles cherchent des intermédiaires humains, auprès de qui elles apparaissent. Je ne peux pas raconter cela à tout le monde.

Le train roule lentement. Le bar est bondé. Je m'assieds sur un coin de banquette encore libre. Pierre et Jacynthe sont allés se balader au hasard des wagons. Si je le veux, je les retrouverai facilement grâce à la tignasse rutilante et hérissée de la copine montréalaise. Il a fait nuit puis jour et nous retournons maintenant dans une deuxième soirée. Dans le train long-courrier canadien, cela n'a pas beaucoup d'importance : la vie se déroule surtout à l'intérieur. Du « cheval de fer », le paysage est une image qui défile.

L'expérience du Transcanadien est à ne pas manquer pour avoir une idée de l'étendue de ce pays. En regardant par la fenêtre, je me demande comment j'ai fait pour parcourir toute cette distance à cheval.

*L'Ouest canadien
Alberta, province des cow-boys*

Introduction au monde animal des Rocheuses

Calgary. La cité de béton est écrasée par la canicule. Pierre et Jacynthe m'aident à sortir mes caisses en carton, la cage du chien. Ils continuent, l'un jusqu'à Vancouver où il sera demain en fin de matinée, l'autre pour Banff, au cœur de la première chaîne des Rocheuses.

Du train, nous avons aperçu la barrière montagneuse. Présence imposante dans le lointain : elle se révèle enfin, aussi mystérieuse et merveilleuse dans la réalité qu'elle l'était dans mon imagination. Cette première chaîne qui barre l'horizon du sud-est au nord-ouest cache les autres qui derrière elle se succèdent presque jusqu'à la côte ouest du pays. Au sommet, il y a encore de la neige. Le printemps a été tardif ; à la mi-mai, Calgary, la ville de l'hiver capricieux à cause des chinooks, ces vents venus des montagnes qui provoquent des redoux inattendus, a reçu une dernière tempête de neige.

A la fin de ce mois de mai, les montagnes sont encore impraticables : les cours d'eau déferlent des hauteurs en dehors de leur lit. Au terrain de camping de High River, à 40 kilomètres au sud de la capitale, où j'installe ma tente, on a surélevé une rive pour que la rivière en crue n'inonde pas une partie du village. Je ne connais personne ici mais c'est la province des cow-boys. Je ne devrais pas avoir de problème particulier pour trouver des chevaux.

Dans mon carnet d'adresses, j'ai le nom d'un rancher qui

habite à l'ouest de High River. Syd Wyatt et sa femme Donna élèvent des chevaux Appaloosa. Leur contact m'a été donné à Paris par un étudiant en lettres supérieures qui a passé un été en stage à leur ferme. Une expérience décisive pour le jeune Thomas puisqu'il décidait, à la suite de celle-ci, de s'orienter dans l'agriculture. Nous avions longuement discuté à Paris et il m'avait donné envie de connaître ces gens en dehors du commun.

Je leur téléphone et nous nous rencontrons. Ils me présentent leur élevage : de nombreuses juments poulinières qui s'ébattent avec leurs derniers-nés à la robe tachetée sur les hectares environnants. Le papa de cette belle progéniture est Warren Nite Shift, un étalon superbe, fier, impétueux ! Devant un verre d'orangeade, j'explique mon projet et leur dis rechercher deux chevaux, un pour le bât, l'autre pour la selle. Syd réfléchit mais ne voit aucun de ses chevaux qui soit disponible actuellement.

— Je vais y penser encore, me dit-il quand nous nous quittons. Il doit être possible de trouver ce dont tu as besoin aux alentours. C'est curieux, continue-t-il, il y a quelques années une fille a débarqué chez nous, comme toi. Elle venait de l'Ouest avec ses chevaux et son chien ; ce qui l'avait poussée vers une ferme : elle était à court de tabac.

Syd et Donna doivent s'absenter pour quelques jours. Je les rappellerai à leur retour. Je retourne donc à ma tente solitaire au terrain de camping. La chaleur est toujours difficile à supporter.

Le lendemain, un grand chien dégingandé vient faire des avances à Tweed. Elle répond au départ paresseusement à ses offres de jeu puis tous deux disparaissent et réapparaissent, se poursuivant à toute vitesse. J'apprécie la délicatesse de ma chienne qui reste toujours à vue malgré son jeu. Soudain, elle en a assez et se couche à l'ombre, haletante. Son copain la regarde, étonné, excité, et pour l'encourager, ploie ses deux antérieurs devant elle, comme s'il faisait une révérence, et se met à japper éperdument. Une voix de chiot dans un grand corps bien développé. Je m'approche de lui et lis son médaillon. C'est un chien numéroté, sans nom. D'un commun accord avec Tweed, nous l'appelons Ufo, Ovni en canadien anglais. Cela lui va bien : il a l'air éclaté d'un spoutnik en déroute. Tweed restant indifférente, il s'approche encore d'elle en continuant son manège bruyant et la mordille à l'oreille... Trop, c'est trop, l'afghane s'offusque et s'élance sur le malappris ; elle le chasse jusqu'en dehors des limites qu'elle estime être notre territoire.

Je suis allée voir la vétérinaire du village. Il se trouve qu'elle est passionnée de randonnées sauvages dans les montagnes. Val montre beaucoup d'intérêt pour mon expédition et nous allons échanger une foule de détails pratiques.

Je voulais l'avis de la personne de l'art en cette matière et ne pouvais mieux tomber :

— Pour les pieds de tes chevaux, tu vas avoir besoin d'une solution. Les coussinets du chien seront à enduire aussi. Le produit est soluble, donc pas de problème pour respecter le mouvement naturel du pied. On s'en débarrasse peu à peu pendant la route et si tu passes quelques ruisseaux dans la journée, il faut même en remettre.

Je lui demande aussi si je dois emporter un sérum en cas de morsure venimeuse mais elle me répond que les serpents à sonnettes sont plus au sud de ma route. Avant de nous quitter, elle va me donner le numéro de téléphone de Roger et Marion, un couple de ranchers à la retraite qui connaissent bien les montagnes et notamment le chemin que je veux emprunter pour la traversée de la première chaîne.

Du terrain de camping, je vais les appeler et Roger va débarquer de bon matin, le lendemain. Tout de suite, dans le vif du sujet :

— Hello ! j'ai amené les cartes.

— Je vous fais un café ?

J'ai une petite provision de bois mort et, rapidement, je peux poser ma cafetière-bouilloire dessus. Sur la longue table du terrain aménagé, il étale les cartes pour me montrer le chemin à suivre.

Nous regardons le lacis des voies qui parcourent le premier col. Puis il doit partir et me laisse le paquet de cartes pour que je l'étudie.

Les lycéens de la petite ville de High River ont pris l'habitude de venir me voir après leurs cours. Ils sont tous très intéressants. Jim, l'un d'entre eux, vient plus souvent parce qu'il doit promener son chien à heure régulière. Ainsi, tous les matins, il passe aux environs de dix heures.

Nous avons de grandes conversations sur la faune des montagnes, l'orignal, l'ours, le coyote et autres résidents. Jim est né dans cette région du pied des montagnes et il a été bercé par les histoires réelles de ce monde encore mystérieux pour moi.

— L'orignal est dangereux pour les automobilistes, spécialement la nuit parce qu'il prend les phares des voitures pour des ennemis et leur fonce droit dessus. Il y a eu quelques accidents déjà sur la route de Banff. Il existe maintenant des petits gadgets électroniques qui préviennent l'animal de la venue d'un véhicule par un sifflet à ultra-sons. Tu installes ça sur ton véhicule et tu as moins de chances de te payer de plein fouet un quadrupède de cent cinquante kilos lancé sur toi à 60 kilomètres à l'heure.

Steve, lui, habite une ferme à une dizaine de miles de High River et a été amené jusqu'au campement par ses copains. Il me parle des potins du coin, de l'aversion de certains cow-boys pour d'autres. De la considération toute spéciale que les ranchers ou cow-boys professionnels vouent aux spécialistes de monte en rodéo :

— Ils ne savent même pas mettre une selle sur le dos d'un cheval !

Là-dessus, il doit me laisser parce qu'il doit étudier dix-sept chapitres de Platon pour le lendemain matin ! Roger va passer en coup de vent un matin pour m'inviter à dîner le soir.

— Nous te montrerons sur des photos de l'année dernière le type de paysage que tu vas rencontrer après le premier col.

A l'occasion des visites régulières de Jim, l'étudiant, nous continuons à parler de la faune. J'ai tellement soif de connaître un peu plus de cette vie que je vais rencontrer que je le relance à chaque fois sur le sujet.

— L'ours est un peu particulier dans son comportement mais si tu prends les mesures de rigueur, tu ne risques rien. S'il trouve ou sent la nourriture, il dévastera tout, jusqu'au bout, pour en trouver davantage. Ce que tu dois penser à faire, c'est justement à le prévenir. Une ourse surprise avec ses petits se mettra bien évidemment sur la défensive. Si tu accroches un collier avec une cloche à un de tes chevaux, l'animal prendra soin de t'éviter en général. Tu n'auras pas besoin d'en apercevoir un pour te rendre compte que tu es dans leur territoire de toute façon. Garde les yeux sur le chemin et quand tu verras des excréments, méfie-toi. Tu vas voir beaucoup d'animaux sauvages dans les montagnes, continue-t-il avec une lueur de rêve dans le regard.

Le vendredi soir, ils débarquent tous dans mon camping organisé, des mecs à leurs petites copines, c'est un défilé incessant. Je suis leur rendez-vous de relax, au coin d'un feu que j'entretiens toujours et j'aime beaucoup leur compagnie rafraîchissante.

La Tweed aussi a pris des habitudes depuis que nous nous sommes installées dans ce campement sédentaire. Je suis allée hier à la banque avec elle et les employés l'ont alors reconnue et en la pointant du doigt m'ont dit :

155

— Elle vient nous voir, entre avec un client par la porte automatique, s'allonge dans un coin pour profiter de l'air conditionné et au bout de dix minutes, ressort comme elle est venue et continue son tour en ville.

Sacré petit chien vagabond.

Aujourd'hui, c'est le jour prévu pour téléphoner à Syd et Donna.

— Comment ça va la petite Française ? On a trouvé deux chevaux pour toi. Il y a une jument, qui a été utilisée par Jim, notre fils aîné, quand il était cow-boy dans les montagnes, et un hongre qui a l'expérience du travail avec le bétail. Tu viens les voir quand tu le veux. Ils sont un peu plus chers que ce que tu voulais y mettre mais ils sont bien pour ce parcours.

— OK. Demain je dois aller à un marquage de veaux mais après-demain, c'est possible ?

— Parfait ! répond la voix tonitruante de Syd. On viendra te chercher.

Mai/juin chez les cow-boys :
La période du marquage des troupeaux
L'expérience de Roger avec le grizzli farceur

Le lendemain, Roger passe me prendre comme convenu avec son truck. La Tweed saute à l'arrière. Le véhicule roule à travers un paysage au vallonnement très accentué. A l'horizon, on voit les Rocheuses, nimbées dans un voile de brume.

— Elles sont tous les jours différentes, dit Roger.

Puis nous bifurquons à l'entrée de la ferme des McLean chez qui nous allons et avançons jusqu'aux clôtures où sont déjà amassées plusieurs personnes. A l'intérieur d'un corral, il y a le troupeau impressionnant des veaux de l'année.

— Il y a quatre cents jeunes cette année.

Les meuglements sont assourdissants. C'est la première fois depuis les naissances, il y a six mois, que les vaches sont séparées de leurs petits. Si elles se souviennent de ce qu'on est en train de préparer à l'intention de leurs rejetons, elles doivent être torturées moralement...

De l'autre côté des barricades de bois qui enferment veaux et vachettes, les chevaux des cow-boys, harnachés, broutent dans la vaste pâture où vont être remis les veaux après l'opération en question.

Des groupes de cow-boys discutent çà et là ; Roger, qui connaît tout le monde ou presque, me présente à droite et à gauche. On attend encore d'autres cavaliers pour commencer le marquage ; chacun a amené sa bouteille Thermos remplie de café au lait sucré.

La période du « branding » s'étend pendant les mois de mai et juin. On y marque au fer rouge le nouveau cheptel du sigle de son propriétaire. On lui brûle la naissance des cornes, on le castre d'un coup de scalpel précis, et en même temps il reçoit une grosse aiguille qui lui injecte quatre vaccins à la fois.

C'est aussi l'occasion de se réunir pour les fermiers qui vivent dans leurs fermes isolées. Et chez Roy et Lenore McLean, c'est une grande réunion à cause de l'imposant troupeau. Grâce à cette entraide traditionnelle, le marquage va durer une journée alors qu'il leur aurait fallu une semaine avec leurs seuls employés.

Comme il est à la retraite, Roger m'explique que pendant un mois complet, il va d'une ferme amie à l'autre pour donner un coup de main.

— Pendant mai-juin, je suis toujours très occupé bien que je sois à la retraite. Puis, en juillet, nous partons habituellement avec Val, la vétérinaire, son assistante, Lee, notre maréchal-ferrant, Marion, ma femme et moi-même dans la montagne, à cheval. Il y en a pour tous les goûts ici : le skieur trouve son bonheur tout l'hiver sur un réseau de pistes inépuisables et l'amoureux de la nature sauvage en été peut aller se perdre autant de temps qu'il le veut.

— Dis-moi Roger, quand tu pars dans les montagnes, tu prends un fusil avec toi ?

— Il faut toujours avoir une arme et savoir s'en servir dans les montagnes. Ça peut t'être utile. Tu vois, il y a deux ans il nous est arrivé une petite aventure. Nous étions en balade comme cela nous arrive tous les ans pendant l'été. Avec Lee, j'avais été repérer le chemin que nous voulions prendre le lendemain. Et les filles étaient au camp. Nous avons dû marcher deux heures environ, aller et retour. A plusieurs reprises, l'un et l'autre, nous avons remarqué qu'il nous suivait.

— Qui ça, « il » ?

— Un ours. Un grizzli. Nous devions être installés dans les

alentours de son territoire particulier et il nous surveillait. Tant qu'il n'y avait pas d'offensive de sa part, nous laissions faire.

— Mais, c'est dangereux. Tu le sais bien toi-même qui es habitué à la montagne. Dans ces cas-là, ce n'est pas plus sûr de l'anéantir ?

— Non. Il nous observait simplement. Si chacun reste à sa place, pourquoi lui tirer dessus ?

— Et ensuite, quand vous êtes rentrés au camp, il vous y attendait en tenant compagnie à Val et Marion ?

— Il avait repéré où nous étions et cela devait lui suffire. Du moins, nous le pensions. Et puis, nous n'y avons plus pensé, pour te dire la vérité. Parce que nous sommes habitués à ce genre de situations et nous connaissons les règles de la cohabitation. Nous avons dîné comme d'habitude. Et la soirée tombait sur le camp paisible quand l'ours a fait irruption brutalement. Il est simplement descendu de son versant, a couru vers les chevaux attachés aux arbres, droit sur eux, et au dernier moment, les a esquivés. Peut-être nous a-t-il fait comprendre qu'il était toujours là et qu'on ne s'amuse pas à trop vouloir lui violer son territoire, que sais-je ?

« Je pense plutôt qu'il s'amusait avec nous, qu'il jouait à nous faire peur. Il est très conscient de sa domination dans la montagne. La seule chose dont un grizzli ait vraiment peur est la femelle orignale, quand elle a des petits. Elle fonce avec force et furie sur tout ce qui bouge et on ne peut lui opposer aucune résistance. Cela mis à part, le grizzli semble savoir qu'il est le roi incontesté sur cet univers des animaux sauvages. Et puis, il est flemmard, tu sais. Ce qui ne l'intéresse pas directement, il s'en fout. Il laisse passer.

Au hasard des discussions informatives que j'ai eues à ce sujet avec mes interlocuteurs anglophones, j'ai appris notamment que les ours de n'importe quel coin du pays sont des « scavengers ». Comme je n'ai pas de dictionnaire sous la main, je dois me contenter, parfois, de ma traduction personnelle. J'interprète alors qu'il s'agit d'animaux qui ont un fond d'irritabilité très facile à soulever. A cause de la terminaison du mot « venger ». Après tout, ils peuvent en vouloir au genre humain pour des raisons que j'ignore. Il y a assez de bouquins d'horreur sur les attaques surprises opérées par les ours pour s'en persuader.

Jusqu'au jour, où, suite à une recherche enfin plus technique, je vais m'apercevoir qu'il s'agit en fait d'une attitude alimentaire : « scavenger », cela veut dire, littéralement, éboueur. Les plantigrades sont les nettoyeurs de la montagne comme le sont les requins dans leur milieu océanique.

D'un côté, cette découverte me rassérène parce que je ne serai pas pour l'animal que je crains un mets de premier choix. Mais de l'autre, je trouve cela vraiment trop peu romantique de risquer de finir dans l'estomac d'un tiers qui n'appréciera même pas.

Les cow-boys sont maintenant tous réunis dans le parc où se trouvent les veaux et les instruments de torture. J'ai attrapé mon appareil photo. Deux cavaliers, Lenore, la propriétaire, et son fils, avancent doucement vers le troupeau massé à l'opposé. Ils font tournoyer leur lasso et la boucle à l'extrémité de celui-ci se referme sur un postérieur. Le petit animal qui vient d'être attrapé essaie de s'extirper de la corde qui le maintient, en beuglant de frayeur. Leur cheval toujours au pas, les cavaliers tournent alors sur eux-mêmes et ramènent le veau ou la génisse vers les cow-boys à pied qui les attendent. Lenore décrit un cercle autour d'eux en traînant toujours la bête au bout de son lasso. Là, deux hommes se précipitent dessus avant que celle-ci se relève et lui détachent les pieds ; Lenore récupère son lasso et retourne vers le troupeau tandis que les hommes s'agitent autour du jeune bovin pour lui infliger les quatre supplices à la fois, en fonction de son sexe.

Les yeux révulsés de terreur et de douleur, le sang dégoulinant entre leurs jambes, les veaux se relèvent ensuite et rejoignent le troupeau. Je suis assise sur une barrière quand on m'appelle pour aider. Je pose l'appareil photo et me demande bien ce qu'on attend de moi. On me place un flacon glacé dans les mains. Je vais vite comprendre mon rôle : il ne s'applique qu'aux petits veaux. Je dois appliquer après la castration le produit que j'ai dans les mains immédiatement. C'est un genre d'insecticide. Pour éviter que les mouches ne se collent à leur blessure ensuite. God bless them.

Syd et Donna Wyatt

Le jour suivant, Donna passe me prendre à onze heures. Comme on n'a pas parlé d'autre chose avec Syd au téléphone, je pense aller passer une journée avec eux et voir les chevaux. Donna se marre quand elle voit ma tente toujours debout au terrain de camping.

— Et alors ? Tu en fais cadeau à la ville, de ta tente ? Tu viens passer quelques jours avec nous, non ?

— Bon... D'accord.

J'ouvre alors mon antre et en sors le duvet qu'il me faut rouler en un boudin serré, puis enfiler dans une poche imperméable. Ensuite, j'enlève les crochets de la toile extérieure, fais tomber les piquets, le faîte, plie le tout en un paquet homogène et qui a de l'allure. Précision, rapidité et habitude, j'opère et termine en une dizaine de minutes.

Enfin, nous chargeons le tout dans le coffre de la voiture. Mon matériel de sellerie est chez Roger et Marion. Nous pourrons y aller plus tard.

La Tweed a regardé la scène avec son nez noir entre ses pattes blondes. Bien sûr qu'il se passe encore quelque chose de nouveau, la Tweed ! Allez, tu montes ? J'ai ouvert la portière arrière et l'afghane saute à bord. Donna a toujours un sourire sur son beau visage déjà buriné. Il me semble qu'elle me prend pour un cas.

La ferme de Syd et Donna est située dans la région des « foothills » qui s'étend jusqu'aux pieds de la première chaîne des Rocheuses. On y aperçoit les montagnes de loin : elles sont à une heure de voiture ou trois jours de cheval.

A peine arrivé, on m'a montré l'endroit où je pouvais dormir, là où l'on prend les repas, à la table familiale.

Une heure plus tard, j'ai déjà fait connaissance avec Granie, la mère de Syd qui a sa maison à côté, je suis allée visiter à nouveau Warren Nite Shift, « Shifty » pour les intimes, qui a remué pour moi son épaisse encolure d'étalon pour faire jouer sa crinière. Frimeur !

J'ai donné au moins une caresse à chacun des onze chiens qui gardent la ferme des coyotes, repéré où étaient les poules, des fois que Tweed ait des résurgences de son passé de chasseresse. Bref, je me sens faire partie de la maison, des habitudes de la famille. Et je vais m'apercevoir que ce n'est pas une illusion. Syd et Donna me considèrent aussi comme telle.

Le premier après-midi, nous allons dans les champs pour réparer des clôtures.

— Il y a toujours à faire avec une telle étendue de terre. Et comme toutes les pâtures sont occupées, il faut vérifier les barrières constamment.

Nous nous sommes rendus dans un champ, à deux miles, peut-être, de la maison. La Tweed a suivi, comme à son habitude maintenant, à l'arrière du truck. Celui-ci était chargé d'une grosse citerne. La chienne a fait le parcours cahotant, à cheval sur le fût. Cela lui donnera de l'assiette pour la suite. J'observe Donna qui aide à replacer le barbelé. Trois fils par barrière et la longueur d'un marteau entre chaque fil.

Tweed est en vadrouille. Je m'en rends compte et l'appelle. Tranquillement elle arrive, du haut de la colline, dans un petit trot décontracté, avec, à ses trousses, une femelle coyote qui lui exprime toute sa colère.

— Elle a dû déranger un terrier, dit Syd. Elle a de la chance que la femelle soit seule. Ils auraient été en harde, elle aurait été en difficulté, ta chienne.

La mère coyote va nous encercler sur un très large rayon, toujours furieuse. Tweed n'y prête aucune attention et je me remets à mes barrières, plante des gros piquets ronds en bois quand j'entends encore un hurlement : il vient d'un autre coyote que j'arrive à distinguer malgré son éloignement. Apparemment, c'est encore Tweed qui a fait des siennes. Puisqu'il, ou elle, hurle aussi après elle. De sa même démarche paisible, la chienne rebrousse encore chemin dans notre direction, sans porter plus d'intérêt au cousin du loup qui l'invective.

Sur le retour, Syd va nous emmener voir un terrier qu'il connaît. Tout doucement, nous nous approchons. La Tweed est interdite de séjour et de la cabine avant du truck, elle nous épie avec une intense indignation.

Syd marche avec les genoux repliés sous lui et pose les pieds sur le sol sec à la manière des Indiens, pour ne pas faire de bruit. De son bras droit levé, il nous intime l'ordre de rester en arrière pour débusquer l'endroit où la nichée se trouve, sans la déranger. Il repère les terriers. Un coup d'œil à l'un, à l'autre, puis le troisième : il se relève alors complètement et nous dit à forte voix :

— Je ne vois pas où ils sont passés ! D'habitude, quand ils ne sont pas dans leurs terriers, ils sont au moins à proximité.

Pas de coyotes.

Nous retournons à la ferme. Je vais aller ensuite dans la pâture où sont les chevaux pour les ramener dans le corral et essayer d'attraper Boots et Chicks. Syd me les a montrés de loin quand nous allions vers le champ des clôtures.

A pied, nous cernons le troupeau des chevaux et le poussons vers les enclos dont la porte principale est ouverte pour leur passage. Tous les chevaux y pénètrent en même temps et nous refermons les barrières sur eux. Ils tournent un peu en rond, surpris d'être prisonniers si soudainement. On va commencer par en attraper un, puis l'autre. Syd s'avance vers Boots et entraîne cinq ou six chevaux en même temps :

— Tu fermes la porte du petit corral rond dès qu'ils sont tous dedans !

Le groupe des chevaux s'avance vers moi, épaule à épaule et au grand trot. Je leur interdis le passage par ma présence et ils tournent alors sur la gauche, leur seule échappée. Les voilà dans le corral rond. Je ferme la barrière de bois.

— Va le chercher maintenant. Tu fais attention à tes gestes, il n'a pas été beaucoup pris en main.

La robe du grand cheval appaloosa est merveilleusement tachetée. Il a un faux col clairsemé de points blancs et des ovales roux sur une belle croupe blanche.

Il a compris que c'est à lui que j'en veux. Aussi calmement que moi, il se tourne dans l'autre sens quand je m'approche de lui. Syd nous regarde et ne dit rien.

Un peu plus loin, je vais lui couper la route. Cela lui donne une autre occasion de se retourner devant moi en partant encore dans la direction opposée. Pendant ce temps, les autres chevaux naviguent eux aussi dans la petite circonférence de l'enclos et cela commence à être une belle pagaille.

Syd vient à ma rescousse. Dans l'Ouest il y a une façon d'attraper les chevaux avec laquelle je ne suis pas familière. Il se rapproche du cheval, comme je l'avais fait, mais quand il en est à deux mètres, il répète son nom d'une voix plus forte, plus autoritaire encore. Et le cheval s'arrête, attentif. Il lui passe alors le licol autour du cou.

Je suis prévenue :

— Boots a eu une selle sur le dos deux fois dans sa vie. Ici, il n'y a personne qui l'utilise maintenant. C'est d'ailleurs pourquoi il est disponible. Tu vas en faire ton cheval, lui imposer tes règles mais, d'abord, te faire accepter de lui.

Syd me conseille de débourrer mon bronco façon canadienne de l'Ouest.

Dans le petit enclos rond de quatre mètres de diamètre, je vais le monter après lui avoir mis, avant, le nez contre la barrière de bois.

— Quand ils sont face à la clôture, ils savent qu'ils ne doivent pas bouger, m'explique Syd.

D'abord, je vais le seller. Ensuite, le faire marcher avec tout le matériel sur le dos. Autant qu'il s'habitue dès le début à toutes les particularités qui vont être son quotidien.

Il s'est habitué à ma voix et tente même des approches de tendresse au bout de deux jours. Je vais m'en apercevoir de plus en plus : c'est un grand câlin et je vais favoriser cette disposition. Ainsi, il va prendre l'habitude de chercher du réconfort auprès de moi, il va se sentir en sécurité quand je serai dans les environs et c'est justement ce que je veux développer chez lui.

Ce cheval m'a plu dès que je l'ai vu : sa forte constitution physique et son absence totale de vice me font passer au-delà des détails qui peuvent sembler, à première vue, faire ombre au tableau : il a six ans et a passé la plus grande partie de sa vie au pré, sans la contrainte de l'humain. Ce qui, d'ailleurs, peut être regardé comme une qualité : ce cheval ne peut avoir des défauts développés à cause d'un mauvais traitement. Il est sain dans ses membres, son corps, sa tête. Il est tout jeune de partout et sa croissance est entièrement terminée.

Aujourd'hui, nous allons passer à l'autre phase : la cavalière sur le dos. Nous allons dans le ring. Et je le place face à la barrière. Puis, j'ajuste les rênes sur son encolure et me hisse dessus. Syd est de l'autre côté de la rambarde et assiste à la prise de contact.

Le cheval me reçoit sur le dos en couchant les oreilles. Je lui parle et doucement, lui caresse l'encolure. Il se détend. Quand ses oreilles reprennent un peu plus de souplesse, je lui demande un départ sur la droite. Il s'exécute, gentiment. Il prend confiance avec ma main et s'habitue dans le calme au nouvel équilibre qu'il lui faut adopter avec mon poids sur le dos.

Chicks, la jument blanche, n'est pas portante cette année. Et pourtant, comme toutes les juments du vaste troupeau de Syd et Donna, elle a été servie par Warren Nite Shift, vedette premium de l'Exposition équine de 1985.

Parce que nous nous sommes rencontrés juste à temps, Syd ne va pas ramener la jument à l'étalon cette année.

— Elle pourrait être une excellente jument de bât pour toi. Elle a passé deux étés avec Jim, notre fils aîné, dans les montagnes. Et elle était son cheval de bât.

Ce qui revient à dire que l'animal a de l'expérience. Plus que Boots au niveau du contact humain et que moi en ce qui concerne la montagne, ses manifestations particulières comme la présence d'un ours, etc. Elle est l'élément qui manque à notre équipe.

Tous les soirs, Syd ramène à l'étable quatre vaches qui paissent pendant la journée avec le troupeau des chevaux. Je lui donne un coup de main.

— Demain, tu vas essayer la petite jument. Elle se rappellera vite de son expérience antérieure. Avec elle et Boots, tu as une bonne équipe.

— Je vais les habituer à marcher côte à côte en les tenant dans la position où ils seront la plupart du temps.

— Et puis..., ajoute Syd, on peut penser à un autre arrangement que l'achat des chevaux. On peut te les louer ou même te les prêter et tu nous les ramènes quand tu as terminé.

Je me rends compte que je ne me suis pas trompée, le premier jour, quand j'ai senti être accueillie ici comme une amie. Ce n'est pas l'argent qui est une priorité chez Syd, mais l'intérêt

167

qu'on porte aux chevaux. La façon dont on le porte, peut-être aussi. Avoir ainsi la confiance de ces gens est très réconfortant. Parce que leurs chevaux, c'est leur vie.

— Le Gap peut être un bon point de départ pour toi, me dit Syd.

— Tous les ans, reprend Donna en apportant sur la table un ragoût fumant, nous emmenons les veaux de l'année, après qu'ils ont été marqués, dans les montagnes. Comme tous les ranchers du coin. Et on se retrouve tous au Gap. La transhumance vers les estives dure quelques heures. Si tu veux, tu peux la suivre avec nous.

Pendant les deux ou trois jours qui précèdent le départ, je vais passer du temps avec mes chevaux. Chicks a besoin d'être reprise en main. Elle aussi s'habitue rapidement à ma voix et à mon contact. Mes chevaux ne sont plus les étrangers d'il y a une semaine. Je sais qu'elle suivra son copain tacheté sans l'ombre d'un problème.

Quant à Boots, il faudra que je le prenne pour un petit tour en solitaire, les premiers jours du voyage, avant d'attraper la longe de la jument suiveuse. Il me connaît, il m'accepte mais il semble toujours se demander ce que je fais sur son dos.

Tweed regarde tous les préparatifs avec une vague lueur d'intérêt dans les yeux. Malgré sa totale inexpérience de ce genre de vie, je ne m'en fais pas pour elle. Grâce à la relation privilégiée qui existe entre nous, je pourrai lui demander d'adopter une certaine attitude sans craindre qu'elle n'en fasse qu'à sa tête.

Donna est occupée à la confection d'une couronne de perles aux couleurs différentes pour l'Association Appaloosa qui va désigner sa reine dans un mois. Les jeunes filles qui se présentent doivent respecter certaines règles : le célibat dans l'année, une élocution parfaite, l'esprit d'à-propos ainsi que, bien sûr, une parfaite connaissance du cheval appaloosa qu'elles présentent.

Epreuves montées, orales, de personnalité... La reine se voit ensuite attribuer, en même temps qu'un splendide chapeau de cow-boy, la couronne de perles faite par Donna Wyatt selon la méthode des Nez-Percés, la première tribu indienne qui a utilisé le cheval appaloosa.

Dans la légende qui entoure le cheval tacheté, on raconte que les Nez-Percés avaient réussi à distancer l'armée américaine qui les poursuivait grâce aux qualités d'endurance exceptionnelles de leurs chevaux. Ils avaient emmené dans leur fuite toute la tribu : vieillards, enfants, et leurs chevaux avaient dû marcher, trotter et galoper pendant plusieurs jours en prenant à peine le temps de brouter et de se reposer.

Le temps pour parler, chez Syd et Donna, on le prend surtout aux heures des repas qui réunissent tout le monde. C'est l'occasion, pour Syd, d'exercer son talent de farceur sur les convives ou les visiteurs occasionnels. Au début, il me faut une certaine concentration pour saisir ses anecdotes mais quand je commence à comprendre la blague avec la fraîcheur de l'instantané, je sais que je suis en train de devenir bilingue.

C'est pourquoi, quand il se met à parler des ravages opérés par une bête mystérieuse, il y a sept ans, j'ai un sourire entendu. Et cette fois, comme les autres, il semble sérieux. Pourtant, aujourd'hui, il l'est vraiment.

— Presque tous les fermiers au sud de Calgary ont retrouvé des animaux qui gisaient dans les champs, sans aucune blessure apparente mais totalement vidés de leur sang.

— Mais c'est une blague. Quelqu'un en voulait peut-être aux fermiers pour une raison obscure.

— Il y a eu des enquêtes. Rien n'a été élucidé. Le voisin, lui, a trouvé son taureau avec les testicules coupés et l'animal n'avait plus une goutte de sang dans le corps. En plus, il l'a retrouvé dans le champ à côté de celui où il l'avait mis en pâture. Pas de traces de saut dans l'herbe, aucune blessure sur l'animal... Sept ans que cela s'est passé. Ça s'est arrêté tout d'un coup et il n'y a jamais eu aucune explication. Il y a eu des vaches retrouvées dans le même état mais avec une oreille coupée. Une incision très nette, comme en ferait un scalpel.

— Ça paraît gros. Vous avez bien une petite idée, quand même ?

— Non. Pas la moindre. C'est un mystère complet.

— Et quand tu en parles, maintenant, avec le recul, quel effet cela fait ?

— Peur !... Cela fait peur.

Il y a une autre histoire au pays du pied des montagnes mais celle-ci est actuelle : tous les jours, les nouvelles à la radio et à la télévision apportent des précisions sur les équipes successives qui ont été envoyées en sauvetage dans la région de Kananaskis.

Au début de l'été, un petit avion de tourisme s'écrase sur un des contreforts rocheux de la chaîne montagneuse. C'est la tour de contrôle à laquelle était lié l'appareil qui va se rendre compte de sa disparition parce qu'elle n'arrive plus à établir le contact avec lui.

Une équipe de secours est envoyée et s'écrase à son tour avant d'avoir retrouvé la trace de l'appareil. Les deux personnes à bord ont péri dans l'accident et les spécialistes n'expliquent pas plus cette deuxième chute bien que l'avion ait été, celui-ci, retrouvé.

Une troisième équipe de secours est envoyée et, à bord, il y a sept personnes. Elles subiront le même sort. Et les recherches vont être abandonnées. On ne veut pas risquer la vie d'un autre équipage pour une cause inexpliquée qui ne rendra pas celle des victimes.

Avant de quitter la civilisation pour une période indéterminée, je veux aller au bar. Parce que, dans les bars, on joue au billard, on boit de la bière, on fume des cigarettes, il y a de la musique, on peut ou tenir une conversation sérieuse ou s'amuser sans rien avoir de précis dans la tête. Bref, c'est un moment de la vie canadienne bien particulier et j'ai envie de m'y retremper. Du coup, on va aller avec Donna à celui de Longview.

En arrivant sur le haut de la colline, Donna pointe du doigt les champs qui entourent la petite ville au fond de la vallée.

— Il y a trente ans, tous ces vallons étaient habités. Il y avait des maisons partout. Longview venait juste de découvrir des gisements pétrolifères. Et maintenant, tu vois : il n'y a plus rien. C'est une petite ville qui vit du passage des touristes ou du commerce avec les habitants du coin. Seuls quelques puits sont restés en activité.

— Ici, les ressources naturelles sont surtout le pétrole.

— Et le gaz naturel. Tu as remarqué, près de la ferme, la haute cheminée qui brûle de temps à autre : quand tu vois la flamme, c'est que les gaz ne sont pas purs.

— Hmm... Jolie pollution !

De l'extérieur, le bar est une maison qui paraît un peu plus cossue et raffinée que ne le sont les habitations individuelles. A l'intérieur, il y a une cinquantaine de tables, toutes disposées çà et là devant le comptoir.

La barmaid arrive près de nous et nous demande d'un hochement de tête ce que nous voulons :

— Deux bières.

Que boit-on d'autre dans un bar canadien ?

Sur le mur, près de nous, il y a les emblèmes des fers de marquage de chacun des ranches de la localité. Donna me montre le leur, celui du frère de Syd, celui de sa mère.

Puis, nous parlons du voyage. Je lui raconte avec plus de détails certaines parties de cette Transcanadienne par le chemin des écoliers. Des anecdotes aux situations dans lesquelles je me suis trouvée, parfois.

— Toi au moins, tu vis tes rêves. Et c'est cela qui est rafraîchissant. Mais les montagnes... moi, je n'irais pas.
— Pourquoi ?
— Les ours, c'est une chose. Mais aussi on peut s'y perdre facilement quand on ne connaît pas. Je te trouve courageuse. Tu sais que tu réalises le rêve qu'ont tous les cow-boys ?
— Non, pas spécialement. Pour moi, aller dans les montagnes c'est la finalité à mon voyage. C'est un aboutissement. Et un accomplissement. Surtout un accomplissement.

La transhumance des veaux vers les estives des Rocheuses

Au Gap, il y a déjà plusieurs groupes de personnes qui ont amené leurs bêtes et les ont parquées dans les corrals bâtis pour la cause.

L'endroit est effectivement assez particulier. Syd et Donna m'avaient parlé, vanté plutôt, la beauté de ce site. Le Gap est situé au fond d'une vallée large. On y a une vision saisissante du cirque des montagnes recouvertes de forêts.

Le lieu où se retrouvent chaque année les cow-boys avec leurs troupeaux est en dehors de la route de gravier qui relie les vallées entre elles. Nous allons d'ailleurs emprunter celle-ci demain, avec les animaux en transhumance, pendant quelques kilomètres avant d'engager le troupeau sur le chemin qui mène dans les montagnes.

Claude, un ami cameraman et photographe de Winnipeg, est venu passer quelques jours avec nous accompagné de Geneviève, sa fille, qui a ainsi saisi l'occasion de découvrir la province des cow-boys de son pays. Syd nous présente à quelques-uns de ses amis.

Il y a le vieux Tom, au visage piqueté de points de barbe noire. Le chapeau, brun, tanné lui aussi par le soleil et la poussière, en termine la figure. C'est un couvre-chef aux proportions parfaites. Le rebord est pourtant d'une largeur standard mais il semble toujours plus ou moins large en fonction de celui qui porte le chapeau.

On nous présente aussi Bill, la trentaine, et sa femme Sarah :

— Salut !

Œil rieur et poignée de main franche.

— Des vrais cow-boys, tous ces gens-là, Dominique ! me dira Donna, en aparté après les présentations.

La transhumance du bétail est une pratique saisonnière et de caractère unique dans la vie professionnelle du cow-boy. Auparavant, elle était un événement capital. L'occasion pour le cow-boy de prouver sa valeur : dans son habileté à pousser des troupeaux gigantesques, et au travers d'un mode de vie rude, celui-ci avait l'occasion de s'aguerrir complètement. Les animaux passaient ainsi de leurs pâturages d'origine jusqu'à un point de vente où leur valeur marchande était multipliée alors de trente à quarante pour cent.

On considérait à ce moment-là cinq cents têtes de bétail comme étant un petit troupeau. L'histoire d'un groupe de bovins de quinze mille têtes a été rapportée.

Les cavaliers avaient des positions bien spéciales pour mener le troupeau. Il y avait le meneur de tête, celui de queue, le chef de piste et les flanqueurs qui gardaient le rassemblement organisé. Aujourd'hui, la transhumance s'effectue dans un climat un peu différent. La durée n'est plus la même et chaque cow-boy est à la tête de son propre troupeau.

Autrefois, le bétail parcourait 1 100 kilomètres en quatre mois. Demain, nous allons partir vers la première chaîne des montagnes Rocheuses pour une marche qui va durer huit heures.

En cette fin d'après-midi, au Gap, il continue d'arriver des cavaliers qui encerclent, là une vingtaine d'animaux, ici cinq ou six. La plupart arrivent au Gap dans des transports spéciaux, les fermes pouvant être à deux heures de voiture. Il y a justement un long camion couleur acier qui débarque des veaux dans un des corrals.

Un des meneurs à cheval, que nous regardions arriver au loin, s'avance vers nous après avoir mis ses bêtes dans un des parcs. Le cuir de ses chaps, pantalons de cuir qui recouvrent les jeans, est devenu d'une couleur assez indéfinissable à force d'avoir été exposé à tous les embruns et soleils. Son chapeau est terni, il a le teint poussiéreux et seuls ses yeux lancent des éclairs.

C'est une autre connaissance de Syd et Donna. Brian, c'est son nom, serre des mains à la ronde. Des acolytes le rejoignent. Nous sommes tous assis en cercle, près des bétaillères et des chevaux sellés. Les bouteilles de Coca Cola, de rhum, de bières et autres rafraîchissements sont sorties. Avec cette chaleur, l'alcool ne met pas de temps à tourner la tête. Et le plus sûr est encore de rester assise, en ce qui me concerne.

— On a perdu une vachette dans une grille à bétail, raconte Brian.

Les grilles dont il parle sont posées à même la route et empêchent les animaux en pâture de passer d'une section à l'autre. Ce qui évite que les troupeaux se confondent. Mais le jeune bétail fait quelquefois des erreurs. C'est d'ailleurs pourquoi il est difficile à conduire. Quand on mène le troupeau à travers différents herbages, on peut ouvrir une porte latérale à la route et le faire passer en bloc.

— Il y a quelques veaux qui se sont affolés, continue Brian, quand nous sommes arrivés à proximité de la grille. On a pu les retenir au dernier moment, sauf un. Il s'est cassé une jambe. Il a fallu l'abattre.

En troupeau, la frayeur de certaines vaches peut se transmettre très rapidement aux autres. On appelle cela un « stampede ». C'est la panique générale.

J'écoute les histoires et je regarde la façon dont chacun exprime sa personnalité à travers son chapeau, la forme et le type de cuir des chaps, la boucle du ceinturon, les boots... On m'a déjà fait entendre que le chapeau est l'atout numéro un de la tenue du cow-boy. D'abord, son rôle est essentiel : il protège de la pluie, du soleil, de toutes les intempéries auxquelles sont exposés ces gens qui vivent la plupart du temps à l'extérieur. Ensuite, il est un couvre-chef et doit donc respecter son rôle particulier de mettre en valeur celui qui le porte. Un chapeau, ici, c'est comme quelqu'un qui est bien assis en selle : d'un coup d'œil, on voit si ça va ou si il y a quelque chose qui cloche.

Le soir, c'est la fête, autour d'un énorme feu de camp. Et le matin à cinq heures, ils préparent déjà tous leurs chevaux.

Syd est dans un des corrals à séparer ses bêtes de celles des autres troupeaux. Chacun va encercler ses propres animaux. Je vais chevaucher avec son groupe pendant la transhumance. Tweed va rester au camp. Les chiens qui ne sont pas habitués au travail du bétail ne feraient que semer la pagaille. C'est un concert de meuglements. Les vachettes sont déjà séparées pour la plupart et regroupées dans des corrals différents.

Après cette première agitation, c'est l'heure du petit déjeuner. Les tentes se replient, le camp réapparaît peu à peu, net comme lorsque nous y sommes arrivés hier après-midi. J'ai sellé Boots et je vais laisser Chicks ici, avec Tweed. Nous serons de retour à la fin de la journée. Syd m'informe de ma position dans la transhumance. Je vais me placer en queue avec d'autres cavaliers et nous devrons pousser les bêtes.

Le jour est maintenant levé. La brume matinale s'échappe de la terre et des versants des montagnes alentour. Le paysage se réveille peu à peu quand tout le monde commence à entraîner les différents troupeaux qui vont s'unir en un seul sur le chemin.

Sur la route de gravier, l'immense troupeau surgit soudain dans un nuage de poussière ocre. Je me suis placée à l'endroit indiqué par Syd et suis entourée de tous côtés par des jeunes bovins qui se suivent les uns les autres sans avoir l'air de comprendre où on les mène. La masse beuglante se dirige en un tout homogène vers la droite et les cavaliers flanqueurs arrivent alors au trot pour rediriger le flot sur la route.

— Ils avancent vite, s'inquiète Syd après quelques kilomètres. Ils ne vont pas arriver au bout, il va falloir les pousser.

Le troupeau suit maintenant de façon plus disciplinée le chemin de gravier tout droit, comme sur des rails. Et les cowboys se détendent un peu sur leur selle. Huit heures de chevauchée sans arrêt, à part celui de la mi-journée où les animaux vont brouter dans la prairie, autant démarrer en douceur. Pour tous les cavaliers habillés de chaps, la route non-stop à cheval ne pose pas le moindre problème. Ils sont aguerris. Moi, non : au bout de deux heures, j'ai le postérieur en compote. J'ai l'habitude en voyageant de marcher souvent près de mes chevaux mais, ici, il n'en est pas question ; on ne peut prendre le risque d'effrayer le bétail. Avant de bifurquer dans la montagne, nous allons rencontrer des camping-cars de tourisme. En voyant le troupeau, ils se garent sur les côtés, éteignent leur moteur, pour la plupart, et nous passons parmi eux sans aucune difficulté.

Les veaux avancent, toujours en trottinant les uns contre les autres, se suivant ou se précédant en bousculade... Ils ont gardé la même allure.

— Quand on les ramènera des estives, au mois d'octobre, ils seront plus poussifs.

Ils auront alors gagné plusieurs dizaines de kilos et seront méconnaissables.

En général, ce sont les premières neiges sur les hauteurs qui les repoussent vers les vallées. Ils sont donc assez faciles à récupérer. C'est à ce moment que les marques de chaque ranch sont essentielles pour les reconnaître. Sinon, comment savoir qui est à qui dans les pâtures gouvernementales où tout le monde a été mélangé pendant six mois ?

Il fait une journée idéale pour la marche. Le soleil semble hésiter à percer à travers l'épaisseur de la brume. Les animaux seront ainsi moins tentés de s'en protéger en recherchant la fraîcheur sous les branches quand on arrivera dans les bois. Nous arrivons à la hauteur d'une grille à bétail. Le troupeau des quatre cents têtes s'est élargi et détendu le long de la route de gravier.

Il faut le rassembler. Les animaux de tête veulent éviter d'eux-mêmes le passage et bifurquent vers la droite avant que les cavaliers aient pu réagir. Tout le troupeau les suit. Puis, toutes les bêtes ensemble suivent les directives des cow-boys qui les dirigent vers le côté opposé de la route et passent la porte ouverte sur le bord de la route.

Nous allons maintenant suivre la vallée qui s'éloigne vers l'ouest et mène dans les montagnes. Je ne le sais pas alors mais c'est le chemin sur lequel je vais me retrouver après m'être perdue avec les deux chevaux et Tweed dans les montagnes.

Le troupeau a un peu ralenti son pas précipité. Après quatre heures de marche, les jeunes animaux commencent à fatiguer et à chercher la fraîcheur des sous-bois. Le groupe s'est encore étalé en longueur, ce qui facilite l'opération récupération.

Syd s'est lancé à la poursuite d'une dizaine de veaux qui se sont enfoncés dans le bois. Il va mettre près de deux heures à les rassembler tous et les renvoyer sur la route. La plupart des cow-boys et cow-girls sont dans la même situation. Et bientôt, cela va être mon tour aussi. Syd m'a laissé la conduite de six veaux qui me donnent toutes les peines du monde. Il y en a un qui plonge dans un contrebas à gauche, à la suite de ses copains en cavale. Les autres lui emboîtent le pas et je me retrouve toute seule sur la route de terre.

Heureusement que Boots aime les vaches. Pour lui, cela semble être un plaisir que de les chercher et quand nous les voyons enfin, il s'élance droit sur elles, scinde le groupuscule en deux, me sème la panique...

Pour qu'elles ne partent pas dans toutes les directions, j'entraîne mon cheval tout excité et au comble de la joie au loin. Les vachettes se calment et nous revenons. Je les encercle et c'est tout juste si Boots ne les pousse pas avec son nez. Je les ramène vers le chemin et elles se laissent enfin faire. Si elles ne font pas d'incartades, je suis sauvée : au bout, nous allons trouver la route de terre que nous suivions. Nous y sommes et les vachettes ont le bon goût de tourner sur leur gauche, en direction de l'ouest, pour reprendre leur marche interrompue. Ouf.

La Colombie britannique

Sans fusil chez les grizzlis

— Voilà ! me disent Syd et Donna : c'est l'entrée du chemin. Hé ! N'oublie pas le fil à pêche et les hameçons !

Zut, j'allais laisser le plus important derrière moi.

Puis ils s'en vont et je me retrouve seule avec mon équipe.

Avancer un peu. Les chevaux s'impatientent avec leur demi-harnachement sur le dos. Et moi aussi : cela fait trois ans que je suis en marche vers ces montagnes. Et maintenant, au pied de la première chaîne, je ne vais pas commencer par juste établir un camp. L'après-midi n'est pas trop avancé. Je règle le bât sur Chicks, pèse les deux lourdes sacoches : dix-huit kilos d'un côté et dix-neuf de l'autre. Il faut déplacer la brosse des chevaux, la mettre dans l'autre sacoche et la balance est faite.

Bon. Syd m'a conseillé :

— D'abord, tu montes toujours le hongre. Ensuite, tu attrapes la jument en longe. Elle suivra.

J'enfourche mon bronco qui couche les oreilles… et se tend de nervosité, comme d'habitude. Comme d'habitude, j'attends donc qu'il se décontracte tandis que la jument, elle, est attachée à l'arbre à côté. Puis nous faisons quelques pas vers l'entrée du chemin. Pas de côté : « Veux pas y aller sans elle. D'abord, qu'est-ce qu'on fait là… » On revient avec précipitation vers la jument qui commençait à tourner comme une folle autour de son arbre. Puisque c'est comme ça, je vais tout de suite vous mettre en contact avec la réalité, bande de broncos.

Je descends de l'Appaloosa tacheté pour aller détacher l'immaculée. Ça se calme. C'est même plutôt content de se retrouver après au moins une minute de séparation. La longe de la jument suiveuse est longue. Je la plie de façon à ne pas me retrouver avec la corde autour du poignet si elle tire. Puis doucement, je la passe derrière le postérieur de Boots et aborde mon cheval par la gauche. On lui apprendra la monte à droite un peu plus tard... La corde dans ma main droite, à la hauteur du pommeau, la main gauche attrape la corne de la selle et je me hisse. Au moment où je vais passer la jambe de l'autre côté de la selle, j'ôte vivement et en douceur ma main droite : hop, je suis en selle et tiens la jument de bât ; ils ne se sont aperçus de rien.

Bon. Le premier pas maintenant. J'appelle « Chicks, allez ! » et sollicite Boots dans mes jambes. On est partis, comme dans un rêve. La Tweed ? Elle suit, sans que je lui aie rien demandé. Elle s'est placée naturellement dans les empreintes de la jument de bât : parfait. Dans la montagne, cela va être sa place. A cause de la faune, il ne faut pas qu'elle furète ou soit à l'avant du convoi. La cloche de Chicks sonne bien régulièrement.

Le chemin est tracé le long de la rivière. Progressivement, nous grimpons. Un bras de rivière à traverser. Les chevaux passent puis la Tweed. A nouveau, le chemin. Un peu plus loin, un autre cours d'eau qui coule, clair sur des galets ronds. Nous marchons sur la terre ferme et à travers les petits torrents pendant deux heures. Le pas des chevaux est si allongé que nous parcourons ainsi près de 12 kilomètres. Cela semble être un record parfait pour une première journée : juste après ce cours d'eau qui a été peut-être un peu plus houleux à traverser que les autres, j'avise un espace vert relativement plat où les chevaux et moi-même devrions être confortables.

En approchant de l'endroit, je m'aperçois qu'il s'agit d'un campement de cow-boy, sans doute utilisé de temps à autre : l'endroit pour le feu est cerclé de pierres, un banc a été fait avec une longue bûche sur deux souches et entre des arbres, une branche a été fixée pour poser les selles. Tout près, la rivière coule. Elle va être un abreuvoir de qualité pour tous et une baignoire de luxe pour moi dans la soirée.

Tweed se couche en gardant un œil ouvert sur les activités alentour. Je débâte la jument après avoir attaché Boots à un arbre. Elle broute, longe à terre, tandis que je m'affaire autour d'elle. Une sacoche, puis l'autre. L'arçon et le tapis sont enlevés à leur tour. Je lui masse le dos, rebrousse les poils pour qu'ils sèchent plus vite. Elle continue de brouter. Je me dirige donc vers Boots pour lui enlever son matériel : la machette accrochée à la corne de la selle, le sac à provisions où les bananes exhalent des effluves significatifs d'un début de décomposition... Puis la corde qui doit relier Chicks et son entravon à l'arbre autour duquel elle va pouvoir brouter pendant le temps qui lui siéra, enfin la gourde... Je dessangle et ôte la selle du dos de mon animal.

A peine l'ai-je posée sur la branche entre les deux arbres que Chicks relève l'encolure, soudainement intéressée par son environnement immédiat. Regard à droite, à gauche... Oups ! je m'approche mais avant de la rejoindre, elle a déjà amorcé un pas très décidé vers la rivière par laquelle nous sommes arrivés. Le cours d'eau la fait hésiter une seconde. J'arrive par-derrière à sa hauteur et me baisse pour ramasser la longe qu'elle traîne à sa suite. Au moment où je vais la saisir, la jument s'élance au grand trot de l'autre côté. Puis elle remonte le sentier au-delà de la rivière, la queue en panache, et disparaît en haut de la butte.

Je ne peux pas y croire. Elle ne va pas aller bien loin sans son copain ! A mon tour, je passe donc la rivière. Sans avoir le temps de me préoccuper de l'inconfort d'avoir des chaussures mouillées par la suite. Pas le temps de chercher un autre passage : je suis lancée sur les traces de la jument en fuite et je sens sourdre en moi une panique contre laquelle je ne peux rien. Voilà Tweed qui approche. Et Boots tourne autour de son arbre comme un fou. Je l'entends hennir de détresse. Quelques secondes plus tard, il arrive derrière moi au grand trot allongé, la queue redressée. Je lui barre la route.

Intimidé, il s'arrête devant moi, longe pendante. Je l'attrape et nous marchons ensemble à la suite de la jument. Avec précipitation. Mes pieds glissent dans mes chaussures qui regorgent. Je bute sur des pierres roulantes à cause de Boots qui me tire sans égard. Nous passons près d'une grosse pierre blanche. Machinalement, je saute dessus pour enfourcher mon fougueux destrier. Erreur. Un cheval bien habitué à la cohabitation avec l'humain aurait été au-delà de l'effet de surprise, lui va me faire passer par-dessus son encolure. Et je me retrouve assise dans une flaque d'eau avec un doigt mal en point en l'air, le visage rougi par l'effort, l'énervement, la chute... C'est pas notre soir. Boots, à son tour, a disparu.

Heureusement, Tweed est là. Doucement, elle s'approche de moi. Je me redresse alors et me mets en marche à sa suite. Elle avance et toutes les trentes secondes environ, elle ralentit et se retourne vers moi pour s'assurer que je suis toujours derrière. Peu à peu, elle me redonne de l'énergie et du courage. Après tout, le seul endroit où les chevaux vont aller ce soir, c'est celui d'où nous sommes partis ce matin.

Tweed me précède d'une cinquantaine de mètres. Elle marche au pas. Nul doute qu'elle soit fatiguée elle aussi après une première journée de voyage. Mais elle ne le montre pas. Son pas est vif et léger. Comme je la suis, je ne sens pas non plus les kilomètres de la journée et je n'éprouve pas la peur que m'inspirerait normalement l'atmosphère environnante.

La nuit descend sur la montagne. Progressivement, elle obscurcit jusqu'à l'espace entre les arbres. Je suis en pleine forêt et bientôt je ne vais même plus voir où je mets les pieds. Par contre, j'avance maintenant depuis plus d'une heure et j'ai l'impression que cela fait dix minutes : je suis dans une forme éblouissante. Je suis les traces de ma chienne, je vais retrouver mes chevaux tôt ou tard et je ne veux pas penser plus loin. Au bout de deux heures et demie, j'arrive au chemin de gravier, la route nord-sud que j'ai quittée quelques heures plus tôt.

Je la longe et soudain, au loin, j'aperçois deux silhouettes familières et quadrupèdes qui broutent sans souci. Un croissant de lune éclaire faiblement la scène : la lumière semble projeter ses rayons comme au travers d'une passoire sur la robe tachetée de Boots et jaillit uniformément sur celle de Chicks. Doucement, je m'approche et commence à leur parler quand nous ne sommes plus séparés que par quelques mètres. L'un et l'autre lèvent la tête et leurs oreilles mobiles cherchent à localiser la provenance de cette voix qu'ils connaissent. Boots se remet à brouter et Chicks, qui semble être repue, se place sur trois jambes, la quatrième repliée en relaxation.

Il y a beaucoup de chevaux dans la montagne, qui se sont sauvés comme eux de chez les humains et vivent bien de leurs propres moyens, comme n'importe quel herbivore sauvage. J'ai de la chance : les hardes de chevaux sauvages sont plutôt au nord de la chaîne que nous traversons. Si nous étions sur leur territoire avec ma gent équine et canine, ils le défendraient et l'étalon dominant essaierait sans doute d'annexer ma jument.

Un hurlement de coyote se fait entendre dans le lointain. Un long cri solitaire qui ressemble à une plainte s'élève d'abord. Puis il est repris en concert par cinq ou six autres voix. C'est une des vibrations de la nature sauvage. Quand je n'entendrai plus l'appel des coyotes, je serai passée dans un autre territoire et là, la faune sera encore différente.

Je suis à la lisière de la région des « foothills ». Revenue au point de départ. Et j'essaie d'attraper mes chevaux. Cela doit faire un bon moment qu'ils sont là, tranquilles, à brouter. Ils n'ont pas une seule plaque de sueur sur leurs robes et leur souffle est calme et régulier. D'après leurs traces sur le chemin, ils ont parcouru les 12 kilomètres au grand trot.

Ils se paient ma tête ! Non seulement ils viennent de me faire cavaler plusieurs kilomètres en fin d'une journée laborieuse et dans le noir mais, en plus, quand je les approche avec douceur en leur disant des mots qui n'expriment même pas la colère, ils semblent s'éveiller d'une torpeur confortable — je soupçonne la digestion —, redressent l'encolure, semblent remarquer ma présence pour la première fois et s'élancent dans un trot sautillant hors de portée. Là, ils jouent avec ma patience.

Un bruit de moteur me fait me retourner. C'est vrai que nous sommes revenus à la civilisation avec la fugue de mes deux énergumènes. Sur la route, un truck déboule à toute vitesse, éjectant sur les côtés des gerbes de gravier. Je fais un signe pour qu'il ralentisse. Il s'arrête à ma hauteur. A l'intérieur, quatre Indiens aux cheveux très noirs m'interrogent du regard.

Dans un anglais entrecoupé, je leur raconte brièvement la fuite de mes chevaux en montagne. Ils me regardent alors ; franchement étonnés.

— Tu es toute seule ? Que fais-tu ici ?

Je leur donne plus de précisions en quelques mots. Puis le conducteur ouvre sa portière et plonge la main à l'arrière de son truck. Il en sort un lasso et me le tend.

— Heu... Si vous pouvez me donner un coup de main, ce sera plus facile.

Autre silence. Ils continuent de me regarder sans mot dire. L'énervement, la fatigue, la situation... : bref, sans que j'aie pu le prévoir, sans donc, rien pouvoir faire pour m'arrêter à temps, me maîtriser, je regarde le lasso puis les Indiens silencieux à l'intérieur de leur véhicule, mes chevaux et je fonds en larmes. C'est l'Indienne à l'intérieur de la cabine qui va réagir. J'ai lu dans ses yeux qu'elle allait décider les hommes à m'aider. En effet, ils sortent tous et ensemble, nous allons facilement pouvoir coincer mes chevaux qui ont l'habitude d'être attrapés dans un corral.

Un des hommes passe le lasso autour du cou de ma jument et me le tend. L'autre tient Boots par le licol. Tous deux ont cassé leur longe. Chicks n'a plus qu'un bout de corde qui pend de son licol sur une vingtaine de centimètres. Quant au hongre, il en a gardé une plus longue partie mais réduite de moitié dans l'épaisseur... L'Indien installe son lasso en bride sur la tête du cheval et en me tendant ce qui reste de la longe de Chicks, me dit :

— Tu n'as pas peur des ours ? Il y en a beaucoup, par ici, tu sais.

Les ours, je sais ! Et on ne va pas penser à ça maintenant parce que cela ne changera rien. Puis ils me font un geste amical en levant haut la main et remontent dans leur truck.

J'ai juste eu le temps de leur demander d'où ils étaient. Ils habitent la réserve indienne sur la route de Banff, à plus de 150 kilomètres. C'est la providence qui les a fait passer par là.

Sur la route de gravier, je monte à cru sur Boots et tiens Chicks en longe. Tweed suit, soit à côté, soit derrière les chevaux. Boots est bien encadré dans mes jambes et Chicks marche dans les trous de Boots avec un air penaud qui semble exprimer : « Eh oui, la vie c'est pas toujours drôle. » Parce que Chicks, elle, pense.

Et moi aussi : je réfléchis à l'endroit où l'on va pouvoir passer la nuit. Toutes les affaires sont au campement dans la montagne et il est trop tard pour y retourner. Ma peur de l'ours s'est réveillée avec les paroles de l'Indien. Qu'ils se tapent les bananes bien mûres dans mon sac à provisions. Ils n'ont pas besoin de moi pour dépecer le matériel.

Sur la route de gravier plongée dans l'obscurité, je distingue les phares d'un autre véhicule qui arrive sur nous. Il ralentit curieusement devant notre caravane. Ses phares diminuent d'intensité et le moteur semble ronronner plus doucement quand je vois la tête d'un individu qui passe par la vitre : c'est un ranger. J'ai eu un pincement au cœur en imaginant un manège dans le mouvement de la voiture. Ma paranoïa.

Très gentiment, il va se démener pour me trouver un campement pour ce soir.

— Je vais passer devant toi et t'éclairer.

Une heure plus tard, nous arrivons à un endroit où les chevaux vont pouvoir brouter en liberté, dans un pré clôturé. Je vais m'asseoir dans un coin et construis un feu. Tweed somnole déjà près de moi. Elle a été longue, notre première journée.

Le ranger nous laisse :

— Je repasserai tout à l'heure.

Plus tard, des phares m'annoncent son retour.

Il est venu avec un équipier et une trousse de premiers soins. Mon doigt est énorme et violet. L'homme m'applique une pommade et me pose une attelle. Puis nous parlons un peu :

— Quel est le chemin que tu as suivi ?

Je montre sur sa carte l'endroit où est le matériel laissé en catastrophe. Et je m'enquiers :

— Connaissez-vous cet endroit ?

Je pose la question pour savoir si celui-ci est habituellement habité par des ours. Histoire de savoir vers quoi je vais repartir le lendemain matin.

— Non, mais je vois où c'est, vaguement. Comme cela, nous saurons par où tu vas passer demain. Quels sont tes projets quand tu l'atteindras ?

— Je vais voir. Si mon camp n'a pas été dévasté pendant la nuit, je crois que je vais y faire étape. Les chevaux se remettront ainsi de leur longue course d'aujourd'hui. Par contre, si le camp a été visité, je continue mon chemin.

— Tes chevaux vont être fatigués après cette ascension. Ce

serait bien que tu puisses t'arrêter. Et ensuite, par où comptes-tu passer ?

Je pointe alors sur la carte la suite de mon itinéraire.

— Tu comprends, reprend-il, nous devons faire cela pour ta sécurité. Dès que tu atteindras un endroit d'où tu peux le faire, nous te demandons de nous appeler. Si nous n'avons pas de nouvelles de toi dans quatre jours, nous devrons engager des recherches. Tu es en plein territoire grizzli.

Avant de repartir, ils vont aussi me conseiller de m'arrêter, au cours de mon voyage, dans les stations de rangers autant que me le permettra mon itinéraire.

— Quand tu signales ton itinéraire et ta position, les frais de recherche sont à notre charge, ajoute-t-il pour me convaincre.

Ils m'ont amené un duvet de survie et je leur en suis reconnaissante. Les nuits dans les montagnes sont frisquettes. Le premier ranger a aussi été faire un tour dans son frigo personnel et m'a apporté un yogourt, un morceau de pain et du fromage. La Tweed ouvre alors les deux yeux et nous allons partager inéquitablement ce panier repas surprise et bienvenu : elle va manger tout le fromage, léchera une bonne partie du yogourt et me laissera royalement quelques tranches de pain.

Le lendemain matin, un autre ranger va passer pour récupérer le sac de couchage. Nous reprenons la route de gravier vers le chemin qui mène dans la montagne. Je monte Boots, comme hier, à cru, et le dirige avec le lasso arrangé en bride sur sa tête.

Chicks suit avec la seule longe rescapée. Je la maintiens à la hauteur de ma jambe gauche. Nous verrons comment nous nous débrouillerons dans les passages plus accidentés. Tweed longe la caravane avec quelques mètres de respect.

Je n'ai pas de carte avec moi mais j'ai bien étudié celle du ranger. Le chemin est aisé à suivre puisque les trois quarts suivent la rivière. Et les traces de la veille sont encore visibles par endroits, même du haut de mon cheval. Boots et Chicks avancent comme des anges. Pour éviter un refus bien embarrassant de leur part au moment de la traversée du premier des bras de la rivière, je les prépare dès que j'aperçois le passage délicat.

Boots est bien encadré dans mes jambes et je m'adresse à Chicks sur un ton ferme pour qu'elle comprenne qu'il va y avoir un changement d'allure et qu'elle devra obtempérer dans la foulée. Boots commence à tricoter un peu quand on approche de la rive. Sans lui laisser le temps de la réflexion, mes jambes le propulsent en avant d'un coup sec. Chicks suit le mouvement et Tweed aussi.

Nous poursuivons et je les flatte avec des mots. Je n'ai pas assez de mes deux mains pour joindre le geste à la parole. Mais ils comprennent. Et quand nous arrivons à l'autre bras de la rivière, ils ne ralentissent même pas le rythme de leur pas pour s'enfoncer dans l'eau claire. C'est une victoire. Parce qu'il y a sept passages difficiles comme celui-ci, en tout, avant d'arriver au camp.

Pendant la marche, j'élabore dans ma tête la façon la plus sûre d'aborder notre étape si un ours s'y est installé. J'imagine un plantigrade, la bedaine rebondie, allongé sur le dos, la tête sur ma selle.

Un autre large ruisseau à passer, puis encore un. Au bout de deux heures, nous arrivons devant le dernier, celui qui est juste avant l'endroit où le matériel se trouve. Hier, nous l'avions abordé par un chemin détourné où la rive paraissait plonger moins abruptement dans l'eau. Nous reprenons la bifurcation de la veille. Et les deux chevaux s'y engagent avec franchise. C'est quand il faut traverser le cours d'eau que tout se complique. Il y a un refus net. De la part des deux acolytes. Ils viennent de traverser six fois des ruisseaux identiques mais sur celui-là, ils se braquent. Ils savent que le camp est à proximité et ils ne veulent pas y retourner.

D'où nous sommes postés, je ne peux pas me rendre compte si notre établissement a été visité et si il est toujours occupé. La forte masse d'eau claire s'écoule en un débit impressionnant parce qu'elle s'additionne, ici, d'un affluent. Sur la rive face à nous, on peut voir le chemin se poursuivre, mince ligne qui se dessine dans une belle herbe verte et haute.

Les chevaux ne veulent vraiment rien entendre. Je saute à terre et attrape Chicks d'une main, Boots de l'autre, et les force à entrer dans l'eau en même temps que moi. Quelques secondes plus tard, nous serons enfin sur le bord opposé. Tweed a hésité à son tour mais a trouvé rapidement un autre passage pour traverser. Les chevaux, en traversant, ont eu de l'eau jusqu'aux genoux. Dans une telle profondeur, la chienne aurait dû se mettre à nager, ce qui était impossible avec un courant pareil. Elle est vraiment une excellente voyageuse ! Elle a trouvé seule le meilleur passage pour elle.

Autant qu'on soit tous groupés pour affronter la situation. Nous arrivons enfin au camp. Le vent était en notre faveur et nous avons progressé en silence pour se réserver les meilleures chances de fuite en cas de nécessité. Après tant d'appréhension, c'est presque décevant : il n'y a rien qui ait bougé. La selle est restée sur la grosse branche entre les deux arbres, avec l'arçon de bât. Le sac à provisions n'a attiré aucune convoitise, ce qui est réellement bon signe, et les tapis de selle que je n'avais pas eu le temps de fixer avec des lanières ne se sont pas envolés… Nous pouvons donc rester pour la nuit. Les grizzlis ne semblent pas avoir repéré notre camp.

Il me reste à monter la tente sortie du bât la veille, faire un feu pour y faire sécher mes bottines une fois de plus. J'écoute la faune, les bruits inconnus autour de moi pendant tout l'après-midi. Je m'adapte à mon nouvel environnement.

Les chevaux sont attachés. Tweed s'est installée près du feu comme hier. Je suis occupée à installer des branches vertes sur les extérieurs du foyer. Elles vont me servir de support pour la cafetière.

Nous sommes en bout de vallée. Adossés aux contreforts rocheux que nous allons passer demain. Après les grandes plaines, la présence, l'omniprésence du relief autour de nous est un peu déconcertante. Les vallonnements accentués de la région au pied des montagnes ne donnaient pas le même sentiment. Parce que tous les sommets étaient recouverts d'herbe. Ici, la roche apparaît, dure, tranchante, sur le bleu d'un ciel. Menaçante avec la nuit qui tombe. Superbe et dangereuse, en fait. Et ce contrefort, à l'intérieur duquel je campe avec mes chevaux et ma chienne ce soir, m'inspire des sensations ambiguës : il y a le confort de se sentir protégé par un abri naturel mêlé à l'insécurité de ne pas voir venir ce qui peut vous tomber dessus. Si mes bagages avaient été fouillés, je n'aurais pris le temps que de les rassembler avant de m'en aller.

D'après les locaux, il suffit de prévenir la faune pour ne pas avoir de surprise avec. Pour moi, les animaux sauvages des Rocheuses appartiennent à un monde de légendes entendues et dont la teneur est principalement dramatique. C'est un univers que j'ai reconstitué dans ma tête d'après des réalités admises et qui se projette maintenant de façon brutale dans mon présent actuel.

Il me faut un temps d'adaptation. Et, plus difficile, il faut que je combatte mes fantômes.

C'est juste à ce moment que me reviennent les paroles de Claude, l'ami photographe de Winnipeg, qui, avant mon nouveau départ, m'a dit :

— Tu as l'occasion d'aller vaincre la bête noire qui est en chacun de nous. Celle qui provoque nos peurs, qu'on ne peut pas maîtriser, qui est plus forte que nous... Si tu ne la laisses pas apparaître, elle ne te traumatisera pas. Il faut être plus fort que les terreurs aggravées ou inventées par notre esprit.

Cette phrase paraissait sortir tout droit d'un recueil de légendes indiennes. Je n'en avais saisi alors que le côté merveilleux. Au fur et à mesure du déroulement de cette dernière partie de mon voyage, elle va se charger de toute sa signification.

Quand descend l'obscurité du haut des versants qui m'entourent, les chevaux sont à nouveau attachés. Ils ont eu le temps de brouter pendant plus de deux heures.

Je me sens ici dans un monde qui semble être une planète à part. La civilisation humaine est loin dans la vallée : au nord où je suis ce soir, elle n'existe simplement pas. A l'ouest, je n'arrive pas à la situer avec la précision de temps qu'il me faudrait pour la rejoindre et au sud, elle restera invisible jusqu'à la faille accidentelle de la chaîne de montagnes que je suis en train d'essayer de franchir.

Un souffle bruissant se fait entendre dans le ciel. Je lève la tête pour apercevoir l'avion qui doit en être la cause. La nuit est claire et pourtant, je n'aperçois aucune lueur significative. Quand je réalise que les grands arbres perchés sur les versants qui m'entourent se sont mis à danser de façon singulière. La forêt est en plein mouvement. Ou plutôt : la masse verte qui coiffe mon repaire solitaire est agitée dans tous les sens. Un groupe d'arbres est malmené par un souffle d'air giratoire ; tandis que le reste semble être poussé par une force qui rebrousse son feuillage dans une seule et même direction. J'ai été prévenue de ce phénomène par son bruit. Et j'ai attribué celui-ci à une situation que j'avais déjà rencontrée : un moteur d'avion, ce qui était faux. De ma position en contrebas, j'ai dû percevoir les sons différemment. Je n'avais jamais auparavant entendu la forêt se manifester de cette façon.

J'ai dressé la tente un peu à l'écart du feu pour que la fumée de ce que je vais faire cuire ne se plaque pas contre : si nous sommes visités par un ours, ce serait alors peut-être par là qu'il commencerait ses investigations, par l'odeur alléché. Tout près de celle-ci j'ai déjà « essayé » l'arbre. Entendez, l'étude la plus rapide des méthodes pour se retrouver hors des redoutables pattes griffues. Ces bêtes-là peuvent tout de même décrocher une tête d'un seul mouvement d'humeur.

L'appareil photo, quant à lui, est déjà installé sur la cime. Je combattrai ainsi ma terreur en m'occupant à photographier l'objet de celle-ci.

Sur le feu qui crépite, je viens d'installer le deuxième pot de café de la soirée. Je veux rester éveillée le plus longtemps possible pour regarder l'attitude des chevaux. La robe claire de Chicks se détache bien dans la nuit. Celle de Boots se confond plus au paysage mais je le distingue quand même grâce à ses plaques blanches.

Il fait une nuit d'une douceur merveilleuse. Chicks relève son postérieur pour se gratter des dents la couronne de son pied. Puis elle repose sa jambe, émet un profond soupir et se place à nouveau sur trois jambes en position repos.

Toute la nuit, je vais garder la jument à l'œil : elle connaît les montagnes. Des bruits inhabituels l'alerteront tout de suite. Tweed est déjà sous la tente depuis belle lurette quand je décide d'aller me coucher. Je vais mal dormir mais mieux, toutefois, que si je n'avais pas installé de système de défense sur l'arbre à côté de la tente. Toute la nuit, je vais entendre des craquements de branches insolites. Je jette alors un coup d'œil furtif à la jument. Comme celle-ci est tout à fait tranquille, je me rendors, d'un œil, jusqu'à ce que Tweed bouge un ergot dans son sommeil...

Ce sont les premières lueurs du soleil qui me tirent le matin de mon sac de couchage. Il doit être aux environs de cinq heures. Les chevaux sont bien éveillés et déjà actifs. Boots tourne autour de son arbre avec une certaine impatience et Chicks essaie de happer un brin d'herbe qui est juste trop loin pour elle. Je vais l'installer à son entravon en me servant du lasso pour remplacer la corde que j'avais prévue à cet effet et qui lui sert maintenant de longe, depuis leur fuite.

C'est aussi le moment d'habituer Boots à ses entraves. L'un et l'autre sont trop occupés à brouter pour se rendre compte qu'ils sont prisonniers. Chicks a encore beaucoup de lest avec sa corde. Quand elle arrive en bout, elle ne se fâche pas et continue d'avancer jusqu'à ce qu'elle ne le puisse vraiment plus. Alors, elle recule prudemment, se retourne et continue de manger dans l'autre sens. Sans doute une fugueuse, l'animale, mais elle a d'autres qualités !

Boots broute. Et je vais apprendre que lorsque Boots broute, il ne peut rien lui arriver de fâcheux. Quelle que soit la situation, il essaiera toujours de privilégier cet acte de reconstitution naturelle. Par exemple, aujourd'hui : il se trouve confronté à une nouvelle technique à laquelle il lui faut se rompre.

Comme tous les chevaux qui apprennent à se mouvoir avec des entraves, ses jambes forment un triangle isocèle presque parfait. Bien sûr, son langage du corps traduit çà et là une certaine surprise. Il lui arrive de regarder avec curiosité ses deux antérieurs emprisonnés. Il a essayé d'avancer une jambe puis l'autre. Et, logique, il s'est alors aperçu qu'il était plus efficace d'avancer les deux en même temps. Chez ces chevaux-là, c'est l'essentiel qui prime.

Après les avoir regardés quelque temps, je suis rassurée sur leur sort. Au moins dans l'immédiat : Chicks vient encore de faire une pirouette élégante et mesurée pour éviter que la corde ne la gêne. Elle s'en débrouille parfaitement. Je me retire donc vers le camp pour commencer à le replier. La tente s'affaisse, les piquets sont rassemblés, Tweed somnole encore, le soleil commence à percer franchement… et Chicks vient de se retourner brutalement parce que la corde la gênait. En quelques secondes, elle se fait elle-même prisonnière en se liant trois pieds.

Tweed s'est levée tout de suite pour aller voir avec moi. La jument s'agite en soubresauts, tourne sur elle-même avec violence puis tente de se dépêtrer en se retournant dans l'autre sens. J'essaie de la calmer de la voix. Je ne pourrai pas l'approcher tant qu'elle n'aura pas cessé ses sauts de mouton. Elle fait des esquives trop imprévisibles.

Tout d'un coup, elle s'arrête pour reprendre son souffle. J'arrive près d'elle et maintiens sa tête en même temps que je tire sur le nœud détache rapide que j'ai fait autour de l'arbre. La voilà libérée. Mais encore tremblante de frayeur. Pauvre petit cheval. Je la calme et nous restons toutes les deux comme ça pendant de longues minutes.

Quand les émotions vont s'être un peu apaisées, je vais l'installer avec la même méthode dans un autre coin. A nouveau, elle se met à brouter, tranquillement, en évitant la corde qui serpente dans l'herbe avec un grand soin.

C'est elle que j'ai choisi d'attacher à un arbre. Boots, lui, peut se promener autant que bon lui semble avec ses entraves. Il peut même se sauver s'il le veut. Le galop qui rassemble dans une même battue les deux postérieurs et les deux antérieurs lui permettrait de se retirer dans les meilleurs délais. Mais il ne le fera pas. Sans la jument, il est perdu. Avec elle, il reconstitue son monde, n'importe où. Je sais aussi que si Chicks arrivait à se détacher aujourd'hui, elle s'en irait encore, malgré son bracelet autour de la jambe et la corde qui y est attachée.

Ce matin, j'ai mis près de trois heures pour me préparer. Entre le matériel à ranger, le café sur le feu et le temps des chevaux pour brouter...

Pour passer la rivière et reprendre le chemin qui s'enfile de l'autre côté, j'ai dû engager un autre dialogue avec mes chevaux. Il est vrai que ce n'est pas le même bras qu'hier. S'ils espéraient que nous allions rebrousser chemin et revenir à notre point de départ, ils doivent éprouver une espèce de déception.

En combattant le refus de Boots ce matin, je réalise à quel point celle-ci doit être amère. Comme me l'avait conseillé Syd, j'ai commencé par monter le hongre seul en laissant la jument attachée à un arbre. Mais ses lamentations vont être si déchirantes que je devrai mettre le hongre à ma main dans un périmètre de dix mètres carrés, tout près de la jument. Ce qui a pour effet immédiat qu'il ne se donne pas complètement, pour commencer. Dans un mouvement acrobatique digne d'une athlète des Olympiades je détache ensuite la jument de son arbre. En bénissant celui qui a eu l'ingénieuse idée de penser les nœuds rapides à défaire.

Chicks est assez agitée après avoir frémi à la pensée de perdre son congénère. Néanmoins, quand je les plaque contre moi, l'un à côté de l'autre, ils me sentent assez ferme pour ne pas oser se rebiffer. C'est ainsi que nous allons passer le bras de la rivière agitée. Quand nous sommes de l'autre côté, c'est à nouveau l'agitation dans mon équipe équine ; Boots galope sur place et j'ai du mal à tenir la tête de Chicks. Je les ai arrêtés pour voir comment Tweed se débrouille de ce passage.

Ma chienne choisit rapidement la solution la meilleure pour elle. Chaque fois qu'elle agit comme cela avec intelligence, j'en retire une énergie joyeuse. J'ai assez à faire avec mes broncos. J'avais tellement redouté d'avoir amené ma chienne là où ce n'était pas sa place. Maintenant, je commence à être certaine qu'elle tirera le meilleur parti de tout imprévu.

Nous repartons. Par endroits, le mince chemin perd sa trace sur le sol. Je choisis alors la voie qui me paraît la plus évidente. Après quelques arrêts nécessaires aux chevaux pour souffler, nous arrivons sur une perspective extraordinaire : un cirque gigantesque de montagnes est là, sous nos yeux, et les uns comme les autres ne pouvons nous empêcher de regarder pendant quelques minutes. Nous poursuivons un peu plus haut. Il faut que je trouve un endroit où je puisse les attacher pour remettre la selle et le bât qui se sont un peu déplacés sur le dos des chevaux. Cela fait, je nous accorde encore un moment de détente et d'émerveillement. Les cimes des montagnes s'étagent à perte de vue sous un ciel moutonneux qui semble répercuter le blanc des sommets en formes épaisses et cotonneuses. La forêt est dense et d'un vert énergétisant, plein de vitamines pour l'esprit. Je découvre la sensation d'une nature maîtresse.

Je reçois ce paysage comme une nourriture dont on tire le plus reconstituant. « Oui, mais les ours... » C'est aussi le territoire de l'animal redouté. Bon, il est temps de partir. Il y a encore du chemin à faire jusqu'à la petite ville d'Elkford. Sur la carte, j'ai repéré le chemin. En redescendant le versant face à nous qui me semble malgré tout un peu trop au sud-est, je m'attends à trouver plus bas le berceau de la future Elk River, la rivière de l'Elan en français.

Nous sommes à nouveau en pleine forêt. L'altitude est aux alentours de 1 800 mètres. La pente est relativement raide et nous la dévalons en peu de temps malgré les passages difficiles à se frayer à la machette. Soudain, nous traversons la naissance du ruisseau alors que, sur la carte, nous devions seulement le rencontrer, le longer. Comme il m'est déjà arrivé, au cours de précédents voyages, de vérifier que les cartes ne sont pas toujours fiables, je poursuis.

Et je n'ai pas envie de remonter pour vérifier à nouveau l'entrée du chemin. Il m'a déjà fallu repartir en arrière là où j'avais dû user de la machette pour aller chercher la carte que j'avais laissée.

Nous allons arriver après dans une vallée qui s'élargit. Pas de doute, nous devons déboucher sur Elkford tôt ou tard. Je décide d'une pause. Ce sera une belle halte pour chacun : les chevaux vont pouvoir se repaître d'une belle herbe et avec la Tweed, nous allons paresser à l'ombre clairsemée d'un gros arbre. Nous amorçons le départ sur un sentier maintenant bien marqué.

La Tweed s'étire langoureusement avant d'emboîter le pas aux chevaux. Les uns comme les autres sommes plongés dans un doux état de somnolence. Et l'avancée est un peu paresseuse. Quand tout à coup, un hurlement déchire l'atmosphère solennelle de la vallée en résonnant sur toutes les parois rocheuses à leurs trois quarts.

Le cri, effrayant, se répercute alors à un niveau plus bas sur les montagnes. Il semble se rapprocher de nous. Chez les chevaux, la réaction est quasi immédiate. Ils se lancent au galop. Tweed, la queue entre les jambes, fait de même et moi, la peau hérissée par la chair de poule, suis bien contente que le hasard m'ait fait monter sur mon cheval dès le départ.

L'explosion de cette voix sauvage et feulante dans le silence des montagnes s'éloigne enfin et je me demande encore ce que cela pouvait être : peut-être un lynx, à moins que ce ne soit un puma, appelé aussi lion des montagnes (le couguar ici). Panique et précipitation ne m'ont pas donné le temps d'appuyer sur la touche « enregistrement » de mon walkman. Dommage. Mais je me souviens de l'accent de fureur. Et de l'incompréhensible impression d'éloignement et de proximité de la bête qui l'émettait.

Nous détalons pendant un kilomètre, peut-être deux. Puis je mets ma troupe animale au pas. Seule, leur réaction me permet de me dire que je n'ai pas rêvé. Nous l'avons échappé belle : le lion des montagnes est le prédateur d'à peu près toutes les espèces animales dont les favorites sont les cerfs et les quadrupèdes herbivores de façon générale. Il ne déteste pas non plus varier ses menus avec des mets domestiques si l'occasion se présente.

Il est plus que probable que l'animal visait mes compagnons

à quatre pattes. Et sans doute est-ce moi, cette fois, qui leur ai sauvé la mise. Une certitude : nous n'étions pas dans un de ses jours de chasse.

Le cours de la rivière s'éloigne de plus en plus sur notre droite. Sur la carte, il longe le chemin. Qu'importe. Nous continuons. Le chemin est maintenant de la taille des pistes empruntées par les quatre-roues motrices, petites motos stables qui font l'épouvante de certains chevaux de cow-boy et créent le « stampede » dans les troupeaux de jeunes veaux qu'on mène aux estives.

Le hurlement a rendu le pas des chevaux plus qu'actif. Je suis persuadée que nous parcourons ce chemin facile et droit à l'allure de 5 à 6 kilomètres par heure. Et puis, il me semble que le paysage où nous pénétrons me rappelle quelque chose. J'écarte cette pensée en me disant que certaines vallées dans la montagne doivent se ressembler. A notre droite, nous passons devant un camp inoccupé. Une étape régulière pour chasseurs, cow-boys, les gens qui vivent dans la montagne six mois de l'année en fait. Et quelques kilomètres plus loin, nous arrivons sur un camp encore plus élaboré. Il y a des espaces pour des chevaux, des poutres horizontales faites avec des troncs d'arbres minutieusement écorcés. Le chemin devient de graviers. Et soudain, nous marchons sur un parking.

C'est presque un choc de culture. Néanmoins, je continue, poussée par une espèce de curiosité. Il n'y a personne. Et cet endroit, je l'ai déjà vu, mais sous un angle différent. Où suis-je ? Est-ce un paysage que j'ai dans ma tête et qui devient réalité brusquement comme cela arrive quelquefois dans la vie ? Plus j'avance et plus l'image revient se placer dans le présent : nous sommes revenus d'où nous sommes partis il y a deux jours. Simplement un peu plus au sud. Nous sommes toujours en Alberta. Les chevaux m'ont amenée là où ils voulaient aller, en prenant un chemin différent...

Il y a une caravane attelée à une voiture juste au-dessus de nous. La cloche de Chicks alerte les deux personnes qui nous regardent arriver. Ils paraissent être bougrement étonnés. Il y a une femme et un homme d'un certain âge. Les présentations sont vite faites.

— Bonjour, je suis Allan, me dit le vieil homme. Et voici Ruth.

Il paraît ravi de cette rencontre. Et me demande tout de suite, avec un air de connaisseur, d'où sont mes chevaux.

— De l'élevage de Syd et Donna Wyatt, à High River.

— Je les aurais reconnus entre mille. Le ranch Wyatt a un type d'Appaloosas bien particulier. Il pointe Boots du doigt et désigne plus précisément les longs membres de mon hongre et sa puissante constitution générale.

— Ah oui ! Ce sont bien là des chevaux de Jim Wyatt ! Jim est le père de Syd.

Et pour Allan, cette cavalière voyageuse qui débarque à l'improviste sur son terrain de camping l'emmène dans ses souvenirs, du temps où il prenait lui aussi un cheval, pour aller dans la montagne. Il commence à me raconter comment il partait quand il était plus jeune. Il semble avoir parcouru une impressionnante partie de cette chaîne de montagnes à cheval.

Nous allons la traverser d'est en ouest mais, lui, à l'écouter, l'a parcourue en son nord, sud, dans tous ses recoins.

Comme c'est la fin de l'après-midi, pourquoi ne pas faire halte ici pour la nuit. Mes chevaux vont bien pouvoir se restaurer dans un herbage clôturé, la Tweed paresser plus tôt que prévu et moi, discuter un peu avec Ruth et Allan.

Le nécessaire pour installer les chevaux dure peu de temps. Cette nuit va leur rappeler leurs nocturnes dans le pays des grandes plaines finissantes d'où ils viennent. Puis je reviens au campement de Ruth et Allan suivie de la Tweed. Tous deux sont installés sur une table à l'extérieur avec un verre où nagent des glaçons. Ils m'en proposent un : en cette fin de journée, ça va me changer de l'eau tiède de ma gourde.

Allan est un petit bonhomme tout rond, habillé d'un vieux pull et d'un pantalon de sport. Le camping dans des coins isolés semble occuper une bonne partie de ses loisirs. Ruth apprécie aussi le calme du cirque boisé qui s'offre à leurs yeux, pour eux seuls en ce milieu de semaine. Elle porte un pantalon de flanelle qui doit être réservé pour les sorties sauvages en dehors de ses habitudes citadines.

Ainsi, le personnage de la montagne, le connaisseur de la faune, paraît être plutôt Allan. Ruth commence à me parler d'un « oiseau bleu » mais se fait interrompre par Allan qui est lancé sur un autre sujet. Discuter avec eux va être un vrai plaisir et un réel enrichissement.

La Tweed s'est installée à l'ombre d'un taillis, là où la fraîcheur est bienfaisante et la vue générale. Elle n'oublie jamais ses fonctions, ma gardienne...

Assez rapidement, je tiens à brancher Allan sur le sujet qui me tient toujours à cœur. Je redescends de la montagne pour la première fois. Je suis chargée d'impressions personnelles mais aussi, je suis encore encombrée par les légendes qui m'ont été racontées sur la faune, particulièrement les grizzlis, et dont je n'ai pas encore pu démêler la réalité de la fiction. Allan est formel :

— Les ours ne vont pas attaquer. Ne crains rien d'eux. Surtout que l'un de tes chevaux a une cloche qui les avertit de votre passage. Dans la montagne, je ne m'en fais pas pour toi. Mais fais attention à tes chevaux. Si eux sentent un ours, ils vont se sauver. Et pour les retrouver, ce sera alors une autre paire de manches ! Les ours, en fait, respecteront les précautions que tu vas prendre quand tu seras dans leur territoire : ranger la cuisine et accrocher aussi haut que possible tes victuailles, ne pas t'installer juste sur un carré de cerises sauvages qu'un ours résident peut considérer comme son terrain privé, ne pas laisser fureter ta chienne aux étapes pour éviter qu'elle ne tombe sur des oursons en balade...

Les territoires où nous nous arrêtons constituent notre domaine personnel sur les quelques mètres carrés que Tweed détermine aux alentours de la tente, près du feu et là où les chevaux se trouvent. Si une ourse est dans nos proches alentours avec ses petits, c'est là que j'entrevois un danger pour notre caravane : Tweed irait sans doute vérifier la nature du violateur de son fief. Mais il est aussi possible qu'elle sente le prédateur en l'ours, évalue ses chances comme minimes et prenne la poudre d'escampette. C'est l'attitude que je souhaite vivement qu'elle ait en cas d'attaque. Sa vélocité lui donne toutes les chances de s'en sortir. De mon côté, je préfère me débrouiller du monstre que de voir mon chien se faire déchiqueter sous mes yeux.

Quant aux chevaux... La seule façon de les retrouver, en cas de fuite provoquée par l'attaque, serait par la cloche que Chicks porte au cou. Mais autant ne pas y penser maintenant. Bon, et puis j'ai la foi... Je ferme le chapitre pour le moment parce que je sais que si on approfondit la discussion avec Allan sur ce sujet, je ne vais pas éprouver plus longtemps le bien-être de ses paroles rassurantes. Il suffirait que j'évoque l'anecdote qui est arrivée au vétérinaire de High River dans les montagnes, quand il s'y promenait à pied avec son frère, pour qu'on reconnaisse, tous de concert, qu'il n'y a jamais de vraie sécurité au pays des ours grizzlis.

Allan est malgré tout un personnage qui a l'expérience vécue de la situation dans laquelle je suis. Je vais le relancer au cours de la soirée, sur les mœurs de ces monstres fantômes mais je vais attendre pour cela que mon affolement intérieur soit calmé.

Mes amis de ce soir m'offrent un autre verre ; le soleil commence à décliner vers le couchant. Je n'ai pas à m'inquiéter du confort des chevaux ce soir. Tout va bien.

— Tu connais l'origine du nœud que nous utilisons sur le bât ? reprend Allan.

— Le nœud en as de carreau ?

— Celui que tu utilises pour ton bât, confirme-t-il.

Il n'a pas dû avoir le temps de bien regarder mon bât. Sur l'arçon, il y a deux crochets de chaque côté sur lesquels j'accroche les sacoches. Et je n'ai pas besoin de bâche pour recouvrir le tout. Ce qui revient à dire que je dois chaque soir improviser pour ranger le matériel dans un coin où il ne va pas craindre la pluie. Avec une bâche, je n'aurais eu qu'à glisser le tout dessous. Mais ce diable de nœud en as de carreau, je n'ai jamais pu m'y faire. Je lui explique le type de mon bât et son principe. Lui suit son idée et continue :

— Le nœud en as de carreau, utilisé par les cavaliers qui font des longs parcours, vient d'une coutume marine apportée par les pionniers espagnols. C'était le nœud utilisé pour faire tenir les hamacs sur le bastingage des grands voiliers. Tu vois, les Espagnols avaient apporté les premiers chevaux sur le continent et aussi quelques techniques qui allaient s'adapter aux nécessités du Nouveau Monde.

Ils m'ont invitée à dîner parce que la conversation n'arrivait pas à prendre fin. Et je suis bien contente de pouvoir parler ce soir avec des congénères. La solitude des grands espaces n'est pas idéale pour les échanges verbaux. Surtout quand on a tellement à apprendre de ses semblables qui vivent dans un lieu qu'on ne connaît pas et où on est impliqué. En fait, je continue d'apprendre avec eux un instinct de survie adapté aux montagnes.

Le vieil Allan suit toujours son idée :

— Les premiers chevaux sont arrivés avec les navigateurs espagnols. C'était un croisement mi-lourd mi-arabe.

— Et les Indiens : de quelle façon se déplaçaient-ils quand il n'y avait pas de chevaux sur le continent, quand ils allaient de leurs établissements d'hiver à leurs territoires d'été ?

— Ils voyageaient à pied. Ils déménageaient avec leur famille. Les squaws travaillaient à organiser le camp pendant que les hommes étaient à la chasse. Avec la demande de fourrure, elles séchaient aussi les peaux que leur rapportaient les hommes et elles les tannaient.

— Et comment vivent-ils maintenant, les Indiens, dans cette partie du Canada ?

Cette fois, c'est Ruth qui prend la parole :

— Ils sont en train de se battre pour avoir à nouveau quelques droits sur leurs terres originelles depuis que le pétrole est exploité.

— Et comment s'y prennent-ils ?

— Un ministère des Affaires indiennes et du Nord a été créé. Le ministre qui est en ce moment en poste comprend bien les Indiens. Il est métis lui-même. Depuis qu'il est à ce ministère, de nombreux décrets ont été promulgués en faveur de la cause indienne.

Au milieu de la soirée, le débat des ours est remis sur la table. Allan écoute bien les faits que je lui expose. Puis il se remet à parler du monde des animaux de la montagne.

— Tu ne crains pas vraiment grand-chose avec tes chevaux.

Mais là, j'ai l'anecdote de Roger, le rancher retraité de High River, à apporter. Et Roger, la montagne : il connaît aussi, il l'a pratiquée pendant toute son activité professionnelle et il continue encore, pour ses loisirs. Lui aussi m'a dit qu'il n'y avait pas de danger à tous les croisements de chemin. Le grizzli, que lui et ses compagnons avaient regardé semer la panique parmi leurs chevaux ce soir-là, s'amusait d'eux, semblait rire de leur frayeur. Pourtant, on dit communément que la faune évite soigneusement l'homme quand elle le peut. Et cet animal-ci avait aimé provoquer.

Alors, où est la vérité ? Il n'y en a pas. Le grizzli est le maître dans son territoire. Les études qui ont été faites à son sujet déterminent en quelles circonstances des victimes humaines ont été tuées par des ours. Il n'y est répertorié, entre autre, aucune attaque d'ours vis-à-vis d'un homme accompagné d'un cheval. L'odeur du quadrupède contribue à masquer celle de l'humain. Sa taille plus celle du cavalier au-dessus incite le plantigrade à observer peut-être un certain respect...

Pendant deux jours, je vais suivre la vallée sur la route de graviers. Et mon camp de ce soir est éclairé sporadiquement par les lumières des véhicules en tout genre. Je me suis éloignée de cette circulation pour établir notre campement de ce soir. Les chevaux, Tweed et moi marchons à travers un large espace d'herbe qui se soulève par plaques irrégulières, comme un terrain marécageux. Je vais essayer de trouver un coin pour la nuit à la lisière de la forêt, là, en face de nous. Nous passons un ruisselet ; la route est toujours en vue. Et nous obliquons vers le nord en suivant le petit cours d'eau. Devant, il y a un recoin avec une herbe qui semble un peu meilleure pour les chevaux. Je les attache, desselle, débâte et les installe à brouter. Entraves pour le hongre et entravon relié à un arbre par le lasso pour la jument.

Tout près de l'endroit où j'ai entreposé le matériel, le ruisseau fait un méandre. Je monte la tente. De la route, on ne peut nous apercevoir.

Môssieur Boots ne trouve pas la pâture à son goût. Il se dresse sur ses postérieurs, tricote un peu de ses antérieurs liés avant de se poser à terre et de recommencer l'opération. Maintenant, il s'est habitué à ses entraves. Et ce terrain plat est idéal pour son mode de déplacement.

Occupée à organiser le camp, je ne me suis pas aperçue qu'il avait déjà passé le ruisseau dans l'autre sens. C'est la jument qui me prévient. Je vais le chercher, lui enlève les entraves et le ramène vers le camp.

En changeant la jument d'arbre, je regarde le creux de son

paturon gauche. Celui qu'elle a abîmé le premier soir dans les montagnes en se défendant contre la corde. Malgré la force qu'elle avait employée à se débattre, la blessure n'est pas profonde. Elle a d'abord enflé et maintenant laisse place à une cicatrice très fine sur laquelle je mets une crème grasse tous les jours. La peau à cet endroit du pied est extrêmement fine et constamment en mouvement. Difficile à cicatriser. Je lui enlève toute formation de croûte au fur et à mesure de son apparition. Cela pourrait la blesser au-delà de la coupure. Elle n'a jamais accusé de signe de faiblesse sur cette jambe. La prise de longe est donc superficielle. Nous avons de la chance.

Tweed monte la garde à côté de la tente. Elle regarde Boots qui broute au loin, toujours impatient de trouver une meilleure herbe. Elle surveille aussi la route où les quelques véhicules qui passent ne nous permettent pas de nous croire en pleine montagne malgré l'endroit où nous sommes ce soir et qui ne porte aucun signe de civilisation.

J'ai allumé un feu : entre la boucle faite par le ruisseau et la tente. Là où il n'y a pas de vent qui risque de nous envoyer des flammèches sur le matériel. Où que l'on veuille s'installer pour la nuit, la forêt offre toujours tous les types de bois nécessaires. Ainsi j'ai presque à portée de main du bois sec et mort qui va être excellent pour démarrer le feu et un peu au-delà, je coupe avec la machette des branches qui vont constituer un foyer durable pour la soirée. Si la branche est épaisse, il suffit d'utiliser une tactique toute simple : travailler sur un poignet toujours souple et tailler le bois d'un côté et de l'autre en biseau jusqu'à ce qu'il cède.

Tiens, il semble qu'on ait de la visite ! Un truck s'est arrêté sur la route de graviers presque à la hauteur de notre campement caché. Le conducteur sort et regarde par terre. Comme s'il cherchait notre trace. Puis il s'avance, les yeux toujours rivés au sol dans notre direction. Tweed le fixe. A une centaine de mètres, je me rends compte qu'il s'agit d'un ranger.

Je me redresse et reste près du feu pour l'accueillir ; d'où il est maintenant, il devrait m'apercevoir s'il cherche à localiser le camp.

— Bonjour !
— Hello !

Tiens, c'est celui que j'ai entr'aperçu il y a quelques nuits quand nous nous étions retrouvés avec les chevaux sur la route avec un lasso et tout le matériel à une douzaine de kilomètres dans la montagne.

— Comment ça va ? me lance le gars.
— Bien. Tu vois : on suit la vallée jusqu'au Dutch Creek puisqu'on n'a pas été capables de trouver le chemin par l'autre sentier. J'en ai pour deux jours d'avancée tranquille avec ces bas-côtés qui s'étalent comme des champs.
— Tu connais le chemin qui mène en Colombie britannique en passant par le col ?
— De quelle station es-tu d'abord ?
— De celle qui est au nord.

Il y a deux stations de rangers sur cette route de graviers touristique ; elle est aussi très utilisée par les locaux. Celle du nord s'occupe surtout du trafic qui débouche ici pour se rendre sur l'axe bitumé qui va à Banff. Celle du sud semble avoir un rôle plus local. C'est peut-être là que j'arriverai à trouver les renseignements qui me manquent à propos de ce chemin.

Je l'interroge sur le rôle des rangers de nos jours.

— Moi, je pensais vous rencontrer à cheval sur mon chemin. Vous vous servez encore de chevaux ?
— Oui, quand il y a des recherches à faire dans la montagne où l'on ne peut arriver par d'autres moyens. Mais aujourd'hui, on utilise plutôt l'hélicoptère pour retrouver quelqu'un.
— Mais votre job, c'est partir à la recherche de gens perdus dans la montagne... et quoi d'autre ?
— Un peu tout ce qui se passe ici, en fait, ou peut se passer.

En réalité, maintenant nous avons plus un rôle de gardiens que de sauveteurs. Tous les jours, nous regardons qui est arrivé dans les campements établis le long de cette route, nous vérifions si leur place a été payée, si ils ne sont pas en train d'allumer un feu en dehors de l'espace qui est attribué pour cela. Les feux dans la montagne posent un sacré problème. L'année dernière, tu as entendu parler des incendies qui ont ravagé la forêt où tu vas te rendre. D'ailleurs, le premier versant de Colombie britannique est entièrement calciné. Tout y est mort maintenant.

— Votre rôle a beaucoup changé depuis une vingtaine d'années, non ? J'imaginais les rangers comme des gens de chevaux et de montagne, vous êtes toujours des gens de chevaux mais en fait, vous avez perdu le sens de la montagne. Je me trompe ?

— Non, tu es dans le vrai. La formation que nous recevons maintenant n'inclut pas cette partie qui était autrefois essentielle si l'on voulait devenir ranger. Nous n'avons plus besoin de connaître notre périmètre par tous ses recoins sauvages. Ce qu'on nous demande c'est de vérifier le feu des campeurs. Ce qui a perdu beaucoup d'intérêt.

— Alors, toi, qui te rends compte de tout cela, quel était ton intérêt à devenir ranger ?

— Rester dans le coin. Je suis né dans les montagnes et je n'imagine pas meilleur endroit au monde où j'aurais envie de vivre. Alors je m'en contente.

Tout en discutant, j'ai rechargé le feu de branches lourdes et de bois mort. Le foyer est beau. J'ai attaché Chicks et Boots et Tweed est assoupie près de moi. Je lui enlève les brindilles et autres broussailles qu'elle a mises dans son long poil pendant la journée. Quand nous bougeons comme cela tous les jours, je n'ai pas le temps de la brosser comme j'aimerais le faire. Je tente de lui conserver une robe à peu près soignée en passant mes doigts tous les jours aux endroits où cela risque de la gêner à force. Sous les épaules, sur le ventre, derrière les oreilles. Et je me dis que lorsque nous retournerons à la civilisation pour de bon, elle appréciera bien un bon toilettage de professionnel dans un salon pour bestioles de luxe.

Deuxième jour de la route de graviers. Le ranger m'a encore conseillé de me signaler au bureau que je devrais prochainement rencontrer avant de m'engager dans les montagnes. Ce peut être aussi l'occasion de demander quelle est l'aspect de la montagne côté Colombie britannique. Ma carte s'arrête à la bordure des deux provinces et je vais devoir avancer après le col dans une espèce de no man's land.

Bien que la vallée soit large et que je puisse apprécier de loin le dégagement de la voie sur laquelle je suis, j'ai attaché ma caravane en un tout homogène. Boots est relié à Chicks, ainsi que Tweed qui trottine à côté des chevaux. De mon poste en hauteur, je tire les ficelles en cas de nécessité.

Nous avançons toujours sur la route et ses bas-côtés. Il nous reste une bonne demi-journée avant de prendre le virage qui nous emmène dans les montagnes. Comme les chevaux ont eu des temps de repos imprévus, nous pouvons nous permettre de faire la journée continue. Quant à Tweed, elle a une endurance qui tous les jours m'étonne. Et de mon côté, la musculature s'est enfin refaite et j'ai une résistance à peu près égale à celle des chevaux. De loin, c'est la Tweed qui bat tout le monde, sur toute la ligne. Et puis, elle a l'air tellement heureuse ! Tout semble lui convenir, du moment qu'on est dans le coin, que les chevaux sont à leur place, que je lui parle tous les soirs comme à un unique interlocuteur. Le matin, elle se réveille sans paresse, prête à redémarrer une autre journée sous d'autres cieux, d'autres terrains, qu'importe, du moment que le pacte premier est respecté : qu'on reste ensemble.

La route de graviers est bordée par des terrains plats qui

s'étendent sur des kilomètres. Quelquefois, elle se referme sur une forêt plus dense et la route est bordée d'arbres bien droits, d'une centaine d'années. Le bûcheronnage s'effectue en parcelles dans cette partie de la province. On coupe des arbres sur un espace bien délimité, ce qui laisse, de loin, des traces curieuses et l'impression que la forêt est chauve par plaques. Après chaque fin de chantier, le gouvernement replante des jeunes conifères élevés en serre et les champs de coupe se déplacent.

Nous sommes en milieu de semaine et sur la route de graviers il n'y a pas beaucoup de circulation. Des travaux sont en cours par endroits, pour élargir certaines parties avant la période des jeux Olympiques de 1988. Les trucks qui passent sont ceux de la Husky Oil Company, une firme privée, propriétaire de terrains pétrolifères.

D'après ce que m'avait dit le vieil Allan, je devrais voir sous peu une montagne, sur cette route, qui appartient en titre à ladite compagnie. Et du haut de celle-ci, découvrir une vue fabuleuse sur tout le cirque des montagnes.

Un truck s'arrête à côté de nous. Je le reconnais, c'est le même type qui m'avait saluée plus tôt ce matin, alors qu'il allait dans l'autre sens. Je suis alors occupée à arranger la boucle de la ceinture de sécurité sur le cheval de bât. Cette sangle relie les deux sacoches l'une à l'autre une fois posées sur le dos du cheval. Ainsi nous pouvons passer à une allure plus soutenue, de temps à autre, sans que les énormes sacs heurtent les flancs de Chicks.

Le conducteur du truck se présente en descendant de son véhicule. Il s'appelle Ross. Il surveille un des établissements de la compagnie de pétrole. Apparemment, ce sont les chevaux qui l'ont fait s'arrêter devant ma caravane :

— Je vais faire venir les miens ici dès que je le peux. C'est un pays merveilleux pour le cheval. Et puis, ici, il n'y a rien à faire en dehors du travail.

Ross habite dans un campement aménagé pour l'année. Il insiste pour consolider ma couture avec un rivet.

— Comme cela tu n'auras pas à la refaire une autre fois.

Puis très gentiment, il m'invite au camp où lui et quelques employés de la compagnie habitent.

— Il y a tout le confort ; tu pourras prendre une douche et dormir au chaud pour une fois.

Cela dit sans malice. Même s'il y a sous les mots, le respect intéressé qu'on porte naturellement à un individu du sexe opposé.

A ce propos, Bob a d'ailleurs pris certains devants. Cela m'était apparu à ce moment comme une précaution un peu naïve. Mais il connaissait mieux que moi la mentalité du mâle canadien en me passant cet anneau autour du doigt. Comme c'est un cadeau de lui, je vais le porter partout, en prenant bien garde de ne jamais le perdre. Ce qui me demande une attention assez soutenue parce que, en voyage, le corps est soumis à différentes pressions atmosphériques, surtout dans les montagnes : les mains gonflent ou dégonflent sans qu'on puisse faire autre chose que de les passer sous l'eau fraîche quand on rencontre un ruisseau.

Ross a remarqué mon anneau comme tout le monde, depuis que je suis dans les montagnes : une fille qui s'engage dans les Rocheuses en solitaire, on la regarde un peu sous toutes les coutures. Chez ces hommes qui vivent une vie rude, qui sont quelquefois séparés de leur femme ou de leur petite amie pendant plusieurs semaines à cause de l'isolement dans lequel les place leur métier, il y a un divin respect de la femme. Je ne serai jamais embarrassée par l'un d'entre eux. Ils ne connaissent pas Bob et n'ont pas à lui témoigner personnellement du respect mais ils savent qu'il existe et cela suffit.

Je leur dis comment il s'appelle, où il habite et ce qu'il fait : il construit notre maison de rondins au bord d'un lac solitaire habité par un couple de canards plongeurs au cri humain, en pleine forêt du Nord et à 40 kilomètres du premier village. Alors, en général, ils posent une ultime question et le débat est clos.

— Comment peut-il te laisser partir, comme ça, toute seule en plein territoire sauvage ?

— Il ne peut pas me retenir. J'ai quelque chose à finir, à vivre, et il faut que je le fasse.

C'est le début de l'après-midi et nous marchons toujours. Ciel voilé de nuages et brise fraîche, chevaux allants et Tweed trottinante. Nous traversons une vallée élargie. Des espaces plats et verts s'étendent autour de nous, prairies insolites dans un décor de montagne où les vaches laissées par les ranchers il y a un mois descendent pour pâturer. L'herbe y serait excellente pour les chevaux. Nous marchons dessus, à quelques centaines de mètres de la route de graviers. Quand un truck de fermier, rouge, ralentit en nous voyant. Il me semble reconnaître celui du cow-boy dont on m'a parlé et qui est le gardien des différents troupeaux aux estives pour l'été. Le véhicule s'est arrêté à notre hauteur. Je décide d'aller à sa rencontre pour savoir ce qu'il veut.

A l'intérieur de la cabine, je distingue de loin quelques têtes coiffées de chapeaux de cow-boy.

— Hello, qu'est-ce que vous faites là ?

— Vous voyez : je me promène avec mes chevaux.

— Vous venez de loin ?

— Avec ces chevaux-là, j'ai commencé au sud de Calgary. Mais je voyage à travers le pays depuis trois ans. Les montagnes sont la dernière partie de mon périple.

— Si vous voulez vous arrêter quelque temps, nous avons une cabine un peu plus loin. Vous trouverez l'endroit facilement sur votre route. Cela nous ferait plaisir de discuter avec vous et vous pourriez prendre un peu de repos.

— OK. Peut-être à tout à l'heure alors !

Et avant qu'ils ne s'éloignent :
— Au fait, savez-vous où se trouve la prochaine station de rangers ?
— C'est à 3 kilomètres de chez nous.

Mac et Renie

Pendant cet entracte, les chevaux se sont mis à brouter : ils n'ont pas pu savoir de quoi il retournait. Et pourtant, ils vont s'arrêter d'eux-mêmes devant la porte du champ où se trouve la cabine de la propriété de Mac et Renie. J'ai dû leur transmettre le message inconsciemment.

J'ouvre la porte qui donne sur la grande pâture clôturée. De l'autre côté, il y a un chemin bien marqué. Celui-ci serpente autour d'un taillis et prend alors une direction imprévue, plein ouest. J'appelle Tweed pour qu'elle reste près de moi. Après tout, de la route je n'ai aperçu aucune bâtisse et je peux tout aussi bien être dans un champ privé où des animaux siestent en quelque endroit ombragé. Puis soudain, face à moi, une longue caravane blanche me barre la vue. A côté, un petit entrepôt fait en rondins et plus loin, sur les hauteurs de la colline, une cabane de bois de belle taille.

Il faut ouvrir une autre porte et personne ne se montre. J'ai dû me tromper. Je fais passer mon équipe animale de l'autre côté et referme derrière nous la barrière faite de grosses planches. A ce moment, apparaît un jeune garçon d'une dizaine d'années qui se présente tout de suite comme s'il m'avait déjà vue :

— Hello ! Je suis Justin.

Mac sort à son tour de la caravane blanche.

— Ce sont mes chevaux qui ont trouvé l'endroit. De la

route, on ne voit absolument rien. Sinon que les terres doivent être privées puisqu'elles sont clôturées.

— C'est un achat judicieux de mon grand-père. Tu veux mettre tes chevaux dans le corral ?

— Sûr. Je vais les décharger un peu et les attacher. Ils vont faire la sieste et j'irai leur donner à boire un peu plus tard.

— J'ai fait sortir les miens dans le pré. Comme cela, ils ne les gêneront pas.

Il m'amène un seau d'eau pendant que j'allège les chevaux.

— Merci.

Je le place sur le côté. Légendaire, l'hospitalité chez les cow-boys ? Et bien réelle.

— Tu veux déjeuner avec nous ? On vient juste de mettre les casseroles sur le feu.

— Non, merci. Je viens juste de manger des bananes sèches et des cacahuètes.

Chacun se sert dans les réchauds à l'intérieur de la caravane et sort à l'extérieur avec une assiette pleine pour manger sur l'herbe. Mais il y a plein de monde chez ces gens. Je reviens du corral quand soudain je me souviens que ma chemise a rendu l'âme et que je n'ai plus qu'un bouton sur le devant. De plus, c'est — ce fut — une chemise chic et les boutons qui ferment le dos sont eux aussi réduits au nombre de deux ou trois. Je ne vais pas m'arrêter maintenant : retourner à mes chevaux, les resseller, repartir... J'hésite une seconde. Je ne me sens vraiment pas confortable face à tant de monde mais je continue. Ils sont tous là à me regarder en plus.

De la main gauche, je tiens les pans de mon habit presque entrouvert pour serrer celle de tout le monde de ma main droite.

— Bonjour. Je suis Dominique.

Quand on arrive dans un groupe au Canada, on ne dit pas bonjour à la cantonade, même si on ne connaît personne. On s'adresse à chacun qui vous dit son nom en vous serrant la main.

J'essaie de m'asseoir le moins à la vue possible. Renie m'invite à me servir à manger. Ce qu'elle a préparé sent tellement bon que je ne résiste pas. A l'intérieur de la caravane blanche, il y a encore d'autres gens. On me présente à nouveau et je dois serrer d'autres mains, une des miennes agrippée à ma chemise en loques.

Sur la gauche, la pièce s'étend tout en longueur. Renie me tend une assiette. Ma situation se complique : tenir une assiette et se servir d'une seule main, l'autre étant agrippée à ma chemise en loques, cela relève de la dextérité. Je me débrouille tant bien que mal. Puis je m'assois sur le canapé bien profond. Et je m'aperçois qu'en plus, je suis d'une saleté qu'on ne peut s'empêcher de remarquer quand on prend une douche tous les jours. Et ça, je ne peux le cacher que par mon assiette sur mes genoux. Je n'ose pas enlever mes chaps où la poussière des chemins, l'huile que je mets de temps à autre sur les pieds de mes chevaux, la crème dont j'enduis le paturon de Chicks deux fois par jour, se sont incrustées à même la peau. Le pantalon en dessous est aussi déchiré sur un des genoux.

Il me semble que les amis de mes hôtes me regardent un peu de côté, ce qui ajoute à mon malaise. Puis la surprise passée, ils vont reprendre leur conversation interrompue par mon arrivée et je vais me sentir respirer plus librement. Je me mets même à participer à la discussion. Et celle-ci dure. Si bien que lorsque je pense qu'il est temps de repartir il est déjà cinq heures. Mac et Renie me proposent de rester :

— Il y a la cabane du fond où tu peux dormir.

Ce soir, ils repartent dans leur ranch, à 40 miles d'ici. Ils m'expliquent qu'ils viennent à la cabine une fois par semaine apporter des provisions de la ville à leur cow-boy et à leur fils Justin, qui apprend le métier. Enfin nous avons discuté un peu de ma route et Mac me propose de m'emmener chez les rangers.

— La station est à un mile après le chemin que tu vas

prendre pour monter dans la montagne. Si tu as le renseignement maintenant, tu n'auras pas besoin d'aller jusque-là.

Après avoir débarrassé les chevaux de leur matériel, nous grimpons à bord de son truck : la Tweed a sauté dans le fourgon, selon la méthode des chiens de cow-boy.

— Depuis quand vous avez cette cabane ?

— C'est mon grand-père qui a acheté les terres en 1930. Il y mettait alors deux mille six cents têtes de bétail chaque été et les bêtes pâturaient de mai à octobre. Maintenant, je ne peux plus y mettre que six cents veaux et la saison des estives ne dure pas aussi longtemps. Il y a une cinquantaine d'années, un grand incendie a changé la composition chimique du sol et, depuis, des arbres ont repoussé en très grand nombre sur ce qui était avant des pâtures. A la ferme, nous avons un troupeau de bisons. Nous en faisons l'élevage pour la viande. Le tourisme en fait une grande consommation tous les ans.

— J'ai remarqué que la forêt, par endroits, semble s'éplucher par plaques.

— C'est à cause de l'exploitation des gaz naturels. La pollution dégagée par les machines et le fait d'extraire la matière première.

— Pour revenir à la cabane, on dirait que c'est la seule partie de la région qui soit privée. Je n'ai jamais vu de clôture depuis que j'ai emprunté cette route.

— C'est la seule propriété privée de cette partie sud de l'Alberta.

Ce disant, il a un plissement heureux au niveau du front qui trahit une certaine admiration pour le grand-père à l'origine de cette heureuse transaction.

Nous arrivons à la station des rangers. Apparemment, celle-ci n'est pas équipée pour les études atmosphériques comme l'était celle du nord de la route de graviers qui comprenait une éolienne pour mesurer la vitesse du vent, un baromètre et juste à côté, une petite maison-cage, pour attirer les oiseaux bleus : ceux qui, d'après Ruth, ne s'oublient pas quand on les voit une fois dans sa vie.

Nous entrons à l'intérieur. C'est un bureau tout simple avec des prospectus touristiques sur un coin de table et un téléphone accroché au mur.

— Je vais partir demain pour prendre le chemin des montagnes. J'ai besoin de renseignements sur le parcours parce que ma carte est un peu imprécise.

Il semble ennuyé de ne pouvoir me répondre.

— Je ne le connais pas. Nous n'avons pas à y aller. Mais vous pourriez demander au cow-boy qui garde les vaches des autres ranchers. Je vais faire des recherches mais je ne pense pas pouvoir vous apporter la réponse ce soir. Peut-être demain, dans l'après-midi. Ça vous irait ?

— Pas de problème, lui dit Mac. Vous savez où nous sommes.

Sur la route du retour, nous sommes arrêtés par un imposant troupeau de vaches, à la tête duquel on aperçoit trois cow-boys. L'un d'eux vient à notre rencontre pour nous aider à nous frayer un passage parmi les bêtes. J'espère que la Tweed ne va pas prendre ombrage de cette situation inattendue. Mac salue le cavalier qui lui lance un hello amical. Son cheval est tout excité par les vaches qui passent en désordre mais il se réfrène pourtant pendant que son maître nous dit deux mots.

A la suite du cheval au pas nous passons au travers du troupeau. Les veaux s'écartent de la carrosserie dans le calme. Puis, quand nous sommes à l'avant, Mac demande au cow-boy si celui-ci peut me donner des précisions sur le chemin que je cherche.

— J'y vais demain, justement. Pour vérifier toutes les barrières à la frontière. Je peux l'emmener.

En parlant, nous continuons à avancer.

— Bon, à demain alors ! Je passerai dans la matinée. A neuf heures, lance-t-il avant de tourner bride vers son troupeau.

A l'arrière de la camionnette, Tweed a le nez au vent. Heureuse, elle scrute le paysage, son nez noir frémissant.

De retour à la station au milieu des terres gouvernementales, Mac me montre la cabane de rondins où je vais rester ce soir.

— C'est là que nous dormons quand nous restons quelque temps ici, pendant la période des estives.

Nous pénétrons à l'intérieur de la petite maison de bois au plafond bas ; la lumière du jour ne pénètre que par une fenêtre aux dimensions réduites. Devant celle-ci, il y a un pot de fleurs séchées et à côté, un autre récipient en verre avec des morceaux de papier pliés en quatre.

— Ça, c'est le pot à mots, me dit Mac. Cette cabane sert plus aux gens de passage qu'à nous en réalité. L'hiver, on laisse toujours une provision de bois près de la cuisinière qui fait aussi office de poêle, pour ceux qui sont dehors et qui ont besoin d'une nuit de sommeil au sec.

C'est l'hospitalité des montagnes. Une règle que tout le monde a toujours respectée mais qui tend malheureusement à se perdre.

— L'année dernière, des types sont passés et m'ont embarqué toute la vaisselle. Jusqu'alors, je laissais aussi toujours quelque chose pour se requinquer en cas de besoin : boîtes de conserve, etc. Il y avait de quoi rester dans la cabane pendant plusieurs jours en plein hiver pour celui qui avait besoin de se réchauffer et de se reposer. Mais à cause de cette espèce de vague de banditisme, je ne laisse plus que la porte ouverte maintenant. Pour le reste, ils se débrouillent.

La cuisinière-chaudière en question est de toute beauté. Une antiquité en chrome et en émail blanc avec un bac à eau sur le côté : chauffage et eau chaude en même temps. C'est presque le luxe.

— Cette pièce de collection appartenait à mes grand-parents.

Avant le départ de Mac et Renie, nous avons eu le temps de discuter encore de chemins sauvages. Et je sais qu'un de leurs projets est de prendre quelques semaines pour rejoindre leur autre ranch, en Colombie britannique, où habitent les parents de Renie.

— Un endroit merveilleux, en pleine montagne. Nous partons pour des jours et des jours, avec des clients quelquefois, en bivouac. Le père de Renie est un vieux cow-boy qui a toujours vécu dans les Rocheuses.

En discutant de ce repaire familial, Mac, à qui je racontais l'histoire de l'aventure de la première nuit dans les montagnes, m'avait rétorqué :

— Lloyd, mon beau-père, n'emmènerait jamais une jument en expédition. Il dit qu'elles cherchent toujours à retourner dans leur pâture sédentaire.

Le lendemain matin, à neuf heures sonnantes, j'entends le vrombissement d'un moteur. C'est Mike, le cow-boy, qui vient d'ouvrir la barrière pour y engager sa camionnette. A l'arrière de celle-ci, il y a un de ces engins à quatre roues qui ressemble à une moto avec tous les avantages de la stabilité.

— Qu'est-ce que tu vas faire avec ça ?
— C'est pour aller dans les montagnes quand j'ai à vérifier toutes les barrières. A cheval, cela me prendrait trop de temps.

Bon : il est hors de question de le suivre à cheval alors.

Son chien est à l'arrière du truck. La Tweed va devoir rester ici à m'attendre. Je vais la mettre dans la maison de bois où j'ai tout le matériel. Ainsi, elle saura que je ne suis pas partie, du moins, que je vais revenir. Je l'installe avec une cuvette d'eau fraîche et une assiette de croquettes tout en sachant bien qu'elle n'y touchera pas avant mon retour.

Et nous nous engageons sur la route à bord de la camionnette. A la hauteur de la rivière Dutch, nous tournons à l'ouest, en direction de la chaîne de montagnes. Pendant une dizaine de kilomètres, nous allons rouler sur le chemin carrossable puis, juste avant une grille à bétail, Mike gare son véhicule en l'adossant à un talus.

— Nous sommes à la fin de la route praticable pour les automobiles, explique-t-il.

Il décharge l'arrière de sa moto à quatre roues, la met en marche d'un coup de démarreur automatique et nous voilà partis sur le chemin délabré, caillouteux et percé d'ornières.

Il m'explique :

— J'enferme mon chien dans la cabine du truck quand je ne suis pas à cheval parce que ce serait trop fatigant pour lui : il essaierait de me suivre et il y a trop de kilomètres à parcourir si on veut revenir en fin de matinée.

— Mais, au juste, tu vas faire quoi ? Tu vas seulement vérifier les barrières ?

— Je dois contrôler les clôtures et regarder comment se comporte le bétail.

Mike m'avait prévenue qu'on risquait de rencontrer des températures très fraîches malgré le soleil radieux et l'absence totale de vent dans la vallée. Et je vais me réjouir de m'être mis sur le corps ce que j'avais prévu de plus chaud dans ma garde-robe ambulante : un gros pull à col roulé et une veste imperméable et coupe-vent qui avait déjà fait ses preuves dans l'humidité écossaise.

Sur le chemin, Mike va arrêter plusieurs fois sa curieuse moto pour bien voir tout le troupeau disséminé en plusieurs groupes.

— Tu les repères par l'état du terrain qu'ils laissent derrière eux, me crie-t-il par-dessus son épaule, dans le vent et le vrombissement que fait la bécane. Là : tu vois ?

27 – L'Afghane parisienne démontre des talents de gardienne inattendus...

28 – Les chevaux se sont vite habitués à l'étrange silhouette de ma chienne. Mais pour certains chiens de l'Ouest, elle restera un mystère : ils furent nombreux à prendre la fuite en l'apercevant.

29 – La forêt, sur le passage de l'Alberta en Colombie Britannique vient d'être coupée. Les larges traces des « skidders », énormes machines qui tractent les grumes, me permettent d'avancer à travers ce terrain en friche qui va être bientôt replanté.

30 – Avec Tweed et les chevaux, j'ai une compagnie idéale et me sens aussi protégée contre les risques majeurs.

31 – Au nord de la bourgade d'Elkford, en Colombie Britannique, créée il y a dix ans, depuis l'exploitation des mines de charbon, quelques ours bruns et grizzlis ont découvert un garde-manger bien garni : la décharge publique.

32 – Warren et Haydn ont décidé de me guider à travers le passage du Ruisseau Brûlé.

33 – La route de la vallée Perdue. Les quatre-vingts tonnes qui transportent les rondins vers les villes y roulent vite ; afin d'éviter les surprises de dernière minute, j'ai attaché tout le monde.

34 – Petites oreilles qui se dressent subitement face à moi : le veau orignal nous a entendus mais ne peut nous localiser par ses sens olfactifs. Le vent est en notre faveur, chance inespérée : sa mère ne se serait pas fait prier pour nous anéantir.
La femelle orignale suitée est redoutable. Elle protégera la fuite de son petit en poursuivant, jusqu'à le réduire à l'impuissance, l'objet qui le menace.

35 – Chemin vers le parc du Toit du Monde. Les Rocheuses changent au fur et à mesure que je progresse vers l'ouest : sommets, vallées sont de moins en moins pénétrables. L'impression d'isolement s'intensifie.

36 – J'apprécie de mieux en mieux la solitude.

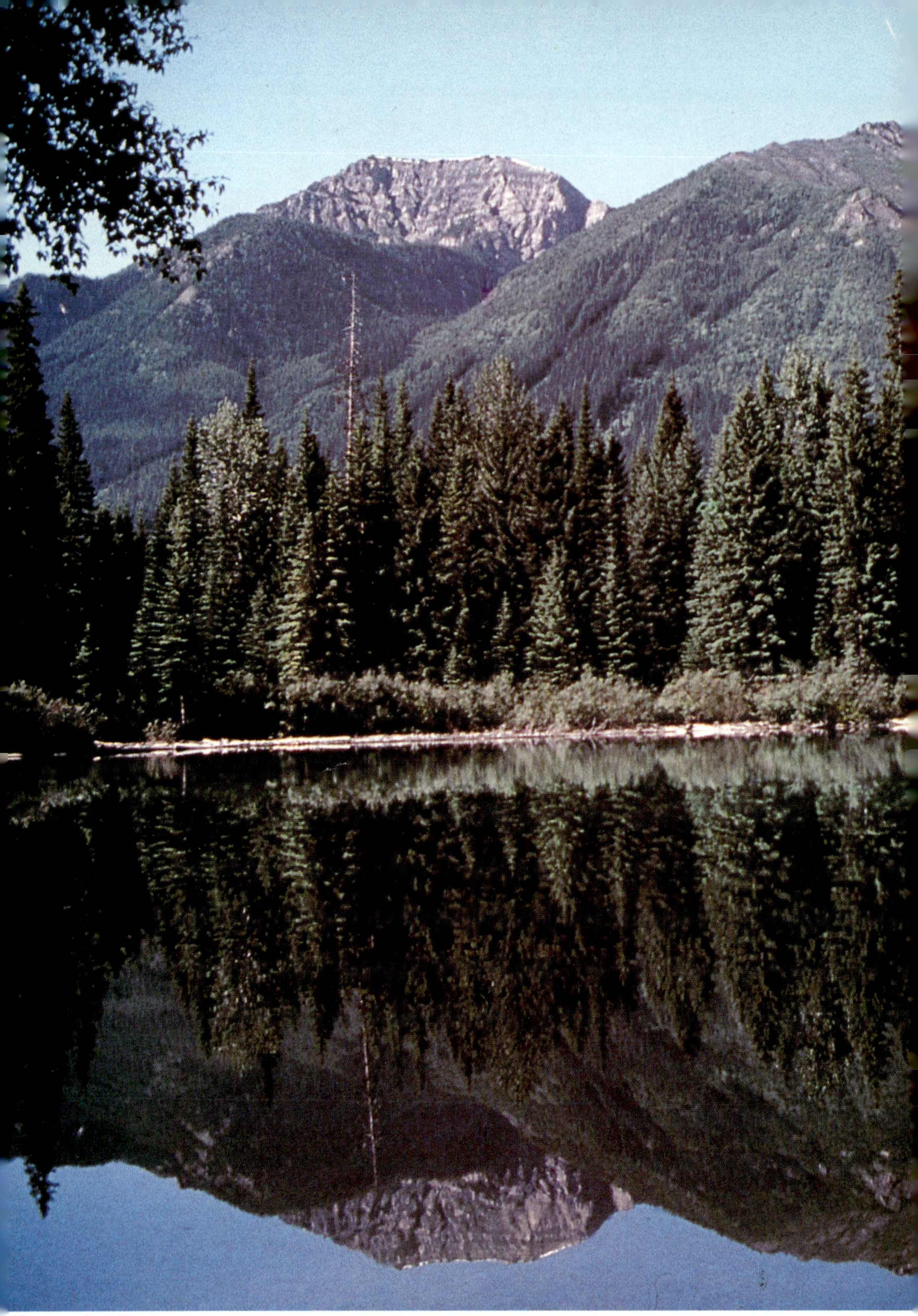

37 – Des paysages majestueux, immortels...

38 – Le ranch du « Toit du Monde » en Colombie Britannique, près de Kimberley...

39 – ...emmène des cavaliers néophytes ou confirmés dans des paysages où chacun a l'impression d'être un « découvreur ».

40 – Silhouettes de la fin d'un voyage à travers un territoire vivant, incommensurable, où l'homme se resitue à une échelle plus humble, plus humaine.

Il me pointe du doigt un endroit complètement rasé qui se profile dans la forêt. Nous suivons les chemins faits par les animaux en liberté. Ils ne sont pas loin. Eparpillés sur un périmètre restreint, ils paissent.

— Je veux en surveiller une principalement, me dit-il. Elle s'est blessée au cours de la transhumance mais depuis, cela va beaucoup mieux.

Le chemin est si mauvais que je suis obligée de descendre quand Mike entreprend de faire passer à sa moto tout-terrain un monticule de terre impressionnant qui barre la piste.

Nous avons gagné beaucoup d'altitude depuis le dernier troupeau de vachettes que nous avons rencontré. Cette fois, nous allons passer le col à partir duquel Mike me désignera, de loin, la direction à prendre le lendemain.

— Tu vois cet autre versant : c'est la Colombie britannique. On va aller jusqu'à la frontière pour regarder si la porte est restée ouverte. L'autre jour, il y avait des gens qui se baladaient en moto-cross et qui voulaient emprunter le chemin du col pour aller dans l'autre province. J'ai préféré laisser ouvert pour qu'ils ne se déchiquettent pas en revenant à fond ! Pour le troupeau, ça n'est pas l'idéal mais il ne monterait pas si haut dans les montagnes en deux jours. Et je le surveille tout le temps.

Là-haut, nous allons rencontrer la neige. De façon soudaine. Mike regardait bien le ciel depuis notre départ, à mi-hauteur, et il savait que nous allions essuyer un bouleversement climatique. Juste en remontant un vallon du large plateau de la cime de la chaîne, nous sommes saisis par une bourrasque. Ce sont des flocons de neige de petite taille mais en grand nombre. A cause du vent qui les pousse vers nous et avec l'allure de notre engin, l'effet est suffocant.

Dans la vallée, c'est le plein été avec néanmoins un ciel noir qui vient de l'ouest. Sur les hauteurs, nous sommes dans le nuage qui paraissait si loin vu de la petite ferme.

La porte de la clôture était restée ouverte.

— L'inconvénient, c'est qu'ils ne la referment jamais derrière eux, peste doucement Mike.

Sur le chemin qui redescend, nous allons prendre encore une nouvelle direction. Mike veut s'assurer de la position d'une partie du troupeau qu'il avait repérée deux jours plus tôt, bien à l'écart des autres. Le chemin devient boueux et nous allons traverser dans l'autre sens la rivière tumultueuse. La moto s'y enfonce à demi mais roule, vaillante, sur les galets ronds qui forment son lit. J'agrippe mon appareil photo pendant la traversée cahotante. Mon zoom est plus habitué au rythme de mon cheval de selle qu'aux tressautements d'une machine qui aborde brutalement les obstacles.

Devant nous, il y a des traces de pieds fendus, très visibles dans ce terrain humide. Nous les suivons et arrivons rapidement à la hauteur du groupe de vachettes isolées.

— Bon, tout va bien. Nous pouvons continuer.

Le dessus de nos vêtements est complètement trempé par la tempête de neige du sommet. Et ma veste, qui en a trop enduré, absorbe maintenant toute l'humidité. Je frissonne.

— On va vite revenir, dit Mike. Nous sommes à un quart d'heure de la camionnette. Je voulais aussi te montrer ce raccourci si tu décides d'aller plus vite demain.

Je me retourne alors souvent pour apprécier le paysage du côté où je vais l'aborder demain matin. Quand on fait une route en sens inverse, on n'établit pas les mêmes repères. J'ai remarqué des excréments d'ours sur le col. Je n'ose pas demander confirmation à Mike. Cela ne changera rien. Autant que demain, je n'aie pas la trouille qui me noue le ventre en passant dans ce secteur : cela risque de me brouiller la vue et de me faire tromper de chemin pour passer de l'autre côté.

La Tweed remue faiblement la queue en me voyant dans l'entrebâillement de la porte. Je sais que c'est difficile pour elle qu'on soit séparées. Mais c'est aussi important qu'elle accepte ces impératifs que je ne peux modifier, pour notre confort à toutes les deux. Elle n'a rien mangé et c'est seulement après m'avoir vue m'installer à la table pour écrire mes notes de la journée qu'elle va s'intéresser à sa gamelle. Elle en dévore la totalité. Je la nourris d'un aliment complet très appétent qui est considéré au Canada comme le numéro un pour les chiens. Il contient toutes les vitamines et les éléments nutritifs équilibrés indispensables au genre de vie que je lui fais mener. Sa condition est superbe. Jusqu'à ce qu'elle ait un an, en France, je la nourrissais avec des ingrédients de première qualité : viande sans trop de graisse et légumes avec, en supplément, du fer et du calcium parce que ces grands chiens poussent tout d'un coup et ne doivent pas manquer de l'essentiel à cette période délicate qui est imprévisible ; sinon ils peuvent avoir par la suite des faiblesses dans les membres. Je me souviens des paroles d'un vétérinaire chez qui je l'avais conduite pour lui faire faire des vaccins, alors qu'elle était un chiot :

— Les afghans ! C'est grâce à eux en grande partie que la profession vit : ces chiens-là, ça se casse de partout.

Cela doit donc dépendre du genre de vie qu'on leur fait mener. L'équilibre physique et psychologique de ma chienne est merveilleux. Elle est une compagne de voyage de première bourre !

A la recherche d'un passage

Le lendemain matin, sur le chemin qui mène au col, je me contente de me souvenir de la topographie qui m'entoure pour me repérer. Je n'ai pas besoin de ma carte. Je le pensais déjà mais Mike, en y jetant un coup d'œil, me l'a confirmé : celle-ci est vraiment incomplète. Et de nouvelles voies ont été créées depuis sa publication.

Tout en haut, le paysage est entièrement déboisé. Et nous sommes tout seuls dans cet univers désolé. Chicks entraîne Boots, maintenant cheval de bât. Au cours de ce repos imprévu dans la propriété de Mac et Renie, j'ai tenté l'aventure de monter Chicks. Elle, qui m'avait refusé le privilège de son dos avec une indignation fulgurante chez Syd et Donna, m'a emmenée aujourd'hui à toutes les allures demandées. Avec une telle gentillesse, un tel naturel... J'ai décidé d'inverser les rôles pour voir qui se comporte le mieux. Tweed suit le tandem, comme à son habitude.

Au loin, sur les hauteurs, une silhouette familière et massive se découpe. C'est un orignal. Il nous a entendus arriver depuis longtemps grâce à la cloche que Boots, maintenant, porte au cou et il nous regarde. J'arrête la caravane pour sortir mon appareil photo. Il ne va pas poser et j'ai juste le temps d'appuyer sur le déclencheur une fois : il est déjà parti !

Puis c'est la descente sur l'autre versant. Là, la forêt est complètement dévastée par le feu de l'année passée. Je me souviens de la carte du ranger et tente de suivre le cours de la rivière naissante. Il nous faudra rebrousser chemin une fois. Plus bas, ce sont à nouveau des champs de coupe. Il n'y a pas plus trace de civilisation. J'ai encore remarqué des défécations d'ours. A cette altitude, pas de doute, il s'agit bien de grizzlis. Tweed pose ses pas dans les traces laissées par les chevaux. Elle est maintenant bien rodée et ne s'écartera pas du chemin. Par endroits, la montagne a été coupée et il ne reste plus que des résidus noirs. Sans le savoir encore, nous amorçons la descente vers la mine d'Alicia.

En bas, dans la vallée, nous nous retrouvons sur une route de graviers qui ne semble pas être empruntée très souvent. Je nous accorde une pause. Et au bout d'une heure, un véhicule passe. Ce sont des bûcherons qui retournent au village d'Elkford après leur journée dans les bois. Ils me donnent la position du petit village qui n'est pas encore signalé sur les cartes. Il a été établi il y a seulement dix ans.

En avançant dans le sens signalé par les bûcherons, je vais rencontrer Alicia. Elle est garde-barrière de la mine sur laquelle je viens d'atterrir. Je lui demande où je peux camper. J'ai besoin d'un endroit plus sûr que ma tente ce soir, avec mes règles qui arrivent. Je ne veux nous faire prendre aucun risque en pays grizzli. Alicia me propose immédiatement l'hospitalité chez elle, confirmant dans la connaissance populaire les expériences faites à Churchill, à propos du goût qu'ont les ours pour le sang des menstruations.

— La plupart des attaques sur des campeurs ont été expliquées par cette cause : les filles étaient indisposées ! Je ne comprendrai jamais comment on peut s'aventurer dans la montagne sans connaître les précautions primordiales à observer, continue Alicia.

De mon côté, j'avais entendu parler de cette expérience faite à Churchill sur les ours polaires : à l'odeur du sang humain, les ours en captivité avaient manifesté un réel intérêt. Il est vrai que les plantigrades du Nord se nourrissent principalement de phoques, ce qui explique leur intérêt pour toute nourriture carnée. Néanmoins, en cas de doute, je préfère prendre deux précautions qu'une, n'étant pas de taille à opposer une résistance adaptée à la force de mon assaillant.

Alicia me parle de sa mine avec passion. Elle me dit que les montagnes sont d'abord sondées puis, si on décide que l'exploitation vaut la peine, on commence à les couper par tranches, au fur et à mesure de l'extraction du charbon.

Un village se construit sur les hauteurs. Il descend en même temps que la montagne diminue. Nous allons voir les énormes camions, les uns spécialement attribués au transport du charbon pur, les autres pour les déchets, pierres et terre. Mis de côté, ceux-ci sont gardés dans une partie du paysage et petit à petit, on y reconstruit une autre montagne, artificielle en quelque sorte, du moins à son début. Dessus, on va replanter des arbres et recréer ainsi un gîte pour la faune qui a été délogée par les travaux de l'homme. Ce sera la même montagne : seulement, à côté de sa location d'origine et débarrassée de son charbon.

— Nous ne sommes pas tenus d'agir de la sorte au niveau fédéral. C'est notre compagnie qui a cette politique de préservation. Sagesse qui va protéger le « monde d'abondance » déjà dépeint par le jeune découvreur David Thompson au XVIIIe siècle. Plus qu'un simple trappeur, ce pionnier de l'Ouest était un visionnaire. Il avait sous les yeux les terres des Rocheuses et déclarait déjà que ce monde sauvage n'allait pas de sitôt être civilisé. Aujourd'hui, la civilisation s'est effectivement établie sur la côte ouest et dans les grandes plaines, de chaque côté de l'immense territoire montagneux. Et celui-ci est resté vierge. On y a toujours le sentiment d'être incapable, malgré tous les moyens de notre XXe siècle, d'en cerner l'étendue et de mettre un joug quelconque sur sa suprématie.

— Il y a un grizzli qui vit sur l'autre versant. Tiens, allons voir ! De temps en temps, avec les jumelles, je le vois déambuler.

Alicia et son mari Haydn sont très surpris que je n'aie rencontré aucun de ces plantigrades redoutables sur ma route.

— Tu as eu de la chance. Surtout avec ton chien : ils détestent les chiens !

Ils me considèrent aussi bien imprudente de me balader sans une arme de calibre Magnum.

— Dans la montagne, on ne sort jamais sans son fusil. On ne peut pas prévoir l'imprévisible.

Mince ! Cela se corse. Moi qui pensais que la légende de la « bête du Gévaudan » allait s'évanouir avec la marche dans son territoire, c'est le contraire qui se produit. Plus j'avance, et mieux je me rends compte que ces montagnes sont effectivement habitées par un « monstre » : un individu doté d'une personnalité et d'une intelligence et qui est indépendant de l'humain.

— Haydn peut t'accompagner sur le chemin du Ruisseau brûlé. Il dit qu'il y a des chutes d'arbres et que la voie est difficile. Il se propose d'y aller avec Warren, son compagnon de chevauchée, me dit Alicia.

Le chemin du Ruisseau brûlé est le passage d'une vallée à l'autre, à travers la montagne. On regarde ma carte et Haydn hoche méditativement la tête.

— C'est imprécis...

Nous allons demander l'avis de Warren. Celui-ci a aussi entendu parler des chutes d'arbres dues à une récente tempête. Il est évident que les deux copains ont décidé de faire un bout de chemin avec moi et toutes les raisons valables pour que je reconnaisse leur présence utile pendant cette traversée sont évoquées :

— On te montrera le chemin et on emportera une tronçonneuse avec nous, au cas où ça ne passe pas...

— Bon, c'est d'accord.

Non seulement la tronçonneuse mais je sais aussi que les deux compères vont emporter leurs fusils. Leurs histoires d'ours méchants, elles commencent à me fiche un peu la trouille... Surtout que là où l'on doit passer, eux, comme tous les amis rencontrés sur ma route depuis mon départ dans les montagnes, me disent :

— C'est le territoire où les plantigrades géants, en été, se délectent de cerises sauvages.

Tôt le matin, c'est donc une caravane de quatre chevaux, de trois humains et de deux chiens qui s'engage dans le passage. Du monde des cow-boys, il ne reste ici plus grand-chose. Les premières chaînes de montagnes m'ont réellement fait entrer dans un autre univers. Les hommes, ici, vivent du bois et des mines de charbon.

Le paysage de forêt que nous traversons a été dévasté au printemps, en plusieurs endroits, avec l'exceptionnelle fonte des neiges. Mes deux compagnons me font remarquer les ravins que cela a creusé dans le paysage. La dernière tempête a eu lieu quand la forêt reprend habituellement vie les autres années.

Warren avance en tête de notre caravane et m'a proposé de tenir Boots en longe. J'apprécie de n'avoir qu'à monter la jument : le hongre tire de plus en plus sur sa longe ces derniers temps. Je sais qu'il n'abandonnerait pas Chicks mais il est resté trop jeune dans sa tête pour que je le laisse vagabonder en liberté derrière la jument. Donc, depuis quelque temps, je le tire...

Nous avons de la chance : quelqu'un est passé avant nous sur le chemin et celui-ci est bien dégagé des rondins qui se sont mis en travers.

Tant mieux, parce qu'en fin de compte Warren et Haydn n'ont pas emmené de tronçonneuse :

— Bah ! Si on en avait eu besoin, on pouvait toujours retourner !

Bon. Tweed et sa minuscule compagne suivent la caravane en avant, en arrière, en choisissant judicieusement leurs moments pour passer au travers des jambes des chevaux. Le chemin est très étroit entre un versant à pic en amont et l'autre abrupt en aval.

Nous pénétrons dans une zone où la montagne a perdu toute végétation. La roche s'effrite et forme des éboulis. Les chevaux se débrouillent très bien de ce passage imprécis. Nous suivons une sente qui reste bien marquée, sans doute grâce au passage régulier de la faune à cet endroit. Ces voies, faites par les orignaux ou les chèvres de montagne, sont très arrangeantes quand elles vont dans la direction que nous voulons garder : elles évitent le « tout-terrain » plus lent et plus hasardeux pour les pieds des chevaux.

Apparemment, Warren a déjà emprunté ce passage. Mais je n'arriverai pas à savoir quand ni dans quelles conditions. Peu importe, Haydn m'a dit qu'on pouvait compter sur son extraordinaire sens de l'orientation. Nous ne sommes donc pas dans un no man's land total. Haydn m'explique aussi que notre comparse possède ce rare sens de la montagne, celui de pouvoir se reconnaître en « sentant » la direction.

Nous arrivons au sommet. Jusque-là, Warren n'a pas vraiment eu à montrer son don particulier. Il reconnaît l'endroit que nous traversons. Le col s'ouvre sur plusieurs perspectives de vallées. Celle d'où nous venons, celle vers laquelle nous allons redescendre et celles qui se succèdent dans le lointain et sont éclairées par une étonnante lumière acier. Là-bas, il a dû pleuvoir fortement. L'après-midi est avancé. Nous ne traînons donc pas à admirer le paysage. Warren nous dit qu'il reste encore quelques heures de marche devant nous :

— Peut-être deux ou trois. Mais en cas d'imprévu...

Nous nous engageons dans l'étroit lacis qui serpente jusqu'en bas. Et un peu plus tard, nous allons rencontrer une minuscule cabane de rondins.

— C'est bien cela ! Nous sommes sur la bonne piste.

C'est une ancienne cabane de trappeur. C'est aussi, manifestement, un lieu de reconnaissance pour ce passage entre les deux vallées emprunté par les connaisseurs mais qui reste malgré tout solitaire et oublié.

Pour se repérer, Warren met la tête légèrement en arrière et regarde vers la cime des montagnes. Il reste ainsi quelques secondes, silencieux, puis tout à coup reprend contact avec nous :

— Pas de problème. Tout va bien.

Il a passé sa vie dans les bois depuis l'âge de douze ans, en compagnie de son père. A entendre mes deux compagnons, ce dernier est d'ailleurs l'homme de la situation quand on a besoin d'un renseignement sur un chemin particulier :

— Il est capable de te dire si tel ou tel chemin est praticable. Il les connaît presque tous entre l'Alberta et la Colombie britannique.

En arrivant au fond de la vallée, Warren semble être un peu soucieux. Il ne dit rien et nous avançons toujours à sa suite puis, en même temps que lui, nous apercevons une large étendue d'eau qui masque complètement la fine ligne sur laquelle nous avancions.

— C'est un castor qui a fait un barrage.

Les pieds dans l'eau, nous continuons néanmoins à avancer dans la direction de l'ouest.

— Il me semble que c'est cela, va ajouter Warren, après un petit temps de marche.

Mais pour s'en assurer, il tient à vérifier les alentours.

— Restez ici : je ne serai pas long.

Il tourne bride et s'éloigne. Son cheval a de l'eau jusqu'à mi-paturons. Les chiennes décident, d'un commun accord, de l'accompagner.

Il revient au bout d'une quinzaine de minutes :

— Rien par là. On va aller dans l'autre sens, dans la direction qu'on suivait tout à l'heure. Mais il faut remonter sur le versant et tâcher de repérer la vallée du haut.

Nous allons tourner en rond pendant quatre heures. En direction de l'ouest mais sans jamais trouver un passage qui nous convienne. Très calme, Warren tourne à chaque fois bride et lance son habituel :

— Pas de problème. Si ça ne passe pas par là, ça va être bon dans un autre sens. On a le temps pour nous et des provisions pour ce soir.

Nous sommes remontés dans un paysage d'éboulis et redescendus à travers une partie de la forêt. Il y a des excréments d'ours partout. Nous suivons des sentes d'animaux qui s'avèrent toujours une mauvaise direction.

Warren, les yeux tantôt rivés au sol, tantôt sur le lointain, ne parle pas beaucoup. Les chevaux commencent à fatiguer après cette longue journée, les chiennes accusent aussi une petite faiblesse dans leur démarche trottinante. La tête un peu basse, marchant à côté des chevaux et alternativement montés dessus, nous suivons Warren qui, imperturbable, cherche le passage perdu avec la même régularité, le même sérieux, le même moral.

Quand le soleil commence à décliner, nous traversons une autre section de la forêt, très touffue. Et Warren s'écrie, en pointant son doigt :

— Voilà, c'est ça ! Nous y sommes !

Au bout de quelques minutes, nous pouvons apercevoir dans le feuillage une éclaircie de lumière. Et plus nous avançons, plus la forêt paraît maintenant s'éclaircir : nous atteignons la route de graviers, le seul passage routier de la vallée que nous recherchions.

Chevaux aux entraves, nous établissons le camp. Un grand feu a été allumé près duquel se sont installées les deux chiennes.

Nous préparons le repas : patates cuites dans la poêle avec des lardons, du jambon... Le festin.

Le lendemain matin, sur le coup de deux heures, la Tweed décharge toute sa rage sur un engin de grosse puissance lancé sur la route de graviers. Ce sont les camions de grumes. Les premiers convois.

Warren et Haydn m'avaient dit qu'avant de repartir dans les montagnes, ils allaient essayer d'en attraper un pour lui demander de faire passer le message de ma présence sur leur route, pendant deux jours. Ils m'ont expliqué pourquoi ils tenaient à prendre cette précaution :

— Sur cette route, ils font de l'argent : ils roulent vite.

Et tout le long, la route est en terre et en graviers. Elle est très étroite, coincée entre le lit de la rivière et la montagne. Dans ces conditions, il est évident que j'aime mieux qu'ils sachent que j'existe.

— Nous allons marquer le chemin d'encoches et de rubans. Comme cela : tu vois ?

Warren me montre comment il procède pour signaler un itinéraire en forêt. Il taillade très légèrement de sa machette les deux côtés d'un même arbre pour qu'on puisse voir la marque d'où qu'on vienne.

Les quatre-vingts tonnes
de la vallée Perdue

J'ai décidé de faire une boucle par le parc du « Toit du Monde » et de retourner ensuite pour rendre les chevaux à Syd et Donna. Et peut-être vais-je passer à nouveau par ce col.

Sur la route, les camionneurs sont prévenus. Mais avant de démarrer ce matin, je pense qu'il est plus sûr d'attacher la Tweed. Ainsi, nous avançons en file resserrée, entre un rideau d'arbres verts et la montagne, ou entre le lit profond de la rivière et le versant rocheux. Il n'y a personne sur la route de graviers.

Au bout de quelques heures, je nous octroie une pause. Je suis adossée à un arbre, les chevaux ont la tête à l'ombre, le bât est déchargé, les selles sont dessanglées et la Tweed est allongée... Je perçois comme un vrombissement profond et un peu affolé. En rugissant des « roâârrr... » retentissants, il semble perdre de sa puissance, comme dominé. Et tout à coup, dans un nuage de poussière, il apparaît, gigantesque carlingue métallique.

Son conducteur a eu le temps de m'apercevoir et il ralentit son véhicule jusqu'à l'arrêter complètement. Puis il saute à bas de l'énorme camion qui prend toute la largeur de la route de graviers :

— Hello ! C'est toi la Française qui vient de la montagne ?

Difficile de se tromper. Il ne doit pas y avoir beaucoup de filles avec des chevaux et un chien sur cette route retirée, pour le commerce du bois.

Il continue, en me tendant la main :

— Moi, c'est Tom ! Ravi de te connaître. On fait tous sacrément attention sur la route depuis qu'on sait que tu y es. Le message nous est parvenu ce matin par radio CB. Tu vas jusqu'à Galloway ?

— Galloway ?

— Oui, c'est le village des bûcherons. Là où on entrepose tous les rondins, si tu veux. C'est le kilomètre 0 de cette route. Ici, tu en es au 72.

Sur ma carte, j'essaie de repérer le village dont le nom ne m'évoque vraiment rien.

— Je ne pense pas l'avoir...

Je commence à en avoir assez de ces cartes.

— Pas étonnant. L'édition doit être trop vieille. Montre. OK. Pour te donner une idée : c'est au niveau de la Transcanadienne.

— Dans ce cas, non : je tourne vers l'ouest avant. Je ne suis pas la Transcanadienne mais je passe à travers les montagnes.

— C'est bien ce que j'avais compris, me dit-il. Et c'est pour cela, figure-toi, que la nouvelle de ton passage ici fait des vagues parmi les hommes des bois dans les environs !

— Bon, il faut que j'y aille, dit-il en riant. On a tous des heures bien précises sur cette route, sinon on s'y rencontrerait d'un chargement à l'autre. A bientôt. Je fais le trajet deux fois par jour. On se reverra sans doute !

Et il saute à nouveau à bord de son immense engin. Sympa le gars. Je suis rassurée d'être repérée par radio CB. Cela va éviter les rencontres surprises.

En continuant le chemin, je sais aussi que je les entendrai arriver de loin.

Le soleil qui poursuit sa course vers le couchant n'est plus une indication que nous sommes dans la bonne direction aujourd'hui. Toute mon attention peut se concentrer sur les vrombissements qui vont annoncer l'apparition d'un de ces géants sur roues.

A la rencontre suivante de l'un d'entre eux, je vais être définitivement rassurée : grâce à leur système de radio, l'équipée que nous formons et qui prend déjà la moitié de cette voie est sauve.

Pendant ces trois jours de mon passage sur l'axe quotidien des conducteurs de camion, je gage que leur moyenne habituelle a baissé. Je vais avoir l'occasion de parler avec presque chacun d'entre eux. Rick m'explique que les premiers convois partent à vide de Galloway vers minuit. Pour revenir chargés des rondins du Nord six heures plus tard. C'est le temps que met chaque camion pour se rendre jusqu'au champ de coupe des arbres, prendre son chargement et redescendre par la route tortueuse jusqu'au village des bûcherons.

— Nous faisons deux voyages par jour, pour la plupart.

Entre le lit de la rivière et le versant de la montagne, je vais aussi trouver ce soir un endroit pour établir le camp qui respecte les besoins de pâture de mes deux chevaux. Depuis que nous sommes en route, leur condition n'a pas changé malgré l'herbe parfois rare de certains campements.

Le soir descend, frisquet et humide dans cette vallée perdue. Le matin, je vais me réveiller dans la position fœtale. Les nuits sont si froides que je me recroqueville malgré moi dans mon sommeil. Et les muscles de mes jambes s'en ressentent toute la journée.

Après deux heures de marche sur un rythme plutôt endormi, les chevaux semblent se réveiller tout à coup. Chicks et Boots ont tourné la tête en même temps sur leur droite, au-delà de la rivière tumultueuse. Tweed aussi semble intriguée. J'ai beau écarquiller les yeux, rien ne me paraît justifier cet intérêt de la part de mes animaux.

Un peu plus loin, ils vont s'arrêter. Dans la haie formée par la première rangée d'arbres, j'aperçois un mouvement dans les feuilles. Puis il y a un chemin qui se révèle au-delà du lit de la rivière. Et je vois alors l'objet de leur curiosité : une troupe de chevaux lancée dans un grand trot semble nous suivre, de façon désordonnée. Certains restent à brouter en arrière puis rejoignent le reste de la harde. Ils n'ont pas l'air de chevaux sauvages. Robes lustrées et baies pour la quasi-totalité du groupe. Bien nourris, même gras à souhait.

Ils semblent être au moins six, peut-être sept. Difficile de les compter, à cause de l'alternance arbres et espaces vierges. Au bout d'un moment, nous ne les verrons plus. Leur chemin se sera sans doute éloigné dans la montagne parce que mes chevaux ne marqueront plus d'intérêt.

Ce soir, campement dans un site touristique désert sur le bord du chemin. Nous suivons un axe qui doit être emprunté par d'autres véhicules que les quatre-vingts tonnes chargés de bois. Il y a des tables de camping, des foyers entourés d'une plaque de fer et maintenus par des pierres rondes ; une toilette pour dames et une autre pour messieurs qui sont en général le repère des porcs-épics du coin. Ces animaux très protégés s'occupent ainsi à ronger le bois de toutes les constructions faites par les hommes. Leur présence est à signaler aux propriétaires de chiens. Heureusement, la Tweed ne porte aucun intérêt à ces planteurs d'épines.

Effectivement, il y a quelqu'un d'autre que les camionneurs qui fréquente le chemin que je croyais perdu, au fond de la vallée oubliée : un truck vient d'arriver par la bretelle de terre battue qui mène au campement organisé où je me trouve ce soir. Et son conducteur en sort pour remplir une bouteille d'eau à la rivière, plus calme en cet endroit. Ensuite, il se dirige vers nous :

— Alors, comment trouvez-vous nos montagnes ? Pas trop fraîches le soir ?

— ...

— Vous savez que vous pourriez emprunter un autre chemin que celui-là. De l'autre côté de la rivière, il y a la vieille route, utilisée autrefois par les camionneurs. Elle était vraiment trop dangereuse pour eux et a été abandonnée depuis.

— Comment puis-je la rejoindre ? Je n'ai vu aucun pont.

— La rivière est justement à son point le plus bas près de ce camping. Vous pouvez la traverser. C'est ce que fait le chasseur d'ours avec ses chevaux.

— Il y a un chasseur d'ours, par ici ?

— Oui, et c'est la saison. Il doit être dans la montagne avec des clients en ce moment. Je ne vois personne à sa cabine depuis quelques jours.

— Qui êtes-vous ?

— Moi ? Je travaille dans le bois, plus haut.

— Bûcheron ?

— Oui, enfin, si on veut.

— Et elle va où, cette route, de l'autre côté de la rivière ?

— Vous allez rejoindre celle-ci aux environs du kilomètre 20, si je ne m'abuse.

— Il y a un pont ?

— Oui : le vieux pont. Tout le monde passait par là il y a encore quelques années.

Bien tentante, la suggestion de ce type. Cependant, il y a quelque chose, chez lui qui me fait hésiter ; je lui demande de préciser certains détails. Il est enthousiaste et en même temps, je le sens évasif. Demain, j'irai vérifier avec un cheval pour voir si le chemin en question est praticable, déjà.

Malgré tout, son récit s'appuie sur des faits réels : les chevaux de l'autre côté de la vallée, le chasseur d'ours dont j'avais déjà entendu parler par un des camionneurs. Mais aucun ne m'avait mentionné de vieille route, sous prétexte que j'y serais plus tranquille pour marcher avec mes chevaux. Et d'après ce type, ils l'empruntaient pourtant, il y a quelques années.

241

Il renchérit :

— Oui, allez vérifier demain avec vos chevaux. Vous vous rendrez ainsi compte si le passage est praticable pour votre chien. Il nage, votre chien ? Vous verrez une cabine de l'autre côté. Elle appartient au guide. Ce n'est pas celle où il habite mais il s'en sert quand il a des touristes.

Le bonhomme a l'air de connaître l'arrière-pays. J'ai peut-être affaire à un braconnier. Je lui parle de ce chemin que j'ai repéré sur ma carte et que j'ai bien envie d'emprunter : il part un peu au sud de la vieille route, justement. Puis il s'élève dans les hauteurs jusqu'à un sommet très élevé vers l'ouest. Mais sur la carte, il s'arrête ensuite et ne mène nulle part. Existe-t-il un passage vers l'autre vallée, celle qui rejoint le parc du « Toit du Monde » ?

Je n'ai jamais réussi à avoir des précisions à ce sujet. Seul Warren, à qui j'en avais parlé et qui s'était renseigné auprès de son père par téléphone, m'avait dit que je risquais de rencontrer de la neige. Le type semble sûr de lui :

— Oui, pas de problème ! Vous pouvez redescendre en suivant le cours de la rivière que vous voyez indiquée là sur la carte et vous arrivez au pied du parc.

Le lendemain matin, je me réveille encore engourdie par une nuit recroquevillée. Diantre, le froid nocturne est piquant à cette altitude !

Je prépare les chevaux après qu'ils ont brouté pendant leurs deux heures matinales. J'attache Boots à un arbre et entreprends de vérifier le cours de la rivière avec Chicks. Le passage est houleux mais c'est faisable. De l'autre côté, je lance la jument au galop sur le chemin large et doux aux pieds, vers la cabane du chasseur d'ours. Tweed est restée avec Boots ; celui-ci ne se sent donc pas trop abandonné.

Je trouve la cabane mais c'est un éboulis de vieilles pierres à l'intérieur. Je doute que le chasseur y fasse encore étape avec ses riches clients américains, comme l'affirmait pourtant mon interlocuteur de la veille. Nous retraversons la rivière en direction du reste de l'équipe qui attend sagement sur l'autre rive. Tweed était allongée à proximité de Boots et se lève toute contente dès qu'elle nous voit réapparaître.

Je les félicite, harnache Boots de ses deux sacoches de bât et nous voilà partis à nouveau à travers la rivière. Je me demande si Tweed va suivre : Chicks avait de l'eau aux genoux au milieu du cours d'eau. La chienne nous regarde nous y engager avec les chevaux.

— Alors, la Tweed, tu viens ?

Elle me regarde de ses beaux yeux dorés, remue la queue mais refuse de s'engager dans l'eau.

— Allez, la Tweed ! Viens, on s'en va !

Même attitude, même regard, même queue frétillante. Mais refus d'obtempérer. Je l'encourage encore de la voix. Il va falloir qu'elle se décide : nous sommes presque à mi-chemin avec les chevaux. Malgré des signes évidents de bonne volonté, elle ne veut toujours pas s'engager. Pourtant, ce n'est pas l'eau qui la retient. Elle n'a jamais manifesté de difficulté à passer d'autres cours d'eau.

— OK, la Tweed, je ne te le demande pas plus.

Je fais faire volte-face aux chevaux aussi adroitement que possible et nous revenons sur la berge que ma chienne n'a pas voulu quitter. Elle nous regarde revenir avec de réelles manifestations de joie.

— Elle ne te plaisait pas cette rivière, la Peluche ?

Nous allons reprendre la route de gravier et abandonner du même coup l'idée du chemin dans les montagnes, celui qui devait nous faire rejoindre le parc du « Toit du Monde » à une distance de vol d'oiseau.

Un jour et demi plus tard, nous allons tous remercier la Tweed pour ses instincts prémonitoires. Malheureusement, elle ne sera plus là pour recevoir nos félicitations. Le pont dont parlait ce vieil imbécile et qui devait nous permettre de rejoindre la nouvelle route à l'ancienne a été fracassé il y a quelques années. C'est d'ailleurs la raison pour laquelle l'ancienne route a été abandonnée.

Dans tous les coins du monde, même les plus beaux, il y a toujours des sombres crétins qui en savent plus que tout le monde et vous font perdre votre temps.

En continuant sur la route de gravier le matin même où la Tweed a refusé de passer la rivière du Taureau, nous allons rencontrer un autre camionneur convoyant du bois vers la civilisation qui à son tour va arrêter son engin pour une rapide causette :

— Le vieux pont ? C'est moi qui l'ai brisé il y a dix ans. Et je me rappelle ! Mon camion était chargé à bloc et j'ai senti le pont s'affaisser sous nous. J'ai accéléré à fond, c'est ce qui m'a permis de m'en tirer !

Je n'ai jamais pu savoir quel était cet individu qui a failli nous y envoyer avec les chevaux.

En continuant ensuite sur le chemin passager, Chicks, ma jument, habituellement d'un calme olympien, va presque envoyer Tweed *ad patres* à cause d'un incident qui lui a transmis la panique de Boots.

Nous avancions tranquillement quand Boots, en queue, se prend un antérieur dans sa longe. Il tire sur sa longe et, contrairement à ce qu'il aurait fait d'habitude, insiste malgré ma voix qui essaie de rétablir le calme. Il transmet en quelques secondes sa panique à la jument devant lui. Celle-ci se met à ruer, taper du pied et coince Tweed sans le vouloir vraiment entre ses jambes et le versant de la montagne. Je ne peux rien faire. Tous deux sont complètement déchaînés. Ils sont en train de tout casser et je suis impuissante. Parce que mon chien est sous les jambes de l'un d'entre eux, j'entre néanmoins dans la bagarre pour essayer de détacher cette corde maudite qui retient Tweed sous les sabots. La jument m'évite alors et passe brusquement de l'autre côté de la route, entraînant à sa suite le cheval de bât, toujours accroché par un antérieur, et la Tweed qui vole et retombe encore sous les pieds meurtriers du cheval en folie.

Je hurle intérieurement et peut-être aussi en réalité. Mes chevaux sont devenus des monstres qui sont en train d'anéantir mon chien sous mes yeux. Tweed est tellement terrorisée qu'elle ne profère plus un seul son. Elle accuse les coups qu'elle ne peut éviter avec des gémissements de plus en plus sourds. C'est trop. Je me mets à hurler et me lance sur les chevaux. Je les lacère avec mes ongles, je les pince de toute la force de mes mains et rien n'y fait, rien n'apparaît même sur eux. Et tout d'un coup, essoufflés, ils s'arrêtent.

Je détache tout de suite le chien. Et immédiatement, elle part dans un trot rapide en direction du bois, la tête basse, l'allure de l'animal qui vient d'affronter un combat qui n'était pas loyal pour lui, elle fuit... Et je la comprends si bien, je sais tellement à quel point elle est blessée, je sais qu'elle est en profond état de choc et jusqu'à ce qu'elle s'en remette, elle fuira sans plus aucune loi ni maître. Elle se sent abandonnée, trahie... Je l'appelle, elle ne tourne même pas la tête. Je suis en train de la perdre. Elle sait que je l'appelle, quelque part, mais c'est trop loin en elle, trop éloigné dans un monde qui n'existe plus : elle reprend par instinct de conservation la vie de nomade, celle de ses cousins les loups !

Et à nouveau, je ne peux rien faire. J'ai les chevaux, haletants, qui me tiennent les deux bras occupés et qui ne sont pas de trop : Boots a largué une sacoche de bât sur la route. Elle a l'air d'être dans un triste état, l'arçon est complètement déplacé sur le dos de mon cheval, Chicks a arraché les sacs et ma selle avec la corde, ladite est d'ailleurs presque sous son ventre, et je sens qu'elle reprend du souffle, juste ce qu'il faut pour se remettre à combattre cette nouvelle source de frayeur... Tweed, elle, a déjà disparu dans le bois, malgré mes appels incessants.

Après avoir replacé tant bien que mal selle et arçon sur leurs dos respectifs, je les attache aux arbres qui bordent la route. Comment retrouver ma chienne ? Je doute de pouvoir la rattraper à pied ; elle est déjà loin sans aucun doute. Dans un sens, je suis rassurée aussi par sa fuite. Si elle avait une blessure très sérieuse, elle n'aurait pu se déplacer ainsi et à cette vitesse. En quelques minutes, j'arrive à trouver un endroit où les chevaux vont pouvoir m'attendre en toute quiétude. Je les ressangle et place le matériel épars sur la route à une dizaine de mètres d'eux, le long des arbres.

J'en termine juste avec eux quand une camionnette de touristes passe. Je me place au milieu de la route et l'arrête. A l'intérieur, il y a deux jeunes hommes qui sont manifestement en chemin pour un week-end de pêche. Je leur explique ma situation avec des phrases incohérentes. Je ne me sens pas vraiment l'envie de détailler l'accident qui vient de se passer sous mes yeux. Surtout que je ne sais pas où est Tweed, je ne sais pas si elle veut encore de moi, du voyage. Il faut qu'ils m'emmènent là où j'ai besoin, dans la direction où ils allaient sans me poser de questions parce que je suis bien incapable d'y répondre. L'un des deux est descendu. Avec leurs bagages, il n'y aurait plus eu de place pour nous trois.

Je scrute la route à travers le pare-brise. Rien devant, au loin, pas de trace particulière, pas de petit chien blond sur les côtés non plus. Je suis folle d'angoisse mais je me garde bien de le reconnaître : quand on a besoin de toute son énergie, il ne faut pas céder à la panique.

Soudain, au bout de la route, j'aperçois enfin la silhouette de mon chien. Son trot, parce qu'elle a conservé l'allure de la fuite, semble lent et légèrement différent. En nous approchant un peu plus, je m'aperçois alors qu'elle trotte sur trois pattes. Le postérieur droit est relevé mais cela n'a nullement l'air de la gêner dans sa course. Le type me dit que nous avons parcouru au moins 3 kilomètres depuis qu'il m'a rencontrée sur le lieu de l'accident. Je n'ai pas compté avec tant de précision mais je sais, en voyant mon chien, que si elle a parcouru cette distance à une telle rapidité, c'est qu'elle n'a pas d'hémorragie interne.

Quand nous nous approchons d'elle, elle ralentit un peu, tourne légèrement la tête de côté vers nous : elle n'est plus l'animal terrorisé en fuite folle. La distance et le chemin qu'elle vient de parcourir lui ont permis de reprendre ses esprits. Le véhicule avance toujours. J'ouvre la portière et saute presque en marche. Je ne sais pas trop quel ton adopter avant d'utiliser ma voix pour la rappeler. Et puis, tout à coup, sans avoir eu le temps de préméditer quoi que ce soit, j'appelle d'une voix qui n'est ni trop caressante ni trop autoritaire. Elle s'arrête de courir immédiatement. Et tourne sa belle tête vers moi. Alors je m'avance vers elle, regarde sa patte. Puis je l'aide à monter avec moi dans la voiture. Et nous repartons en sens inverse.

Nous allons adopter un autre rythme, spécialement pour Tweed. Et les chevaux habituellement farceurs et chahuteurs ne vont même pas avoir besoin d'ordres pour se tenir à carreau. Sur le bord de la route de terre, j'installe à nouveau le matériel sur leur dos. En attendant, Tweed s'est couchée sur le côté, une dizaine de mètres à l'écart des chevaux. Elle s'est même endormie, épuisée. Je vais prendre mon temps pour le réharnachement. Les dégâts sont importants mais réparables. Nous ne pouvons rester ici. Il faut avancer et trouver un espace plus large, avec de l'eau.

La chienne se lève, contusionnée. Mais elle peut marcher. A chaque fois qu'elle relève sa patte endolorie pour éviter de poser dessus, je fais ralentir l'allure générale. Les chevaux répondent aux ordres avec promptitude. Alors, Tweed pose sa patte et doucement se met à marcher sur ses quatre membres. Elle précède le mouvement et règle la marche de toute le monde. 2 kilomètres plus tard, j'avise un endroit pour le campement de ce soir. Les chevaux sont attachés immédiatement et vont attendre un peu, ce soir, avant de brouter.

Je monte la tente et y installe Tweed. Là, elle va pouvoir se reposer en toute quiétude. Ce soir, c'est moi qui suis de garde.

Le lendemain, le réveil est un peu raide mais j'insiste pour qu'elle sorte. Je lui demande de manger aussi. Une collation énergétique qui remplace la soupe qu'elle n'a pas voulue hier soir. Elle ne la refuse pas, tout se présente donc au mieux. Elle va uriner dans un coin puis, sans même un regard pour les chevaux, retourne franchement dans la tente. Elle a décidé d'un jour de repos. C'est elle qui commande !

Quand j'entends le ronflement familier d'un des gros transports, j'espère sincèrement qu'il va s'arrêter. Depuis l'accident d'hier soir, j'ai un terrible besoin de parler à quelqu'un.

C'est Rick.

— Salut la Française ! me lance-t-il avec un grand sourire.
— Ecoute...

Je lui raconte l'histoire.

— OK. Attends-moi ici. J'en ai pour trois heures au plus. Ensuite, je t'emmène à Crandbrook. Ce n'est pas à plus de 100 kilomètres d'ici. Il y a un vétérinaire. Autant qu'il la regarde.

— Mais cela va te prendre beaucoup de temps.

Je pense déjà aux horaires dingues que ces gars se paient à leur volant.

— T'en fais pas pour ça. On a toujours le temps pour des choses pareilles.

Avant de repartir, il m'a signalé un corral à 2 kilomètres plus au sud de mon campement. Je décide d'aller voir d'abord à pied pour tuer le temps. Mes animaux resteront à m'attendre ici.

L'endroit est parfait et comporte assez de place pour mes deux chevaux. Je reviens au camp et les harnache en disposant le bât sur Chicks comme une civière.

Au moment où je vais essayer le tout, Rick est déjà de retour avec son gros camion. Il charge la Tweed sur son siège avant et me précède. Je vais suivre l'énorme transport chargé de grumes, au grand trot de mes chevaux.

Le vétérinaire est formel : la chienne n'a que des meurtrissures. Je lui demande s'il peut la garder quelques jours. Elle est si raide que je doute de pouvoir la faire marcher. De plus, je ne suis pas très loin du parc du « Toit du Monde ». Ce n'est pas la peine de lui imposer cette marche inutile. D'autant que j'y ai décidé de la dernière étape de mon parcours. Deux mois que nous voyageons. Et jusqu'ici, malgré les prédictions qui m'avaient été faites, j'ai réussi à éviter les grizzlis et les pièges de la forêt.

Ne poussons pas plus la chance. J'y ai vécu ce que je voulais et, sans avoir vaincu ma bête noire à plate couture, je lui ai quand même mis une sacrée volée.

Et ma chienne m'est devenue si proche, la seule amie que j'avais dans ma solitude. Je sais que si je la perds, je vais être anéantie. Comme on peut l'être quand on perd quelqu'un qui fait presque partie de soi.

Je sais que c'est pour elle que j'aurais eu la force de combattre une situation jusqu'au bout, dans la montagne. Parce que faire les choses soi pour soi, qu'est-ce que cela peut bien apporter ?

Sans elle à qui me confier, dans mes moments de grande solitude, j'aurais pu moi aussi, comme ces gens dont j'ai entendu parler et qui couraient à perdre haleine dans les bois, devenir folle par la peur dans ces espaces immenses où la civilisation n'existe pas.

Quand je perdais mon chemin, je le retrouvais parce que je

n'étais pas seule. Ma chienne a été plus que ma gardienne physique, elle a été ma sauvegarde mentale. Dans cet univers inconnu où il n'y avait qu'elle, les chevaux et moi.

L'afghane a compris. Quand je lui ai dit qu'elle allait rester là, que j'allais revenir la chercher, elle a finalement suivi le vétérinaire de sa démarche claudicante, la queue repliée entre ses pattes.

Rick va me ramener au corral des chevaux. Leurs camions sont encore plus impressionnants de l'intérieur de la cabine que lorsqu'on les voit arriver sur soi. Le passage des ponts de bois qui enjambent la rivière est particulièrement épique. Si le conducteur fait une fausse manœuvre, les cinq centimètres qui séparent de chaque côté le bahut de la ridicule bordure sur le vide ne suffiront pas pour rétablir le geste malheureux. Et quand on passe au-dessus de l'un d'eux, on a tout le loisir d'admirer l'à-pic vertigineux du lit de la rivière.

En marchant avec mes chevaux sur le dernier tronçon de la route de gravier, juste avant de prendre à l'ouest l'entaille dans la chaîne de montagnes qui va me permettre de rejoindre la rangée suivante de ce territoire sauvage de la Colombie britannique, je pense à Bob.

Pendant ce parcours en solitaire, j'ai eu le temps de me confronter à moi-même, ce dont j'avais besoin pour prendre du recul. Parce qu'une des dernières choses à laquelle je pensais en entreprenant ce voyage était bien de rencontrer quelqu'un.

Je partais pour être seule et j'ai découvert dans la solitude un extraordinaire enrichissement.

Comme j'ai appris à le faire au cours de ces trois années de parcours, je vais essayer de m'écouter.

Avant mon départ pour l'Ouest cette année, nous sommes allés couper tous les deux des rondins pour construire une maison, une grande maison de bois face à un lac solitaire.

Après l'accident de Bob et quelques mois d'immobilité, il avait pu reprendre un certain rythme d'activité physique. Et surtout : il était déterminé à construire cette maison. Pour lui, il n'y a pas de vie meilleure que celle des bois ou celle des montagnes. Du moment que l'établissement est au nord et à une distance confortable de la civilisation.

Un mode de vie assez particulier. Je devrais bien m'interroger. Mais cela ne sert à rien, je n'ai qu'une envie maintenant : aller le rejoindre.

En faisant route vers le parc du « Toit du Monde », je m'en rends compte comme on prend un choc. Eclairant.

Les montagnes du « Toit du Monde »

En deux journées de marche tranquille, j'arrive avec les chevaux au ranch du « Toit du Monde », propriété de la famille de Renie Blades : Mac et Renie que j'avais rencontrés au pied de la première chaîne des Rocheuses, en Alberta.

Je savais qu'ils devaient s'y trouver de temps à autre pendant l'été. Mais je ne pensais pas avoir la chance de les retrouver en arrivant, comme cela, avec une telle précision de temps !

C'est une vraie joie. C'en est une aussi de rencontrer Lloyd, le père de Renie dont j'avais tant entendu parler, puis sa mère Rowena, son frère et ses sœurs.

Lloyd est effectivement un personnage. Comme le père de Warren, il peut reconnaître une montagne à travers laquelle il a déjà chevauché une fois dans sa vie, par le ciselé qu'elle a dans le ciel.

— Je peux être parachuté dans les montagnes côté américain et canadien et à 80 %, je vais reconnaître un chemin que j'ai déjà emprunté. J'ai passé chaque jour de ma vie à cheval : éduquer des chevaux au travail de la montagne ou à celui du ranch, emmener des centaines de personnes non initiées pour leur donner au moins une fois dans leur vie l'occasion de se rendre compte de la majesté de ces paysages.

Lloyd est aussi féru de l'histoire des chevaux, de celle des races différentes et de l'utilisation que l'homme en a faite depuis les temps les plus reculés. Il pourrait parler des heures et des heures sans qu'on se lasse jamais de l'écouter. Il me raconte l'épopée qu'il a eue une fois, avec des gens qu'il emmenait dans les Rocheuses.

— Il y avait quatre-vingt-dix chevaux dont cinquante étaient bâtés. Nous sommes partis ainsi pendant trois semaines, sans jamais rejoindre la civilisation.

Pour une caravane, c'en était une !

Nous regardons ma carte.

— Tu as bien fait de ne pas prendre le chemin du ruisseau de la Chèvre, au nord du Parc. D'abord, parce que tu n'aurais pas pu passer à cet endroit : il y a encore de la neige. Ensuite, le chemin s'arrête, comme tu le vois sur ta carte, et il n'y a pas de passage possible à travers ces montagnes.

Je remercie la Tweed qui, sans le vouloir vraiment, nous a évité de nous engager dans ce guêpier.

Mac s'approche de nous :

— On part à cheval dans la montagne avec des gens. Tu peux venir avec nous si cela te dit.

Nous sommes allés chercher la Tweed chez le vétérinaire et elle est toujours un peu contusionnée. J'hésite. Mac me persuade :

— De toute façon, tu ne pourras pas emmener ton chien. On ne va pas prendre ce risque avec des clients à cause des ours.

Et Lloyd enchaîne :

— Elle peut rester là. Tu laisses toutes tes affaires, elle saura bien que tu vas revenir.

Parce que je partirai avec Boots mais laisserai Chicks au ranch.

— Les juments posent toujours des problèmes quand on les met à pâturer tous ensemble, persiste Lloyd.

Je comprendrai pourquoi un peu plus tard. Toutes les nuits,

les chevaux du ranch sont mis à paître dans les montagnes sans aucune attache.

— Ils restent à proximité du camp. Sauf s'il y a une jument... Elle les entraîne à la maison.

— C'est d'accord. Je viens avec vous. C'est quand le départ ?

— Demain matin.

Je vais montrer à Tweed ses appartements. Elle ne demande pas mieux que de prendre du repos. Et ici, elle aura la place d'aller se balader sans risque des voitures, le ranch étant à 5 kilomètres de la route.

La seule chose que je n'aurai pas remarquée, avant de partir avec Mac et Renie, leurs enfants et leurs clients, est la présence de poules en liberté. C'est probablement une des bonnes raisons pour lesquelles Tweed s'est dit que, finalement, un peu de repos au ranch... après un été si mouvementé...

Exceptionnellement Lloyd ne peut pas mener la caravane cette fois. Il sera là au départ. Pour aider à harnacher les cinq chevaux de bât.

Le paquetage est très intéressant. Il ressemble à de gros sacs qu'on place sur le dos des chevaux, en les faisant tenir avec des cordages et des nœuds qui semblent compliqués mais que Mac et son beau-frère, Warren, arrangent en deux temps trois mouvements.

Il y a toute la nourriture prévue pour les trois jours et onze personnes. Les tipis et les sacs de couchage, le magnum de vin pour l'apéritif le soir et, dans les caisses isolantes, des steaks congelés qui viennent de la ferme de Mac et Renie dans les « Foothills ». Ajouté à cela et pour le confort des troupes les remarquables qualités culinaires de Renie : ces trois jours vont être un rêve pour les cavaliers néophytes, une balade merveilleuse bien qu' « habituelle » pour Mac et Renie et leurs enfants ;

pour moi, une finalité à mon voyage que je ne pouvais pas rêver meilleure.

Le site est extraordinaire. De l'Alberta, Mac m'avait parlé de ces montagnes « bien différentes de tout ce que tu vas voir pendant ton parcours pour y arriver ».

Diane, Linda et ses fils John et James ne sont pour ainsi dire jamais montés à cheval. Mais comme ce sont leurs chevaux qui vont faire tout le travail, ils ne s'inquiètent pas. Et dès le début de la chevauchée, Linda va réaliser :

— Extraordinaire, ce que ces animaux peuvent faire.

Cela après la montée en une demi-journée au sommet de la montagne sur un sentier où les chevaux ont prouvé plus d'une fois leur sûreté de pied, faisant leur chemin sur des éboulis, puis un sol de terre meuble, et à nouveau des rocailles diverses, s'arrangeant des à-pics, de l'étroitesse des passages malgré leur large paquetage.

A mesure de l'ascension, le paysage prend de l'espace sous nos yeux. Et le lac Premier, d'où nous sommes partis, n'est plus qu'une forme oblongue d'un vert émeraude très profond qui scintille posément sous les rayons du soleil.

En haut, les chevaux s'abreuvent aux plaques de neige avec un plaisir évident.

— Je vais te montrer où nous avons vu une femelle grizzli pendant que nous reconnaissions le terrain il y a une semaine, me dit Mac.

— Quelle attitude a-t-elle eue vis-à-vis de vous ?

— Dressée sur ses pattes arrière, sur la défensive. Mais elle n'a pas bougé, se contentant de nous regarder passer. Elle avait sans doute ses petits dans le coin parce qu'elle n'avait pas l'air d'être spécialement contente de notre intrusion.

Nous allons établir le campement sur les hauteurs. Dans une cuvette protégée des vents, où un petit lac presque immobile semble être immortel, comme le reste du paysage.

Le lendemain matin, quand je vais faire des photos au sommet, entre un nuage qui m'aveugle complètement lors de son passage, un coup de vent et le Boots qui tire pour aller rejoindre ses copains qui entament alors l'autre versant, je vais perdre mon chapeau.

La petite phrase que Randy y avait inscrite sur le devant, en Ontario, il y a deux ans maintenant, me revient immédiatement : « May your trip end fulfilled. » Puisse ton voyage se terminer en un accomplissement.

Je n'ai pas essayé de retrouver le chapeau. J'ai pensé que c'était sa place ici, dans les montagnes. Il m'a protégé pendant tout le voyage depuis ce jour où j'avais risqué une forte insolation parce que je n'en portais pas, sur la route de l'Ontario. Boots m'entraîne et a raison de moi. Tant pis pour la photo : il fait trop le cirque pour ses copains qui sont partis.

Au loin, nous les apercevons. La longue caravane ressemble à une file de fourmis dans le paysage grandiose. Et heureusement que le nuage est passé : j'allais m'engager dans la direction opposée.

Syd, au téléphone, m'a dit que je n'avais qu'à laisser les chevaux chez Lloyd et Rowena. Il va mener son étalon à un concours qui a lieu tout à côté de leur ranch.

— Je pourrai les récupérer.

Un long voyage de retour en perspective pour Chicks et Boots. Syd a eu des offres pour vendre Chicks et Boots. En définitive, il préfère les garder. Pour les remettre à brouter dans une des immenses pâtures qui entourent la ferme des plaines finissantes, en Alberta.

Au ranch du « Toit du Monde », Chicks est bien contente que je mette Boots à nouveau dans son pré. Mais elle n'a pas l'air de s'être ennuyée toute seule. Avec l'espace de la pâture elle a dû passer son temps à brouter et regarder de loin l'activité du ranch.

— Comment elle s'est tenue, la Tweed, pendant mon absence ?

— Ton chien ? Il a mangé toutes les poules..., me répond Lloyd gravement. Puis il rit : Je suis bien content. Je ne savais pas quoi faire avec ces poules ! Elles sont allées dans du mercure : on ne peut manger ni elles, ni leurs œufs. Au moins comme ça, on n'a plus de questions à se poser à leur sujet !

Je regarde la Tweed qui ondule de toute sa longueur vers moi.

— T'as mangé les poules ?...
Elle frétille encore plus.

— Eh bien, la Peluche, t'es plutôt une dure à cuire ! Normalement on meurt quand on ingurgite du mercure...

Chicks et Boots, quand je viens les déranger dans leur immense pâture pour leur dire au revoir, tournent légèrement leur encolure d'un air de dire : « Oui, c'est pour quoi ? » Enfin, c'est surtout Chicks qui a cette remarque suffisante. Boots, lui, il suit. Malgré tout, il me regarde avec insistance, presque plus particulièrement aujourd'hui. Je continue de l'appeler :

— Viens me voir, mon pépère...

Il s'arrête alors, la tête toujours tournée vers moi. Il m'attend, Je m'approche. La jument aussi s'est arrêtée. Et on se regarde tous. Jusqu'à ce qu'elle décide de repartir et elle entend bien que Boots la suive ! Elle l'appelle par un langage secret auquel n'ont pas accès les humains. Il me regarde encore puis suit sa compagne en fouaillant l'air de la queue, pour chasser les mouches.

« So long » les chevaux. Vous en avez pour trois semaines de ce dur labeur de brouter la belle herbe du champ où Lloyd vous a mis. Et Syd et Donna viendront vous chercher.

Le retour à la ferme de Syd et Donna est comme le retour dans la maison familiale. En les retrouvant, je retrouve aussi un monde intact, plein d'amour. Avec Tweed, on va y passer quelques jours. Autant de jours paisibles avant de retourner avec Bob. Il va y avoir tellement de kilomètres entre nous ensuite : toutes les grandes plaines plus une grande partie de la forêt ontarienne...

Parmi les nombreux chiens de la ferme dont le surnombre est prévu pour décourager les coyotes, il y en a un, où plutôt une, qui n'est pas comme les autres : un chiot de huit mois environ.

— On l'a appelée Tuffie, dit Donna, parce que les autres lui en ont fait voir. C'était la plus petite de la dernière portée de nos dingos mâtinés... coyotes, peut-être !

Tuffie est un petit phénomène. D'abord, elle aime les enfants humains. Quand elle aperçoit le bébé de Tim, le fils de Syd et Donna, et de Terry, sa femme, elle fond : elle joue avec, est d'une grande douceur malgré ses dents acérées de petit chien. Tuffie-tuff, c'est quelqu'un ! De plus, elle a une totale admiration pour Tweed. Depuis le premier jour où elle l'a vue, elle s'est placée à côté de l'afghane. Où que ce soit. Tweed est sur le perron et Tuffie s'y installe, dans la même position, délaissant ses copains de jeu, qui en fait n'en ont jamais vraiment été. Puisque, depuis qu'elle est née, elle est virée de partout.

La veille de notre départ vers l'avion qui doit nous mener en Ontario, Tuffie vient me voir, presque péremptoire. Elle pose ses deux pattes avant sur mes jambes alors que je suis occupée à écrire : c'est clair, elle me demande de la prendre avec nous.

— Donna ? Tuffie : je peux la prendre avec nous ?

— Au moins, on sait qu'avec toi, elle sera dans un « good home » me répond Syd.

Du coup, Tweed doit partager sa cage dans le train qui nous mène à l'aéroport de Vancouver. Là, je vais acheter une autre cage, spéciale pour la taille de mon petit loup.

Et le vol direct Vancouver-Toronto en quatre heures aura deux passagers de plus en soute : une afghane, asiatique d'origine, qui vient de traverser les montagnes Rocheuses canadiennes à pied derrière des chevaux et une petite australienne à moitié coyote, timide, mais déterminée, pour une nouvelle vie.

Toutes les deux vont voyager merveilleusement pendant ces quatre heures de vol. Je regarde de mon hublot le paysage. Et j'arrive à peine à y croire : tout ça, à cheval ?

Pendant la fin de la nuit, nous avons passé les montagnes. Puis, nous survolons de grandes plaines ; les nuages mènent un ballet étrange : ils sont formés comme des montagnes qui auraient des formes inconnues. Avec des éclairages naturels qui semblent être orchestrés par un génie, tellement ils sont beaux. Je vais prendre tout un film. Et celui-ci va se perdre au développement. Comme si cela n'avait été effectivement qu'un rêve.

A côté de moi, un jeune garçon revient à Toronto après avoir passé du temps dans sa maison de famille, au nord de Vancouver :

— En plein territoire grizzli ! Nos poubelles, on doit les porter au fur et à mesure si on ne veut pas être attaqués...

Quatre heures, c'est vite passé. Je n'ai plus le temps de penser, je suis déjà arrivée.

En descendant de l'avion, et en me rendant vers les bagages, je m'aperçois que les chiennes sont arrivées même avant moi. A l'intérieur des cages, il n'y a rien qui bouge. Je me précipite et vois alors deux museaux humides et quatre yeux tout contents.

La maison de rondins et l'apprentissage de la vie sédentaire dans les bois du Nord

Dans la foule, je discerne Bob. Par ses yeux aussi.

A chaque fois qu'on se retrouve, sa barbe a poussé ou raccourci : son visage n'est jamais le même, seuls les yeux nous permettent vraiment de nous retrouver.

Notre cabane dans les bois est à huit heures de voiture au nord. On se raconte. Sur le terrain face au lac, il y a les bases d'un sous-sol qui sont posées. Les rondins sont à côté.

Et Bob me présente Emmett, le vieux trappeur francophone bilingue.

L'accent français d'Emmett me rappelle celui d'une de nos régions de France, je ne sais plus laquelle. Il a passé sa vie dans les bois. Et il va nous aider à construire.

— Une maison de rondins ? Rien de difficile ! Comment la voulez-vous ?

— Deux étages, vue sur le lac...

— Bon, c'est quoi notre force motrice ?

Bob lui désigne le petit tracteur.

— Que voulez-vous de mieux ? dit Emmett. Toute ma vie, j'ai construit des maisons de bois, en plein bois, pour les bûcherons : on coupait les rondins à la hache et pour les hisser les uns au-dessus des autres, on utilisait les chevaux. L'isolant entre les rondins c'était de la mousse des bois.

Emmett, quand il cause, c'est difficile de l'interrompre.

La construction va prendre quelques jours, mais comme on

s'y sera pris tard, nous allons habiter dans le campement pionnier aménagé par Bob jusqu'à la mi-octobre avant de nous installer entre nos murs, c'est-à-dire la tente, face au lac solitaire et la cuisine de plastique, juste à côté, pour les nécessités culinaires qui sont chères à Bob : four, frigo, table, chaises, lampes à pétrole,... tout cela, au milieu de la nature sauvage de l'Ontario. Celle que je n'ai pas connue en passant à travers cette province à cheval.

Et Savoyane ? Elle, elle s'en fout. Vu qu'elle se marre avec ses potes, dans son champ, chez Cathy. Bon, elle a bien botté au départ... Elle marquait sa dominance sans doute.

Cathy a maintenant douze chevaux. Et Savy Baby se trouve bien dans ce troupeau qui peut s'ébattre sur des hectares de terrain.

L'hiver s'installe à nouveau. Emmett et sa femme vont reprendre leurs activités de trappeurs.

Nos voisins, de l'autre côté du lac gelé, sont d'origine québécoise. Anita et Ray. Lui est chercheur d'or. Il va m'apprendre à reconnaître les différents types de pierres pour découvrir les gisements aurifères.

Emmett revient au printemps, pour terminer le deuxième étage de la maison de rondins.

— L'hiver n'a pas été si long que l'avaient prévu les castors !

Je me souviens qu'à l'automne avancé, il m'avait dit :

— Cette année, la saison froide va être rude : les castors ont emmagasiné beaucoup de brindilles à écorcer, près de leur maison.

— Dis-moi, Emmett : pourquoi toi et Paton êtes-vous trappeurs ? pourquoi ne pas chercher plutôt à préserver la vie de tous ces animaux qui nous entourent ici ?

Je ne comprends pas cette attitude. Surtout que ce couple de nos amis, dans la forêt du nord de l'Ontario, sont des gens sages.

— L'homme est le prédateur naturel de certaines espèces. Tiens, prends le castor : s'il n'y a pas un certain pourcentage de sa population par an qui est décimé, le castor va développer une épidémie. Et celle-ci est, par ailleurs, transmissible à l'homme. Les médecins ne la connaissent pas parce qu'ils n'ont pas l'habitude de la traiter. Mais moi, dans le bois il y a quelques années, j'ai pu sauver un gars qui était pris par le mal. J'ai dit au docteur de quoi il s'agissait, comment il fallait le traiter. Au début, le bougre n'a pas voulu me croire et puis, face à son impuissance à sortir le garçon de son délire, il a fini par me prêter une oreille : et nous l'avons tiré de là !

« Le castor, Dominique, c'est ça l'emblème du Canada ! Pas la feuille d'érable qu'ils ont mise sur le drapeau, mais le castor !

Cette année, le ministère des Mines et Ressources a recensé soixante-quinze mille ours bruns. La population est en baisse chez eux. Ils sont chassés au printemps et en automne trop souvent. Le ministère cherche une solution à ce problème et tente de régulariser la chasse de toutes les espèces : orignaux, ours, cerfs, la pêche aussi.

Mars 1987.

La grande maison de bois donne sur un lac solitaire. Elle regarde vers le nord-est de la fenêtre où j'écris.

Au-delà, il y a une multitude d'autres lacs. Quand on les visite en bateau, à moto-neige ou avec des raquettes, on a une toute petite idée de l'immensité de ce territoire vierge. Où, pendant des journées et des journées de marche, il n'y a aucun signe de notre civilisation.

Hier soir, nous sommes allés relever les lignes à l'autre bout de notre lac. Extraordinaire nuit étoilée. Très particulière aussi : le ciel constellé semblait former un micro-monde juste au-dessus de nous. Comme un socle irradié dont on aurait pu toucher les bords si peu qu'on se soit avancé vers eux. Les lacs sont toujours gelés. Malgré une vague de redoux pour fêter les premières journées du printemps. Et la glace, à partir d'une certaine heure de la journée, devient eau. Néanmoins, il y en a encore une bonne soixantaine de centimètres, ce qui rend les balades à pied sur les eaux gelées tout à fait sûres.

Aujourd'hui, nous partons en exploration vers le nord, à travers le bois et la succession des lacs. La forêt est toujours en semi-dormition. Mais on la sent s'étirer déjà de son profond sommeil hivernal. Des touches d'un vert plus clair semblent éclairer les cimes. Et un souffle d'air plus hospitalier agite les sous-bois.

Remerciements

A mes sponsors et amis :
A M. Chéhu et à l'équipe de *Cheval-Magazine* ;
Guy Chevrette, M. le ministre des Loisirs, Chasse et Pêche pour le Québec ;
la Division Tourisme du Québec, à Montréal ;
L'Union française, à Montréal ;
Travel Manitoba, Winnipeg, à M. Bob Bridge, directeur du marketing et Mrs. Joyce Meyer, écrivain et coordinatrice du service Tourisme ;
la Guilde européenne du raid et les Haras nationaux, à Paris pour la Bourse de l'Aventure qu'ils ont attribuée à mon expédition ;
Randonnée Service, pour le matériel d'expédition ;
Sellerie Forestier, pour le matériel de sellerie ;
Charles Danne, concepteur de la selle du même nom ;
Kodak, pour la Dotation Grands Reportages ;
Ralston Purina, pour la nourriture de mes chevaux pendant la première partie de la route transcanadienne et l'hiver manitobain ;
Cargill Nutrena, pour la suite de l'expédition, un peu plus à l'ouest...
A Jean-François Ballereau et Constance Rameaux, mes vieux copains.
Véra Volmane, chez qui, après trois ans d'absence, je me suis trouvée merveilleusement différente et inchangée.
Syd et Donna Wyatt, éleveurs de chevaux Appaloosas à High River, (Alberta, Canada) et propriétaires de Chicks et Boots, mes compagnons des Rocheuses.
Les Studios photographiques et Vidéo Forest Inc. à Winnipeg, (Manitoba, Canada) pour les images de l'expédition à sa fin, dans les montagnes Rocheuses.

Table

Partir, pour découvrir 11

LE QUÉBEC

Du « bizness à la nord-américaine » à la recherche de chevaux voyageurs 17
Rencontre avec les Indiens abénaquis 30
Rangs de terre, voies « humanisées » par les pionniers, mes chemins vers l'Ouest au Québec 36

OTTAWA, ONTARIO, VILLE BILINGUE ET CAPITALE FÉDÉRALE

L'Ontario, province de bois et d'eau. La Transcanadienne. 57

MANITOBA, PREMIÈRE PROVINCE DE L'OUEST

L'arrêt hivernal.. 99
Churchill, sept mois de glace et de blizzard. Le pays des Inuits et des ours polaires 109
L'été des grandes plaines 120
L'hiver en tête-à-tête dans la forêt du Nord 141

L'OUEST CANADIEN
ALBERTA, PROVINCE DES COW-BOYS

Introduction au monde animal des Rocheuses 151
Mai/juin chez les cow-boys : la période du marquage des troupeaux.

L'expérience de Roger avec le grizzli farceur 157
Syd et Donna Wyatt 162
La transhumance des veaux vers les estives des Rocheuses 173

LA COLOMBIE BRITANNIQUE

Sans fusil chez les grizzlis 183
Mac et Renie 217
A la recherche d'un passage 228
Les quatre-vingts tonnes de la vallée Perdue 237
Les montagnes du « parc du Toit du Monde » 252
La maison de rondins et l'apprentissage de la vie sédentaire dans les bois du Nord 261

Remerciements 265

« AVENTURE AU XXe SIÈCLE »

DIX CHIENS POUR UN RÊVE
par François Varigas
avec 30 photos en couleurs

QUATRE ENFANTS ET UN RÊVE
par Christian et Marie-France des Pallières
avec 49 photos en couleurs

LA ROUTE DES ÉPAVES
par Yves Pestel
avec 49 photos en couleurs

UN ATOLL ET UN RÊVE
par Paul Zumbiehl
avec 34 photos en couleurs

LES SCAPHANDRIERS DU DÉSERT
par Francis Le Guen
avec 61 photos en couleurs

LES TRIBULATIONS D'UNE ANGLAISE EN AFRIQUE
par Christina Dodwell
avec 21 photos en couleurs

L'ARBRE PERDU DU TÉNÉRÉ
La Grande Aventure du Paris-Dakar
par Jean-Luc Roy
avec 61 photos en couleurs

PAP'S ET ZÉBULON
Les aventures extraordinaires
d'un alpiniste de 12 ans
par Claude et Jean-Noël Roche
avec 60 photos en couleurs

VOYAGE AU CŒUR DE LA CHINE
par Christina Dodwell
avec 34 photos en couleurs

TROIS ROUES POUR TOMBOUCTOU
3 200 kilomètres à vélo
à travers le Sahara
par Jean Naud
avec 63 photos en couleurs

Hors collection

PETIT MANUEL DU PARFAIT EXPLORATEUR
par Christian Dodwell

LES NOUVEAUX MYSTÈRES
DE LA GRANDE PYRAMIDE
par Gilles Dormion et Jean-Patrice Goidin
avec 58 photos en couleurs

LE GRAND CHALLENGE
A la poursuite du fabuleux record
de Howard Hughes
par Hubert Auriol, Patrick Fourticq,
Henri Pescarolo, Arthur Powell
avec 39 photographies

Cet ouvrage
a été composé par Bussière à Saint-Amand
et imprimé en octobre 1987
sur les presses de Pollina à Luçon
pour les éditions Albin Michel

Numéro d'édition : 9989
Numéro d'impression : 9561
Dépôt légal : octobre 1987